日本で生まれ育った

高性能
紙飛行機

その設計・製作・飛行技術のすべて

二宮康明

日本で生まれ育った高性能紙飛行機
その設計・製作・飛行技術のすべて

はじめに   6

第1部 設計入門・試験飛行

1-1 設計入門   12

- 翼断面および関連事項   12
- よく飛ぶには   17
- やさしい設計法   19
- 紙飛行機用紙   31
- 機体製作用型紙   33
- ゴム射出滞空用機の重心位置簡易算出法   35
- 翼の形が複雑で最適重心位置が求めにくい場合の対策   38
- 重心位置の見出し方   39
- フック   40
- プロフィルモデルの設計   44
- プロフィルモデルの例：航空マイルストーン機   51

1-2 開発機のための試験飛行   53

- 調整には先ず飛び方の観察が大切   57
- 最適重心位置に関する実験   58
- 機体が裏がえしのまま安定に飛行するのはなぜか   59

教授の方針   60

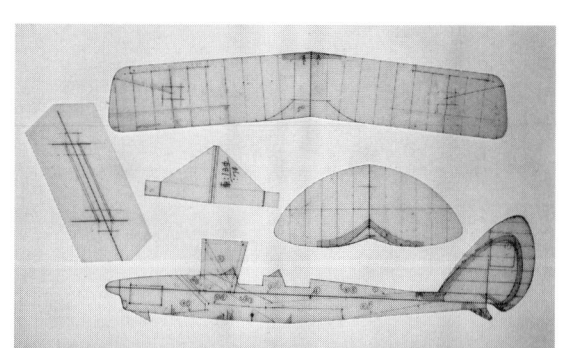

目次

第2部　作り方・飛ばし方

2-1　作り方　62
- 接着剤チューブの使い方注意点　70
- 胴体の接着剤を速く乾燥させる一方法　72
- 簡易スタンド　73
- プレカット・ペーパーグライダーの打ち抜き"めくれ"の影響　74

2-2　試験飛行・操縦法　78

2-3　飛ばし方　88
- 滞空記録の例　96
- 屋内／屋外のペーパーグライダー競技会滞空記録の比較　99

2-4　飛ばす場所　103

2-5　競技会および競技種目　105
- 紙飛行機インストラクター競技　106
- パイロン競技　108
- 時間目標競技　110

2-6　修理・保存・運搬　111

2-7　安全　113

操縦教官殿の教え　115

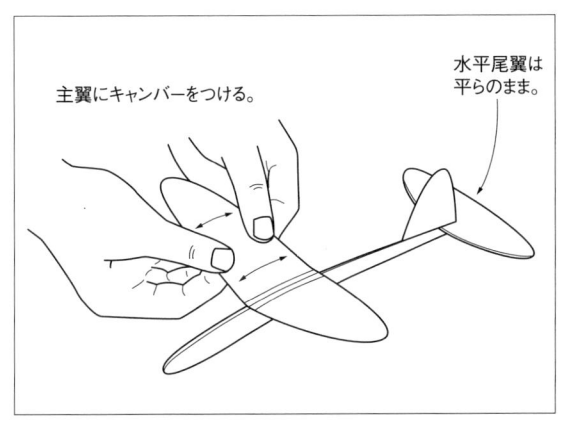

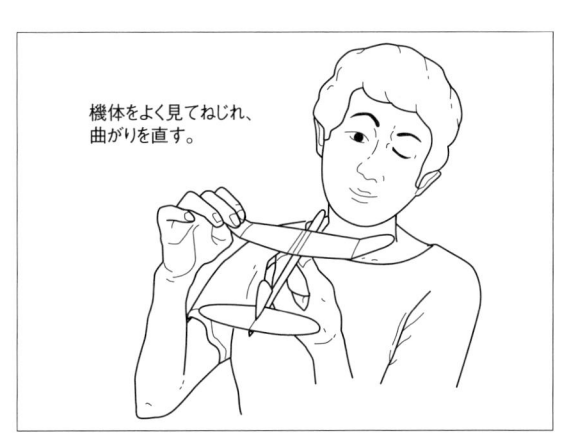

第3部　変形機ほか

- 3-1　先尾翼機　118
- 3-2　無尾翼機　121
  - ■ 後退翼無尾翼機の翼の平面形　122
  - ■ 境界層隔離板の効果　125
- 3-3　非対称機　128
- 3-4　ホチキス・ペグ──
ステープラーで組み立てる
紙飛行機　133
- 3-5　おりがみプラス　137
- 3-6　発泡ポリスチレン板を主材とした
ゴム射出グライダー　141
  - ■ 2mm厚発泡スチレン翼材機　142
  - ■ 1mm厚発泡スチレン翼材機　144
  - ■ ゴム射出1mm厚発泡スチレン
翼材機の2、3の実験　147

講談の記憶　151

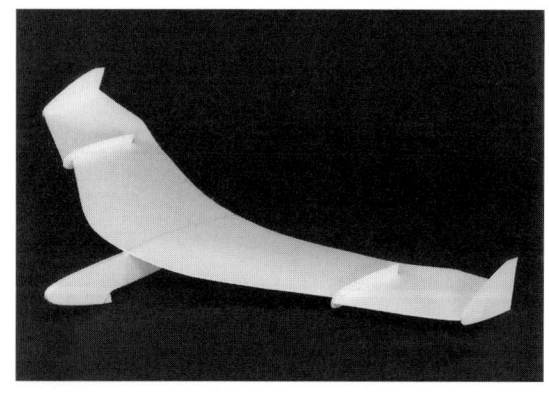

日本で生まれ育った高性能紙飛行機 ～その設計・製作・飛行技術のすべて　目次

第4部　私と紙飛行機との生い立ちなど	
4-1　私と紙飛行機との生い立ち	154
4-2　原っぱ公園の実現	168
4-3　デモンストレーション――子供に見せる飛行の原理	172
4-4　紙飛行機の飛行写真撮影のキーポイント	179

むすび　186

資料

■ 参考文献　188

■ 著者の主な作品・出版物　190

■ 二宮康明 略歴　191

■ 問い合わせ先　192

装丁デザイン／下井英二（HOTART）
本文デザイン・トレース／プラスアルファ
表紙写真／青柳敏史
校正／佑文社

はじめに [1] [10]

　人類は大昔から「大空を鳥のように自由に飛びたい」という願いを抱き続けてきた。それが今日では多くの人々にとって飛行機旅行は日常的なことになりつつある。しかしこのような空の旅も翼の生えたバスに乗るのと大差はなく、個々の人々が自由に飛びたいという気持ちを十分に満たし得るものではないような気がする。いささか我田引水になるかも知れないが、むしろ紙飛行機を飛ばす方が、自由に飛びたい気持ちをささやかではあるが満たしてくれるのではないだろうか。少し大げさに言えば紙飛行機は自由さの象徴であり、スカイスポーツの原点ではないかと思われる。

　普通、紙飛行機というと紙を折って作るおりがみ飛行機が先ず思い浮かぶ。しかし厚手の画用紙とか製図用のケント紙など、曲げ強度の高い紙を材料に、部品を所要の形にハサミで切って貼り合わせる方法を取れば設計の自由度を大幅に増やすことが可能で、高い性能のペーパーグライダーを実現させることができる。以下、本書では、紙を切って、貼り合わせて作る形式の紙飛行機について述べる。なお文中同じ意味で「紙飛行機」と「ペーパーグライダー」という言葉を区別なく使わせていただく。

　模型愛好者にとっては、自分の機体が長い距離を飛ぶよりも、長時間滞空している方が、より楽しみを感じるのではないだろうか。実物の高性能グライダーでは滑空比40～50が得られるが、レイノルズ数の低い紙飛行機では原理的に滑空比10程度あるいはそれ以下に留まる。しかし沈下率の点では実物が0.5m/s程度であるのに対して、紙飛行機でも0.5～1m/sくらいは達成でき、これは前者に匹敵するもので、紙飛行機を手投げあるいはゴムカタパルト（パチンコ）で高く上昇させることにより、上昇気流が無くても20～40秒程度の滞空時間が得られ大人でも十分に楽しめるのである。

　これから説明するペーパーグライダーも模型

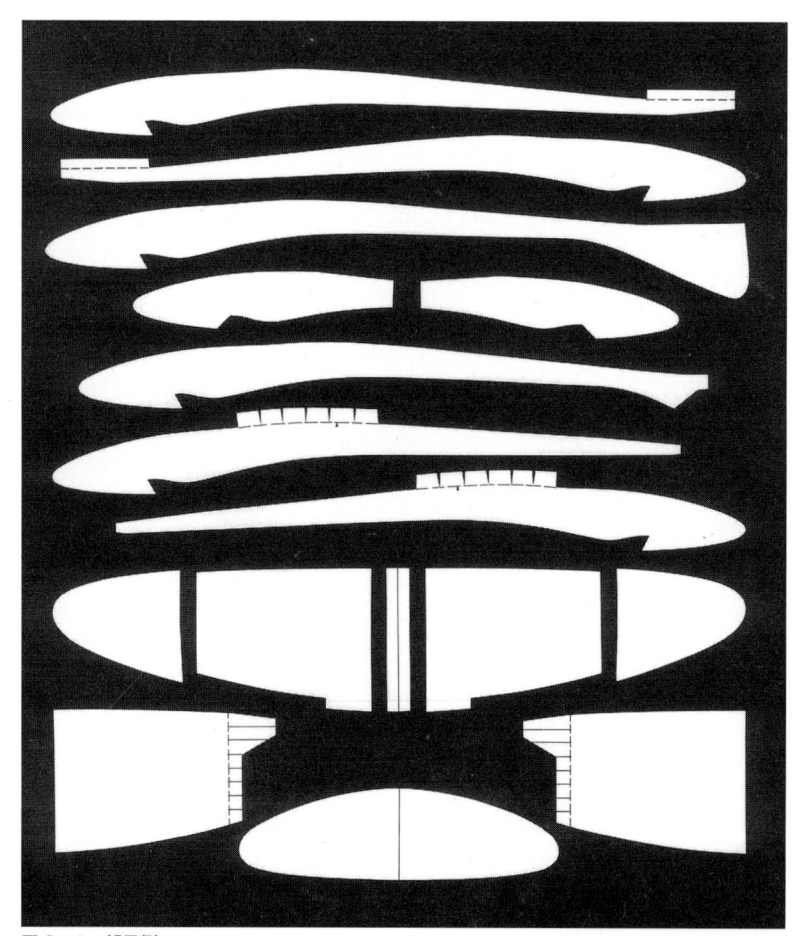

図0-1　部品例

飛行機の1つであり、それらと基本的に大差はない。しかし飛ぶレイノルズ数の領域、ゴムカタパルト射出などによる広い速度範囲、地面や壁などにぶつかることに耐える機体構造など、いくつかの特殊性がある。

紙の強度を考えて機体の大きさはゴムカタパルト射出用の場合、通常は、翼幅、胴体長とも25cm、翼弦長4〜6cm程度以下にせざるを得ない。滑空速度は4〜6m/sくらいなのでレイノルズ数10^4前後で、空気の粘性が影響する中で飛行をする[2]。この領域では翼断面は薄翼でキャンバー4〜7%付近が揚抗比最良であることが確かめられている[3]。

機体の重心位置については、ゴムカタパルト発進の際の速度が定常滑空時のそれの10倍程度になる。飛行全過程で水平尾翼の取付角度を調整することなしに正常な飛行をさせるために、いわゆる揚力尾翼を使用し、水平尾翼容積比を実物の2倍程度にして、主翼の空力平均翼弦長の50〜100%の適切な位置に重心を置く。この構成の妥当性は加藤寛一郎先生（1935〜）らのコンピュータシミュレーションでも検証されている[4]。

胴体に関しては、紙飛行機は飛ばすたびに地面や壁などに激突することも少なくないので、紙を幾枚も貼り合わせ、特に強度のいる機首部分の枚数を多くする。これは重心合わせの錘の役目を兼ねており、逆に後部に行くほど枚数を減らす構成とする。

ちなみに模型航空機材料としての紙には次のようなメリットがある。すなわち紙は①日常において身近なもので価格は安価である。②ハサミ一丁でどのような曲線でも形成でき、のり付けだけで簡単に組み立てられる。また仕上げのサンドペーパーなどかけなくとも、紙の面は平滑で空力的に好都合である。③紙のもつ生地の美しさがある。④紙飛行機の構成部品のすべてをB4判程度のケント紙1枚に印刷でき、流通や普及に便利である。

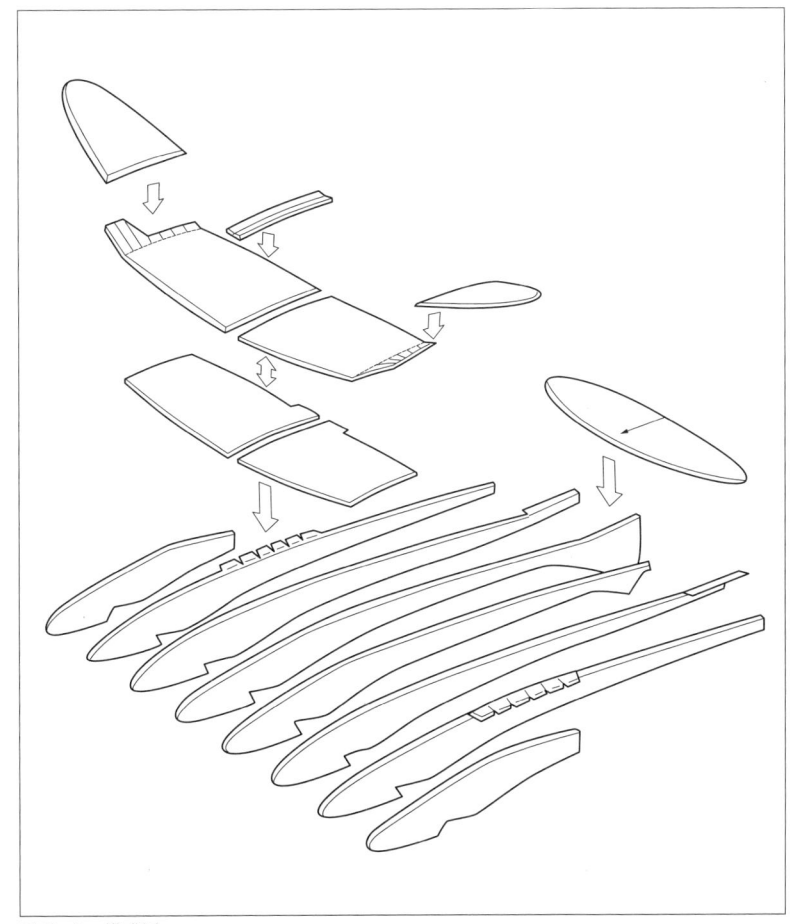

図0-2　構成例

前に述べた空力と構造上の特徴を踏まえ、また紙の美しさを兼備した機体を構成するのが紙飛行機の真の分野ではなかろうかと常々思っている。その構成の1つを図0-1と図0-2に例示する。

　今まで私の創った紙飛行機を分類してみると次のようになる。
- 競技用機：出来るだけ高く上昇させ、小さい沈下率で滑空させるために、丈夫で軽量でかつ空気抵抗の小さい機体とする。写真0-1（a）は競技用機の一例。さらに軽くして重さ3～4gとした機体も少なくない。これらは熱上昇気流にのれば数分間以上の滞空も可能である。また競技用機には大型のハンドランチ（手投げ）用もあり、腕力の強い青・壮年層に楽しまれている。

(a) 競技用機

写真0-1

(b) プロフィルモデル

● プロフィルモデル：多くの紙飛行機は胴体が偏平な構造なので、実物をモデルにする場合にはそのプロフィル（横顔）をまねることになる（**写真0-1（b）**）。
● 変形機：紙飛行機の特長の1つは実験に適するということである。無尾翼機、先尾翼機、非対称機など簡単に実験できる（**写真0-1（c）**）。
● 自由型機：紙飛行機のもう1つの楽しみは、自分の設計で飛ばしてみたいオリジナル機が簡単に作れる点にある（**写真0-1（d）**）。

以下、本書ではこれらの紙飛行機について詳しく説明してゆく。

なお、これらの高性能のペーパーグライダーは日本で生まれ育ったものであることを付言しておく。また本文中のN番号は私の機体設計番号である。

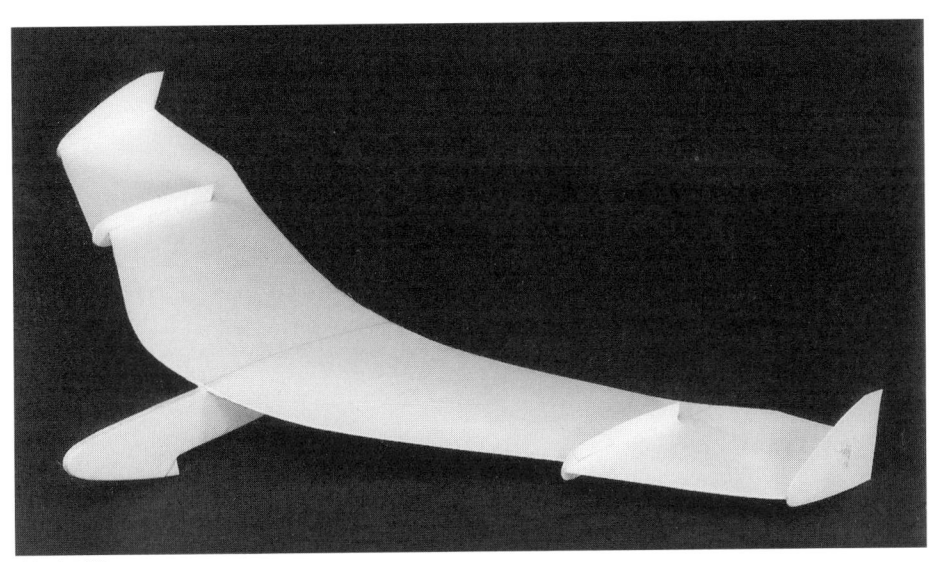
(c) 変形機

(d) 自由型機

第1部
設計入門・試験飛行

1-1　設計入門

■ 翼断面および関連事項 [2] [6]

ペーパーグライダーに適した翼断面（Wing sectionまた翼型とも言う）についての説明をする前提として、まず機体がその中を飛ぶ空気の性質に触れよう。

空気の性質を表わす用語の1つにレイノルズ数（Reynold's Number）がある。物体が空気などの流体の中を飛ぶ場合の抗力（drag）は圧力抗力と摩擦抗力を合計したものであるが、このどちらが支配的になるかはレイノルズ数（R数またはR）が関係する。空気の粘性（ねばり気）に関連する数値を入れて

$$R = \frac{t \times V}{1.46} \times 10^3 \quad \cdots\cdots\cdots\cdots\cdots (1-1)$$

t：流れに沿った翼の寸法＝翼弦長（cm）
V：流れの速度＝飛行速度（m/s）

滑空中の紙飛行機では　$t = 4\text{cm}, V = 5\text{m/s}$ とすれば

$R = 1.37 \times 10^4$

となりR≒10^4のオーダーである。紙飛行機を含めた模型飛行機ではR数が10^4～10^5くらいであって、この程度以下では摩擦抗力、すなわち空気のねばり気の影響が大きくなり、翼の揚力対抗力の揚抗比（lift drag ratio）は10程度あるいはそれ以下にとどまる。

さらにレイノルズ数の小さいケースでは、タンポポの種は、その細かい繊毛の太さが大変細いのでR数が極端に小さい。種が空気中に浮かんで落下しないのは、揚力あるいは浮力によるものではなく、摩擦抗力が大きいからであると言われている。一方、実物飛行機ではR数が10^6～10^7以上であって、揚抗比は10以上が得られ、高性能グライダーでは40～50も実現されている。

つぎに翼断面の説明に入る。まず用語について図1-1は薄翼の翼断面で、図中の翼弦線（chord line）は翼断面の基準線であり、翼断面の前端と後端とを結んだ直線で、その長さを翼弦長（chord length）と言う。翼弦線に対する翼断面の湾曲（camber）の高さを矢高と呼び、湾曲の最も高い場所の矢高を最大矢高と言う。通常、最大矢高は翼弦長を100%とした場合のその高さを%で表わす（本書ではこれを"キャンバー何%"と示すこととする）。

図1-2のように、飛行機が前進するときに、翼に当たる風の方向と、翼弦線のなす角を迎え角（angle of attack）である。機体を設計するときに、製図や工作に便利なように胴体に基準線を描くが、この基準線と翼弦線の間の角度を翼の取付角（angle of setting）と呼ぶ。

取付角は機体に固定したものであるが、迎え角は飛行機の飛行姿勢によって変化するので、これら2つの角度は、普通は一致しないものである（図1-3）。混同しないように。

厚翼の場合は、矢高は翼弦線と翼断面の中心

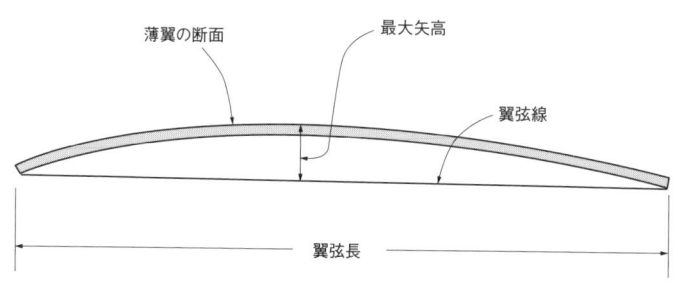

図1-1　薄翼の翼断面

線との距離とされているが、この本では薄翼を主体に扱うので、翼弦線と、翼断面上面との距離とする。

レイノルズ数が10^4領域でどのような翼断面が性能が良いかについて説明しよう。まず翼にはたらく空気力は揚力（lift）と抗力に分解することができる。揚力は翼の進行方向に直角な力、抗力は進行方向に平行な力であり、それぞれ次式で示される。

$$L = \frac{1}{1.6} C_l S_M V^2 \cdots\cdots\cdots\cdots (1-2)$$

$$D = \frac{1}{1.6} C_d S_M V^2 \cdots\cdots\cdots\cdots (1-3)$$

上式で

L：揚力（g）

D：抗力（g）

C_l：揚力係数

C_d：抗力係数

S_M：主翼面積（dm^2）

V：速度（m/s）

翼の性能の"良さ"は揚抗比

$$\frac{L}{D} = \frac{C_l}{C_d} \cdots\cdots\cdots\cdots\cdots\cdots (1-4)$$

で示され、この値が大きいほど翼の滑空性能（gliding performance）が良いということになる。

レイノルズ数の大きい実物機ではふくらみをもった厚翼がすぐれているのに対して、R数の小さい紙飛行機では薄翼の方が性能がよい。これを図1-4に示す。すなわち同図（a）で見られるように、紙飛行機が滑空する迎え角6～8°附近では薄翼の方が厚翼よりもC_lが大であり、また図（b）では揚抗比が薄翼の方がすぐれている。

つぎに薄翼の湾曲はどれほどの値が良いかについて図1-5で見ることができる。これによると平板は揚抗比（C_l / C_d）が小さいので性能はあまり良くない。一方キャンバー4％と7％の翼断面は揚抗比が大きくほぼ同じ値である。しかし7％の方が迎角4～8°のところがC_dが大きい。紙飛行機を高く上昇させるためにC_dの小さいキャンバー4％の翼断面の翼の方が総合的によいと考えられる。ただし、さらに上昇をよくするために、以下の紙飛行機の設計ではキャンバー3％を採用する。ただし沈下率の計算などでは3％のデータがないので、4％のカーブを使用することにする。次頁の図1-4、1-5とも岡本正人先生（1955～）による風洞実験の結果である[3]。

翼幅（wing span）を翼弦長で割った値を縦横比（aspect ratio）と言い、縦横比が大きいほど細長い翼である（図1-6）。

翼の場合の抗力は摩擦抗力と圧力抗力のほかに、揚力の発生に伴って誘導抗力が加わる。縦横比が大きいと誘導抗力は減少して翼全体の揚抗比は改善される。ちなみに前掲の風洞実験のデータは縦横比6の翼のものである。実物のグライダーや長距離用の飛行機には細長い主翼が

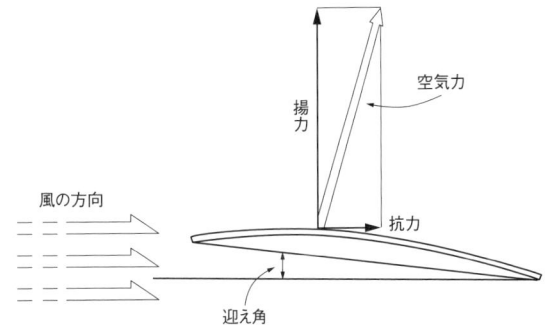

図1-2　迎え角と翼にはたらく力

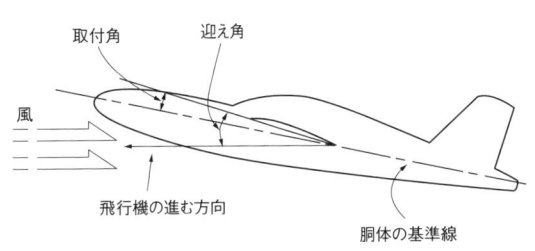

図1-3　迎え角と取付角のちがい

使われて航続性能を上げている。しかし紙飛行機の薄翼はねじれと曲げに弱いので縦横比は5〜6くらいに留めて、軽くて丈夫に作った方がゴムカタパルトなどの強い力で機体を高く上昇させることができ、滞空性能をのばすことができると私は考えている。

グライダーとしてのもう1つの大切な性能は沈下率(しんかりつ)(sinking rate)である。これは機体が

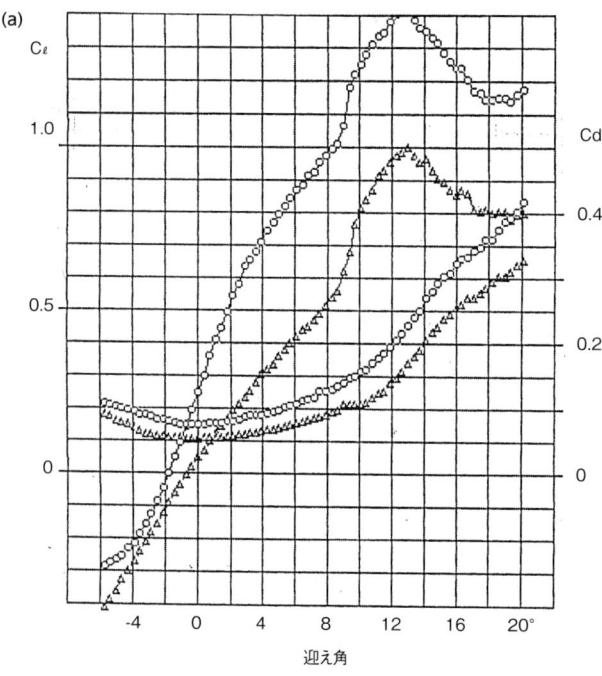

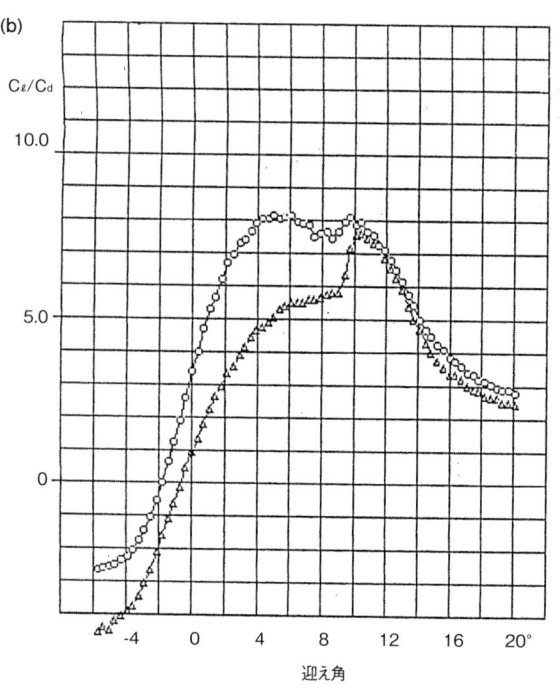

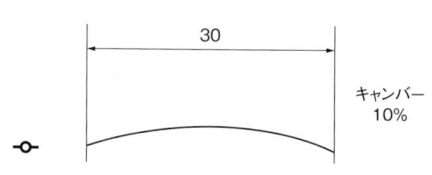

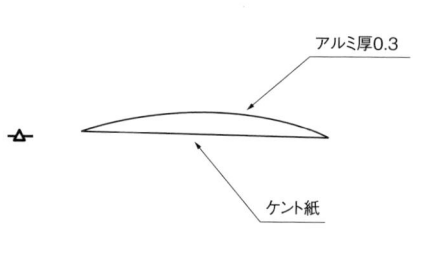

R数10⁴、縦横比6の矩形翼

図1-4　薄翼と厚翼の比較

滑空しながら毎秒どれほどの速さで沈下するかを示すものである。

$$v = 1.26 \frac{C_d}{C_l} \sqrt{\frac{W}{S_M \cdot C_l}} \quad \cdots\cdots\cdots\cdots (1\text{-}5)$$

上式で
v：沈下率（m/s）
W：機体重量（g）
ほかの記号は（1-2）、（1-3）式と同じ。

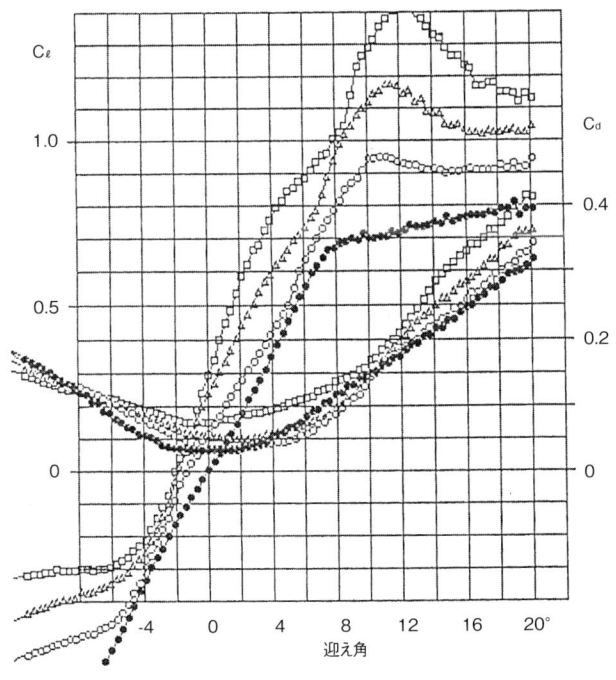

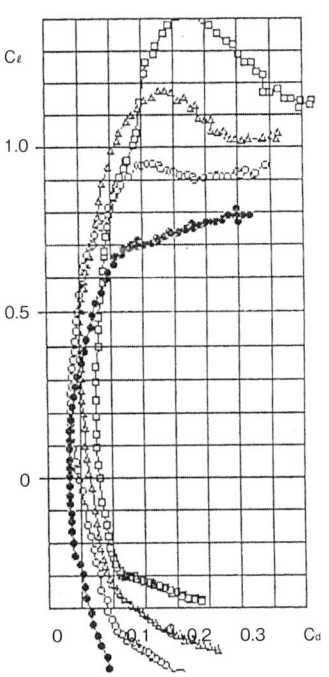

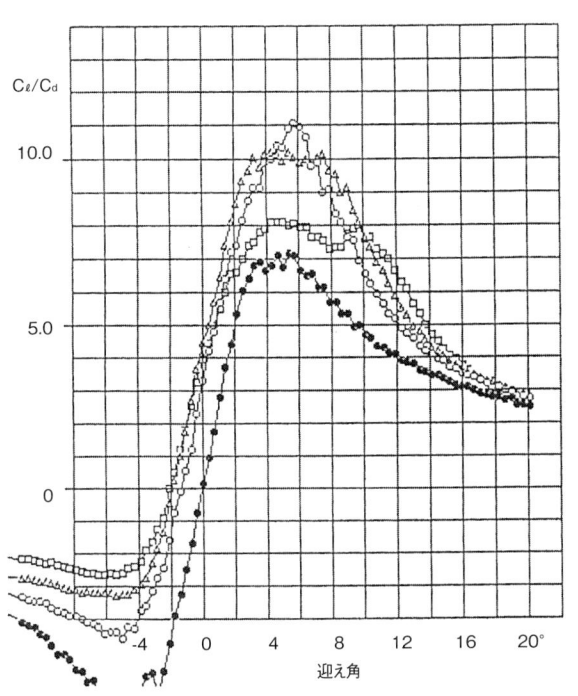

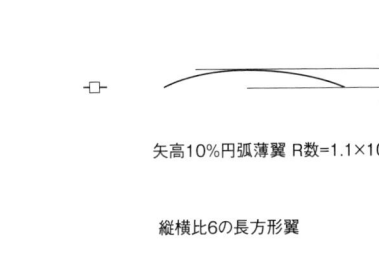

図1-5　薄翼の空力特性比較

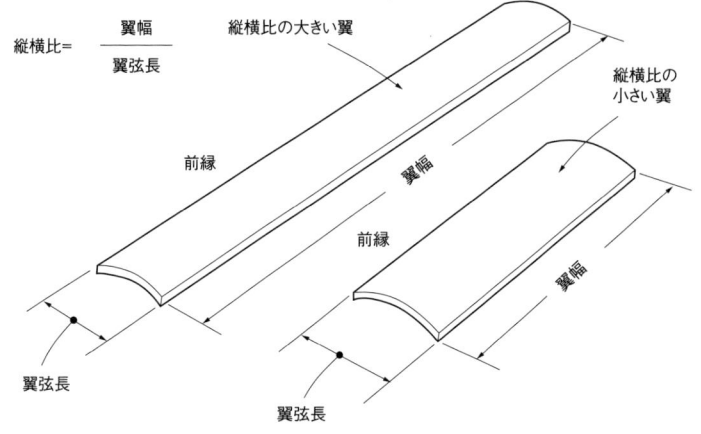

図1-6 縦横比

この式から見て沈下率を小さくするには揚抗比を大にすること、翼面荷重(W／S_M)を小さくすることが大切であることがわかる。

例題：ペーパーグライダーの一例

重量W = 8g，主翼面積S_M = 0.8dm^2，全機のC_lとC_dの迎え角8°の場合、キャンバー4％のデータから

$C_l = 0.8$, $\dfrac{C_l}{C_d} = 9$として式（1-5）から

$v = 1.26 \times \dfrac{1}{9} \sqrt{\dfrac{8}{0.8 \times 0.8}} = 0.49$ m/s

上記の計算は翼だけの性能の図1-5のキャンバー4％のカーブの値を使用した。実際には胴体（fuselage）などを含めた揚抗比の値を使用しなければならないので沈下率は上記の値より若干大きなものとなる。

飛行中の翼にはたらく空気力によって翼をねじる力（モーメント）も発生する。薄翼を紙を貼り合わせるなどの補強をしても構造的にねじれに弱いのでゴムを引く強さなどに注意しなければいけない。すなわち過度に強力なゴムカタパルトで機体を射出した場合には、翼が前下りにねじれて機首が下がり、低空を高速で飛ぶ結果となって、人に当たったりして大変に危険である。この点注意が必要である。この関係は図1-7のように推定される。

ピッチ・モーメント（機首の上下方向の回転力）は翼のキャンバーが小さい方が小である。垂直上昇機の場合には、まっすぐ上に高く上げるためにとくにピッチ・モーメントが小さいことが望ましく、揚抗比の良さを若干犠牲にして、キャンバー1％くらいがよいと思われる。

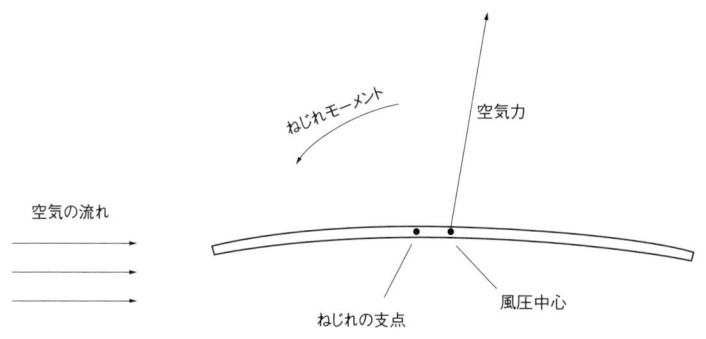

図1-7 迎え角が0に近い場合に翼にはたらくねじりモーメント

■ よく飛ぶには[8]

　紙飛行機がよく飛ぶには、つぎの2つの機能が必要である。
① 動力を持たない普通の紙飛行機は、グライダーであるから、まず、滑空性能がよくなければならない。すなわち、滑空比（glide ratio）が大きいこと、沈下率が小さいこと。
② 飛行中、機体が傾いても、正しい姿勢にもどって飛行が続けられるように安定がよいこと。この両方の機能が機体にそなわっている紙飛行機は、空高く投げ上げられてから、きれいに滑空に入り、少しくらい乱気流（air turbulence）があっても、安定に飛行し、大きな飛行距離、あるいは長い滞空時間（duration record）が得られる。

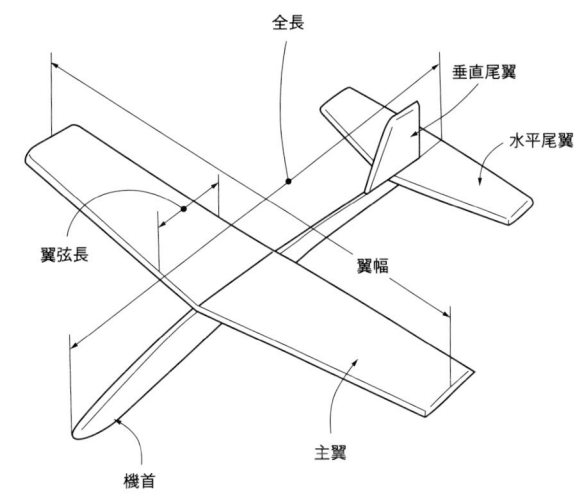

図1-8　飛行機各部の名称

　図1-8に飛行機各部の名称を示す。つぎに滑空性能について説明するが、飛行機が滑空して、前方から主翼に風が当たり、翼の各部にはたらく空気力を合計したものを図1-9の空気力として示す。この力は、翼が上方にもち上げられる力（揚力）と、後ろに押し戻される力（抗力）の2つに分解することができる。前者は空気の流れに垂直な力、後者は平行な力である。揚力と抗力の大きさの比の揚抗比が大きいほど、すなわち揚力が大きくて、抗力の小さい翼ほど性能のよい翼と言うことができる。

　飛行機が滑空する場合、図1-9のように、滑空距離と高度の比を滑空比と呼ぶ。同じ高度でも滑空比が大きいほど遠くまで滑空できる。そうして滑空比の大きさは、飛行機全体の揚抗比（主翼だけでなく、胴体その他の空気抵抗も含んだ揚抗比）と等しい値なのである。したがって遠くまで飛ばすには、機体の揚抗比をできるだけよくすることが必要である。

　このため、機体全体の抗力を減らすとも

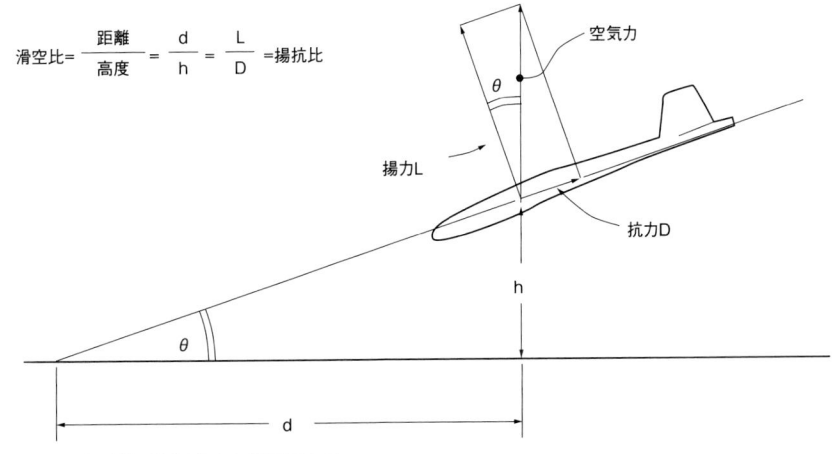

図1-9　滑空比は揚抗比と同じ値である

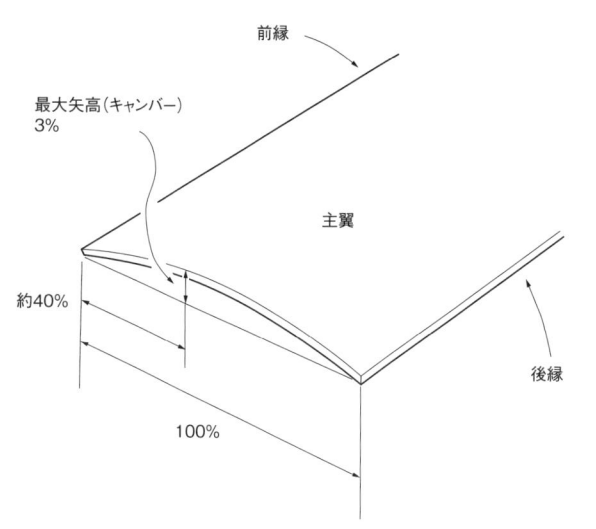

図1-10　紙飛行機に適した作りやすい翼型

に、主翼に揚抗比のよい翼断面として例えば図1-10などを、選ぶことが大切である。

　機体の重さを、主翼面積（wing area）で割った値を翼面荷重（wing loading）と言う。機体が重くて、主翼面積の小さい機体ほど、翼面荷重は大きな値となる。ロッキードF-104などがその実例である。翼面荷重の大きな飛行機は、滑空速度（gliding speed）が速く、このため沈下率も大である。実物の軽飛行機やグライダーは、主翼面積が比較的大きく、機体が軽くて、翼面荷重は小である。このため沈下率が小さいので、滑空しながら長い時間空中に浮かんでいることができる。滞空用の機体では、揚抗比を大きくするとともに、翼面荷重が小さくなるように翼面積を大きめにとり、また、機体の重さもできるだけ軽くなるようにして沈下率が小さくなるように設計しなければならない。

　飛行機がよく飛ぶためには、性能がよいだけではなく、安定がよくなければならない。飛行中の機体の姿勢の変化は、図1-11で示されるが、機体の部分のうちで安定度を支配するものは、つぎの通りである。
● 機首（nose）の上下（ピッチ pitch）の安定……水平尾翼（horizontal tailplane）および適切な重心位置
● 機首の左右方向（ヨー yaw）の安定……垂直尾翼（vertical tailplane）
● 機体の横の傾き（ロール roll）の安定……主翼の上反角（dihedral angle）

　安定度をよくするには、これらの水平尾翼面積、重心位置、垂直尾翼面積、上反角を「やさしい設計法」の項で説明するように、適切な値にしてやらなければならない。

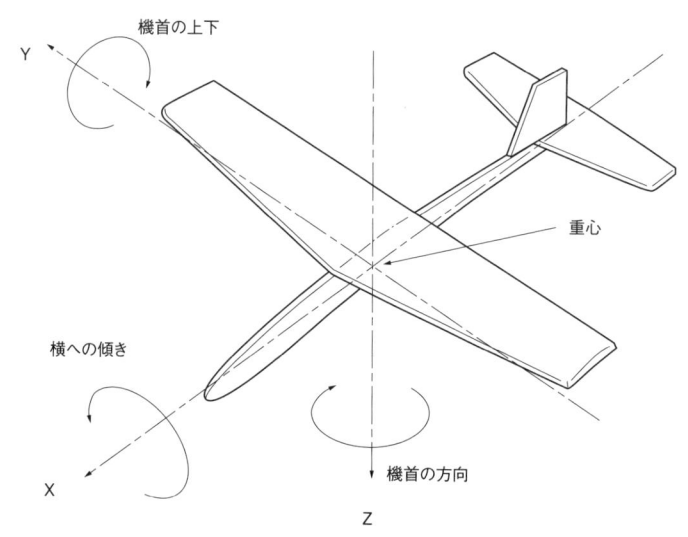

図1-11　飛行機の姿勢

■ やさしい設計法 [8]

[1] 主翼の面積を決める

飛行機の滑空速度と沈下率は翼面荷重が大きな関係を持っているので、

● ゆっくり、ふわふわと飛ぶ滞空用機を作るときは、主翼の面積を大きめにする（翼面荷重を小さくする）。

● ジェット機などのように高速で飛ばしたいときは、主翼の面積を小さめにする（翼面荷重を大きくする）。

という方針にしたがって、自分で作ろうと計画している紙飛行機の種類に合った主翼面積を決める。ただし、翼面荷重をあまり小さく設計すると、沈下率は小さくなるが、機体を投げ上げたときに、高く上がらないという欠点が出てきて、結局、滞空時間がのびないという結果になる。また、翼幅は、紙の強さを考え合わせると、薄翼の場合ゴムカタパルト用では25cm以下に設計するのが適切である。

[2] 主翼の平面形

上から見た主翼の形は、図1-12の中から自分の好きな形を選ぶことができる。ただし、主翼の形を極端に細長く（縦横比を大きく）したり、あまり太く（縦横比を小さく）したりすると、欠点が出てくるので、よく飛ぶ紙飛行機を作るためには、極端な形は避けた方がよい。

また、後退翼の場合は、つぎに説明するように、翼端失速（tip stall）を起こしやすく、その結果としてキリモミ（spin）に入りやすいという欠点が生ずるので、後退角の大きい翼を使うことは避けた方が賢明である。図1-13は、直線翼と後退翼について、迎え角と失速の関係を比べたものである。直線翼では、胴体に近い部分から空気が乱れて揚力を失い失速に入るが、後退翼では翼端部分に空気の乱れが生じて揚力がなくなり失速に入る（翼端失速）。

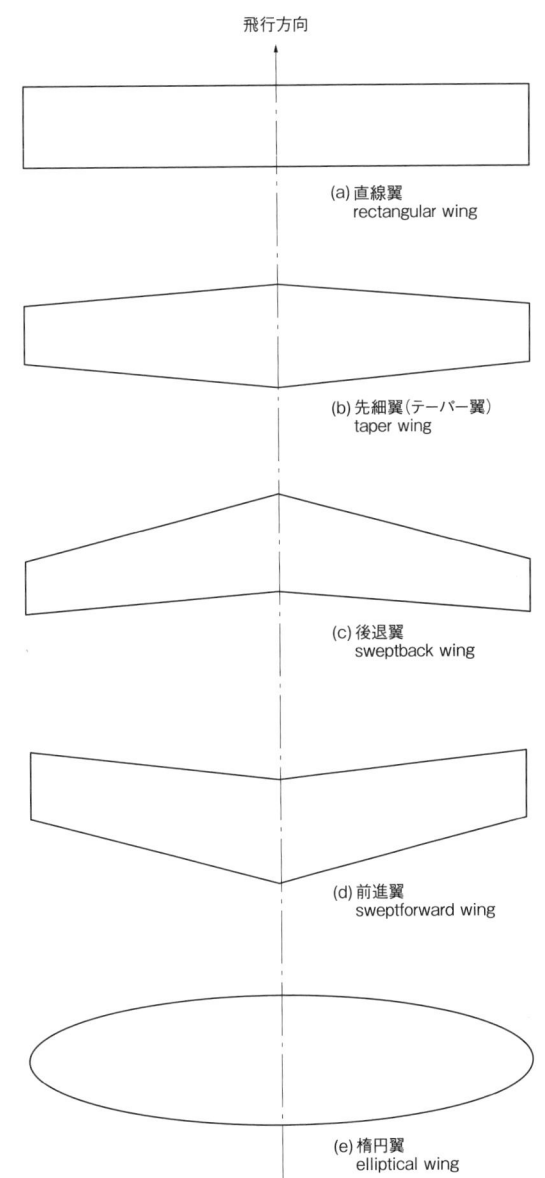

図1-12 翼の平面形

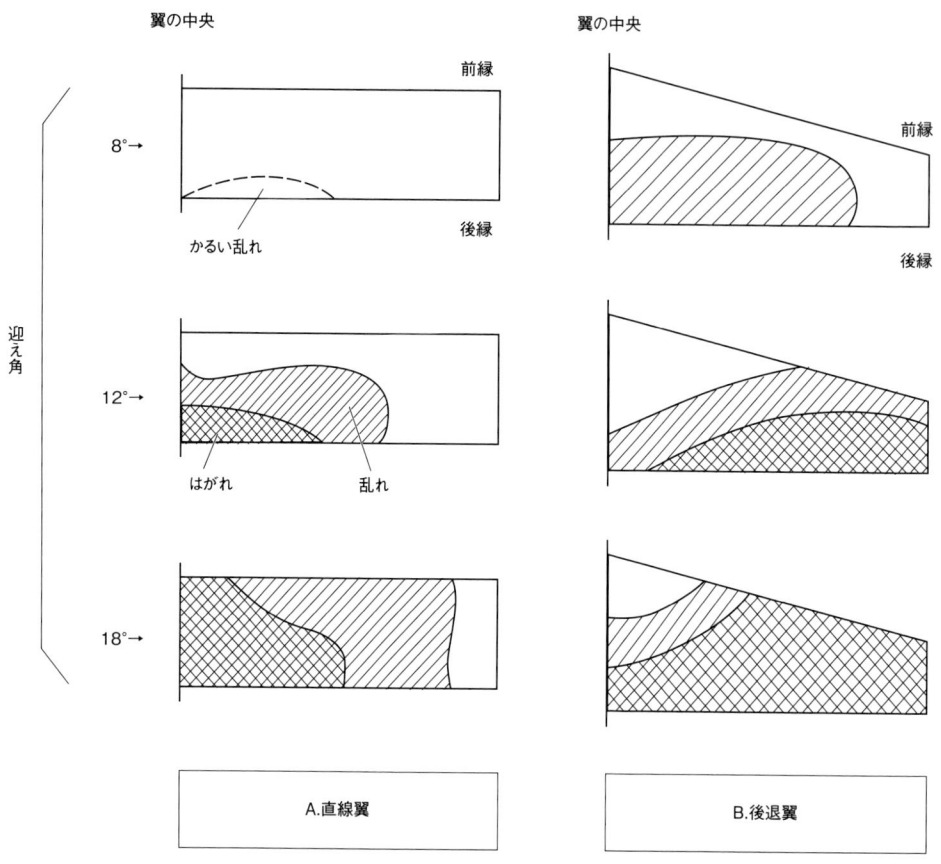

図1-13 直線翼と後退翼の失速のおき方のちがい
(Report and Memorandum No.1976 of the Royal Aircraft Establishment を参考とした)

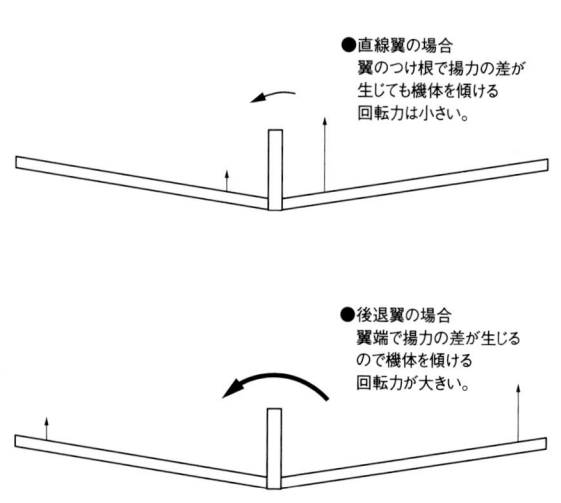

図1-14 直線翼と後退翼の失速の比較

飛行中の空気に乱れがあると、機体の左右で失速の程度に差が発生する。この場合図1-14に示すように直線翼では翼根で揚力の大きさに差が出ても、機体を左右に傾ける回転力は小である。しかし後退翼では翼端で揚力の差が発生して機体を横に傾ける回転力が大となり、キリモミに入る。

ただし紙飛行機の場合、後退翼にも若干の利点がある。紙飛行機では薄翼を使うので図1-15に示すようにねじれに弱く、機体をゴムカタパルトで射出する際にゴムが強力すぎると翼がねじり振動（フラッター flutter）を起こすことがある。この場合、後退翼では振動は収束

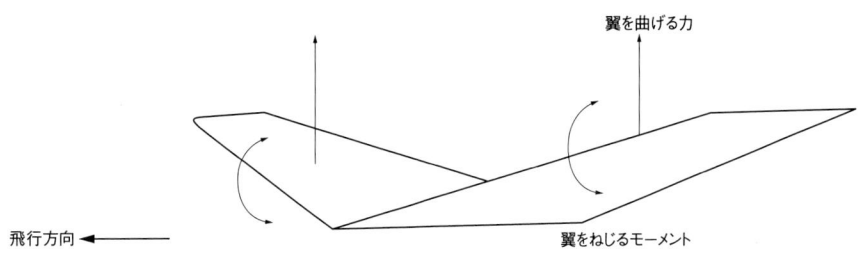

図1-15　飛行中に翼にはたらく力

するが、前進翼では振動が発散して、翼がねじれで破壊することがある。

　翼の揚抗比は、迎え角によって変化する性質がある。その例を図1-16に示す。図の曲線のうち、(a)は翼だけの揚抗比で、迎え角が6°くらいのとき、最も大きな値となる。実際の機体では、これに胴体などの抵抗が含まれるので、揚抗比の変化は曲線(b)のように、翼だけの場合よりも1°程度多い迎え角のとき、最も大きい揚抗比となり、したがって、滑空比が最良となる。

　飛行機は滑空しながら次第に高度が下がる。滞空時間を長くするには、機体の沈下率を小さくすることが大切である。(c)が沈下率の曲線で、揚抗比が最良になる迎え角よりも、少し大きい8°付近の迎え角のとき、沈下率が最小となる。紙飛行機のようにレイノルズ数が小さいケースでは、翼の失速は12°付近から始まる（図1-5）。この値と、最小沈下率の得られる迎え角約8°の間の余裕は4°くらいしかないので、紙飛行機を滞空性能よく飛ばすには、失速させないように慎重に飛行させなければいけない。

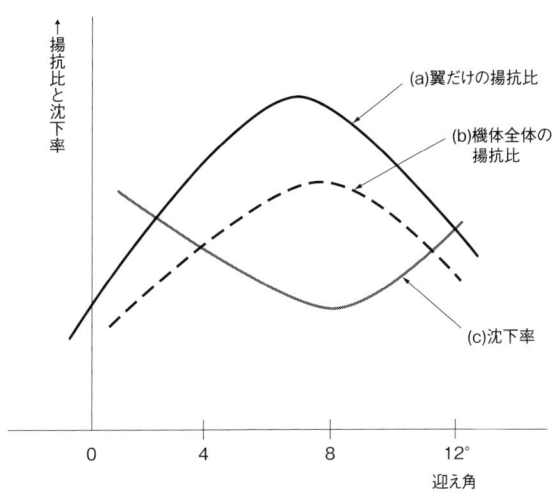

図1-16　迎え角を変えたときの揚抗比と沈下率の変化の例

[3] 翼の取付角と重心位置を決める

滞空用か、飛行距離用かによって、主翼の迎え角が、それぞれの目的に合った角度で飛ぶように、飛行機を設計しなければならない。このため、主翼、水平尾翼の取付角と、重心（center of gravity略してCG）の位置を、

- 飛行距離用機体は、図1 - 17の位置に
- 滞空用機体は、図1 - 18の位置に

設計する。図1 - 17は実物機をはじめ、普通の模型飛行機の重心の置き方である。一方、図1 - 18は多くの紙飛行機などのゴムカタパルト射出の滞空用機の場合である。このケースではとくに、重心位置を後ろに下げ、かつ24ページの水平尾翼面積S_H算出式に見られるように、距離用機に比べて、S_Hを大きく設計する。このようにすれば、ゴムカタパルト発進時の高速の場合に宙返りを防いで、機体を高く上昇させるのに効果がある。紙飛行機の多くはこの重心の置き方である。

翼と重心を図1 - 17あるいは図1 - 18の配置にすれば、胴体の形についてはある程度自由で、グライダー（glider）、軽飛行機（light plane）、ジェット機（jet plane）など、好きな形に決めてもよい。ただし、主翼と水平尾翼の関係位置によって、水平尾翼の取付角を、わずかに変えなければならない場合もある。しかし、それは試験飛行（test flight）の際に、水平尾翼を少しだけ曲げて調整することによって修正することができるから、大きな問題ではない。

[4] 直線翼機以外の重心の置き方

図1 - 17および図1 - 18では、グライダーの重心を、主翼前縁から翼弦長の25％あるいは85％の位置に置くように示してある。図1 - 12（a）の直線翼の場合には、翼弦長は翼のど

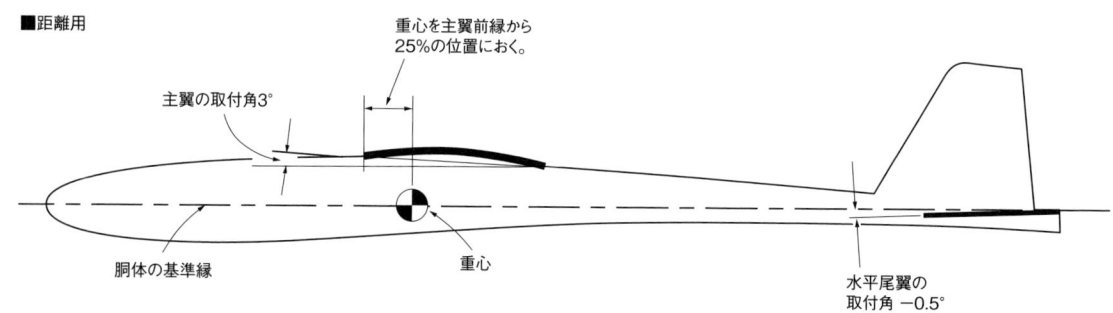

図1 - 17　飛行距離用機の翼の取付角と重心のおき方

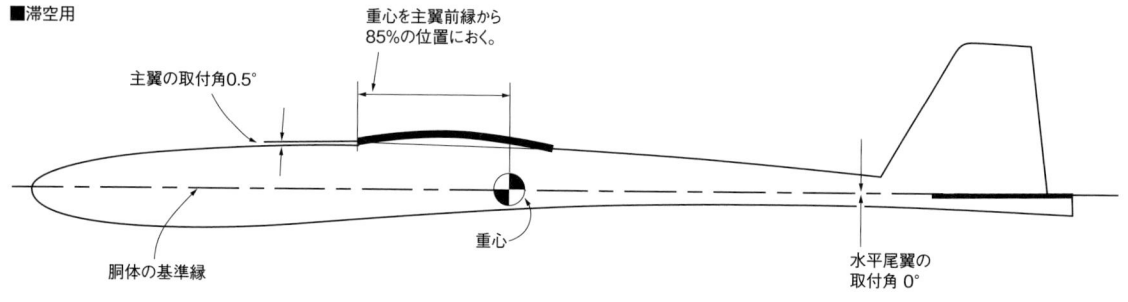

図1 - 18　滞空用機の翼の取付角と重心のおき方

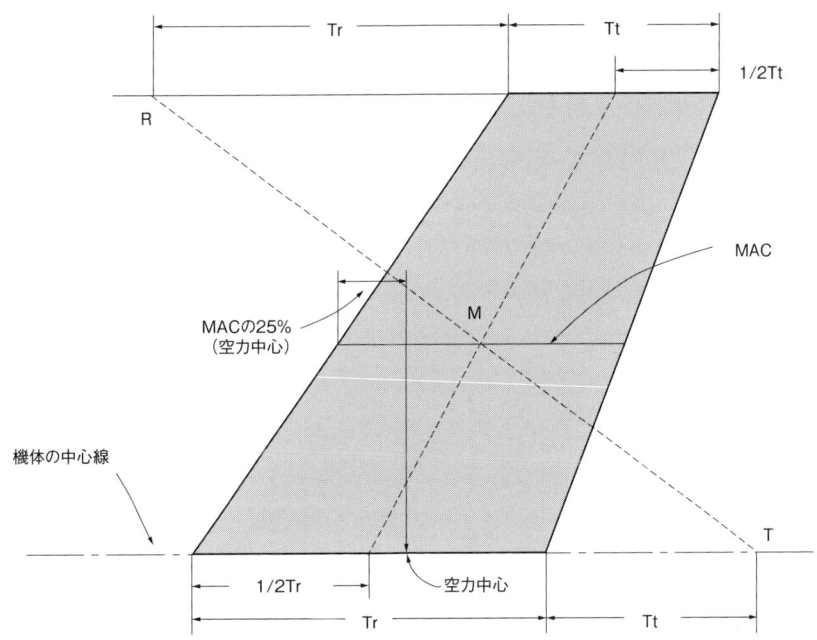

図1-19 空力平均翼弦（MAC）の求め方

の部分も同じであるから、重心を置く位置は簡単に決定できる。しかし、同図（b）〜（e）の翼では、場所によって翼弦長が違うので、この場合にはその翼の空気力学的な性質を代表する平均的な翼弦、すなわち空力平均翼弦（Mean Aerodynamic Chord：略してMACと呼ぶ）をもとにして重心位置を決める。

MACを簡単に図上で求める方法を説明しよう。図1-19の影をつけた部分は主翼の片側半分（中央から翼端（wing tip）まで）で、Trを翼の胴体側の付け根（翼根wing root）における翼弦長、Ttを翼端における翼弦長とする。つぎに翼根と翼端をそれぞれTtとTrだけ延長して、T，Rの点を決め点線で結ぶ。一方、TrとTtの二等分点を求めて点線で結ぶ。2本の点線の交わる点Mを通って、Trに平行に引いた翼弦長が、この翼のMACである。

このようにして、図1-17あるいは図1-18においては、それぞれMACの25％または85％の位置に重心を置く。またMACの前から25％点を空力中心（aerodynamic center）と呼ぶ。

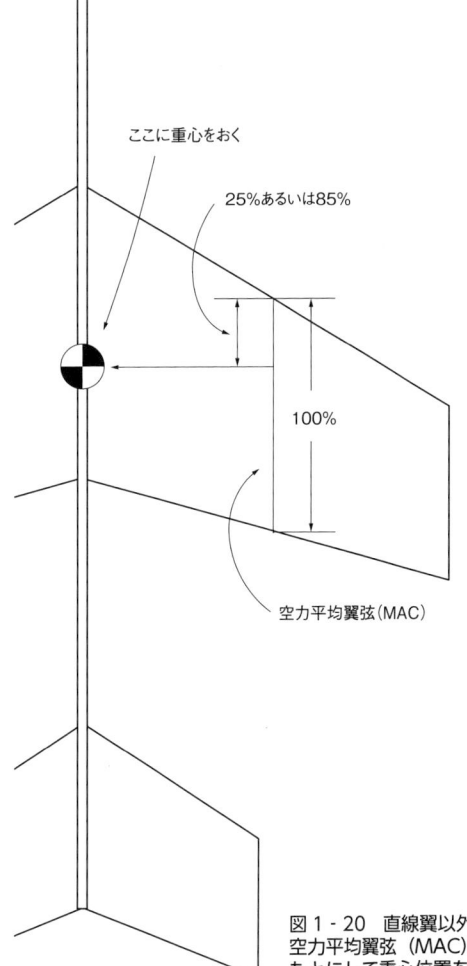

図1-20 直線翼以外の翼では空力平均翼弦（MAC）をもとにして重心位置を決める。

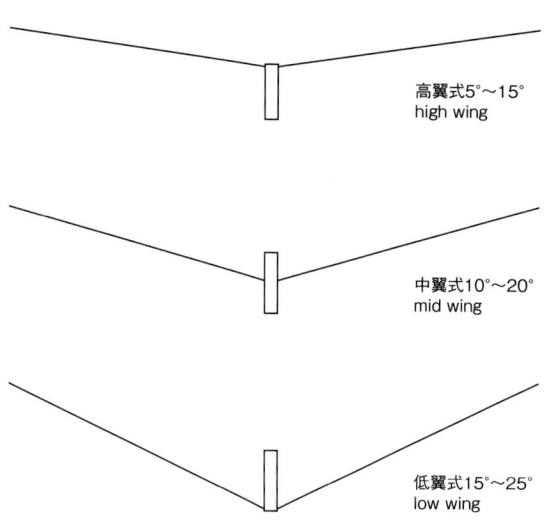

図1-21 主翼の位置とそれに適した上反角の大きさ

[5] 上反角の大きさ

飛行機が横に傾いても、すぐに水平に立ち直らせるのが、主翼につけた上反角の効果である。上反角の大きさは、図1-21に示すように、高翼式では小さくてもよいが、低翼式では大きな角度をつける必要がある。ジェット機などに使われる後退翼は、上反角をつけたのと同じ効果があるので、後退翼の場合は、図1-21の値よりも上反角を小さくする。

[6] 水平尾翼の面積

尾翼は、水平尾翼、垂直尾翼いずれの場合も図1-22のように、重心を支点とした一種のテコとして作用する。したがって、尾翼は面積だけでその効果が決まるのではなく、【重心から尾翼までの距離】と【尾翼面積】とを掛けあわせた積の大・小で尾翼の効果が表わされる。ただし設計上の便宜のため、以後は重心からの距離ではなく、主翼と尾翼のそれぞれの空力中心（MACの25％の点）の間の距離をlとし、水平尾翼の場合はl_H、垂直尾翼の場合はl_Vを使うことにする（しかし、本当のところ尾翼面積が未定なので正しくはl_H、l_Vはまだ決められないか

ら大体の値で計算せざるを得ない）。この積を尾翼容積（tail volume）と言う。この考えをもとにして、飛行機の安定のために必要な水平尾翼面積S_Hは、つぎの式から求められる（図1-23）。

$$S_H = K_H \frac{S_M \times t_M}{l_H} \quad (cm^2) \cdots\cdots\cdots (1-6)$$

上式では、

S_M：主翼面積（cm^2）

t_M：主翼翼弦長（cm）（直線翼でないときは空力平均翼弦長MAC）

l_H：主翼、水平尾翼の空力中心間の距離（cm）

また、K_H（水平尾翼容積比）としてはつぎの数値を使う。

図1-17の飛行距離用では$K_H = 0.6$

図1-18の滞空用では$K_H = 1.2$

上式で求めたS_Hの面積は図1-17の場合よりも、図1-18の方が大きな値となる。これは、重心が後ろにいくほど飛行機の機首の上下の安定が悪くなるので、大きな水平尾翼を必要とするからである。

また、上式でl_Hが分母に入っているので、胴体を長く設計してl_Hが大きくとれる場合には、水平尾翼面積S_Hは小さくてもよい。

以上、重心位置（CG）を空力平均翼弦（MAC）の前から25％におくケースと、後ろの85％付近におくケースの両方を並行に説明してきた。しかし機体をゴムカタパルトで高く上昇させ、小さい沈下率で滑空させるペーパーグライダーには後者（CG85％付近）が適していることを、ここで再度強調しておく。

[7] 垂直尾翼の面積

垂直尾翼の場合（図1-24）、その面積S_Vはつぎの式で求められる。

$$S_V = K_V \frac{S_M \times b}{l_V} \quad (cm^2) \cdots\cdots\cdots (1-7)$$

この式で、
S_M：主翼面積（cm²）
b：主翼翼幅（cm）
l_v：主翼と垂直尾翼それぞれの空力中心（MACの25%の点）間の距離（cm）

またKv（垂直尾翼容積比）は、図1-17、図1-18いずれの場合もつぎの値をとる。

Kv = 0.05

垂直尾翼の面積は上式で計算されるが、この数値はあくまでも目安の値であって、正確にはさらに胴体の側面積や、主翼の上反角の大きさなども考えに入れて決めなければならない。参考例として実物機の三菱零戦"ゼロ戦"ではKv = 0.05～0.06の値だったと記憶している。

垂直尾翼の面積は、大きすぎても小さすぎても不都合が発生する。すなわち、垂直尾翼の面積が大きすぎると、螺旋降下（spiral descent・以下「らせん…」と略記する）に入りやすくなり、逆に小さすぎると、方向不安定となりキリモミに入りやすくなる。そこで、つぎに、紙飛行機に合った実際的で便利なSvの決め方を説明しよう。

まず、垂直尾翼の面積を上式で計算した値よりも大きめに作っておき、試験飛行を繰り返しながら、垂直尾翼をハサミで少しずつ切り詰めていく。こうして飛行中、機体がわずかにお尻を左右に振り始め飛行方向不安定となる面積のところで止める。もし、切り過ぎたら、紙を貼って足してやればよい。これは、飛び方をよく観察しながらやれば、比較的簡単である。熱心な方は自分で試してみるとよい（1-2「開発機のための試験飛行」の項・53ページ参照）。

水平尾翼も垂直尾翼も上記で決めた面積であれば、形はある程度自由であるから、自分の好きな形を選ぶことができる。

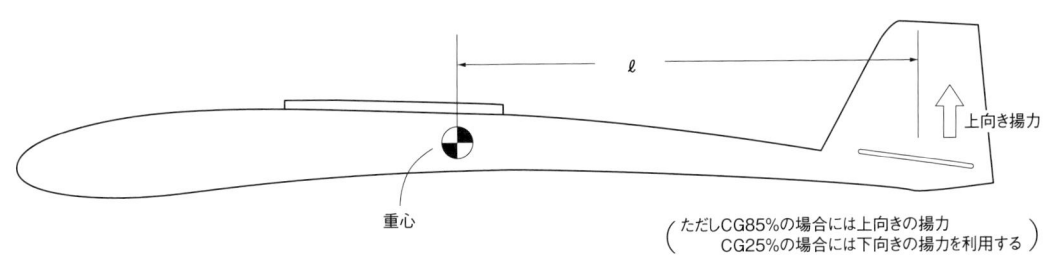

図1-22　尾翼は重心を支点としたテコとしてはたらく

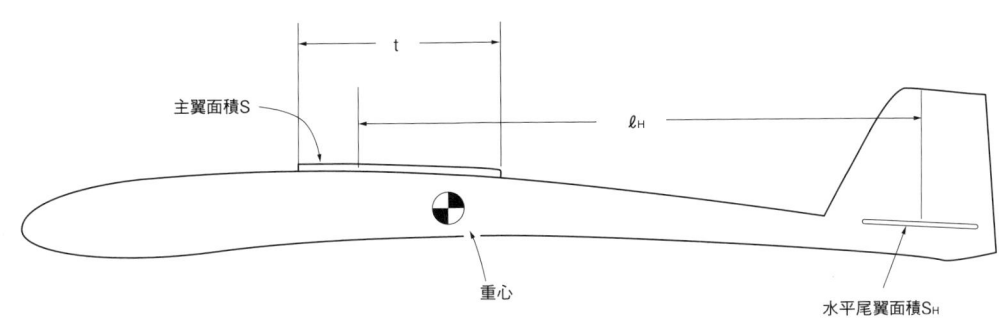

図1-23　水平尾翼面積 S_H の決め方

[8] 例題

今までの説明にしたがって紙飛行機を設計してみよう。例えば、ここでは滞空用の機体を作ることにしよう。

主翼を翼幅22cm、翼弦長4cmの直線翼とすると、

主翼面積S_M = 88cm^2

つぎに図1-18、図1-24、図1-25を見ながら、重心位置を主翼の前縁から85％におき、また主翼空力中心から水平、垂直尾翼それぞれの空力中心までの距離をそれぞれl_H = 14cm、l_V = 12cmとすると、必要な尾翼面積S_H、S_Vはそれぞれつぎのようになる。

$$S_H = 1.2 \times \frac{88 \times 4}{14} = 30.2 \text{cm}^2$$

$$S_V = 0.05 \times \frac{88 \times 22}{12} = 8.1 \text{m}^2$$

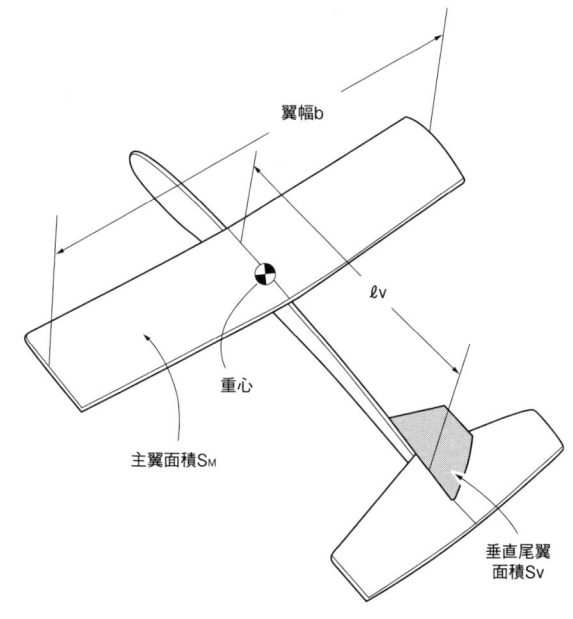

図1-24 垂直尾翼面積S_Vの決め方

重心から前の機首の長さについては、機首が短い方が機体の重心まわりの運動がしやすい。例えば、上昇から滑空に遷移する際にもあまり高度を失うことなく、有利と考えられる。ただし、機首が短すぎると、重心調整のための機首につける錘を多くしなければならないので、機体重量が大となって、沈下率が増し、不利な面もある。一方、機首を長くした場合、重心まわりの機首の上下、左右の運動が阻害されるので、上昇から滑空に移行する機体の運動に影響が出る可能性がある。しかし、この場合でも、機体の前後軸まわりの運動はこの影響を受けないので、横転（ロール）を積極的に利用して上昇から滑空への遷移をスムーズに行なう方法もある。これらの利点、欠点を考慮に入れて、機首の長さを決める。これまでの説明から、図1-26の機体ができあがる。私はこの飛行機を試作してみて、なかなかよく飛ぶことを確認した。皆さんも、自分で設計してみるとよい。

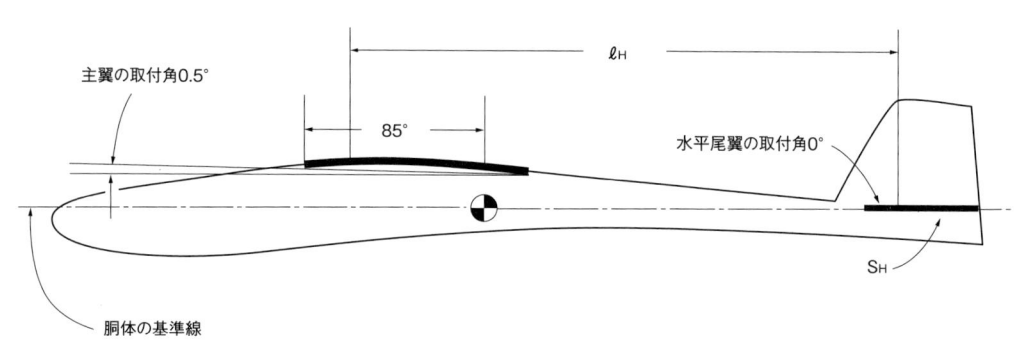

図1-25 翼の取付角とS_H

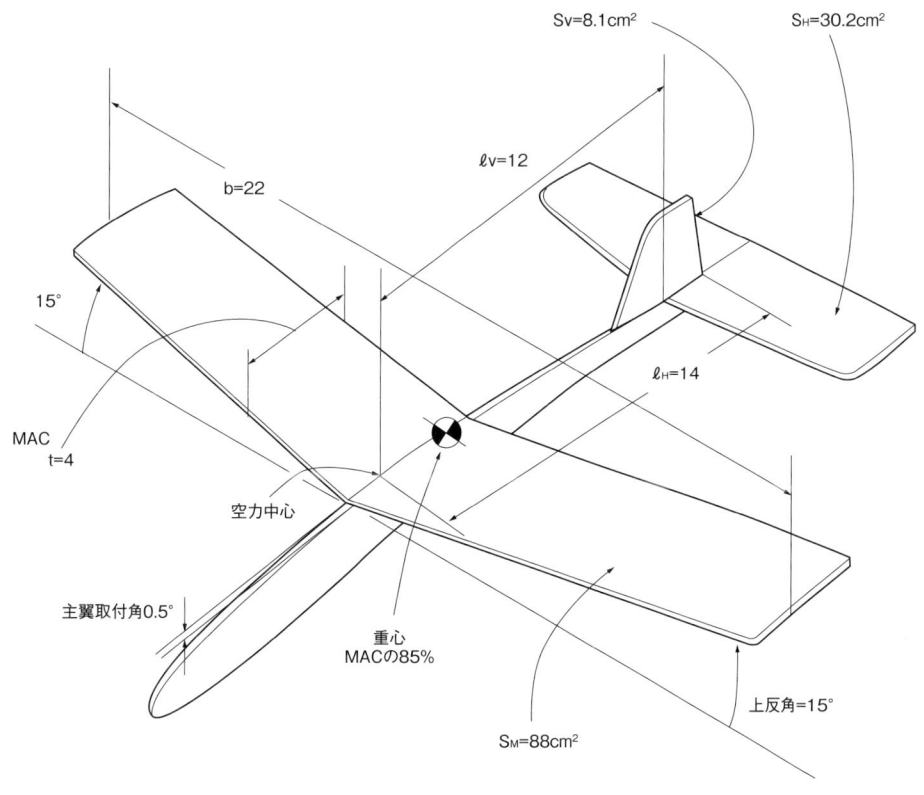

図 1-26 滞空用機の設計例　　（長さの単位:cm）

[9] 機体構成

実物機体では過去少なくとも何十年にもわたる種々の外力、例えば、突風、離着陸時、など機体の運用から得られた負荷のデータにもとづき、機体の必要強度が決められている。しかし紙飛行機にはこのような蓄積されたデータは無いので、各自が飛ばした経験によって決めて行かなければならないのが実状である。紙飛行機を手投げやゴムカタパルトで力いっぱい射出す

るときは、主翼は、それにはたらく強い風圧力に耐えなければならない。また、紙飛行機は必ずといってよいほど、着陸のたびに地面や壁にぶつかるので、このような外からの大きな力に対しても、機体がこわれない構造にすることが必要である。

ただし、丈夫なだけでは駄目で、よく飛ぶ機体を作るためには、必要なところだけを丈夫に設計し、弱くてもよいところは弱いままにして

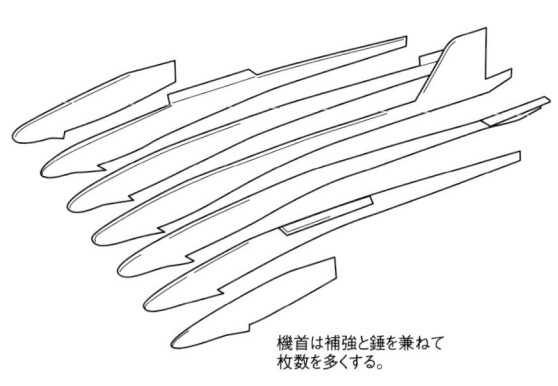

図 1-27　胴体の構成

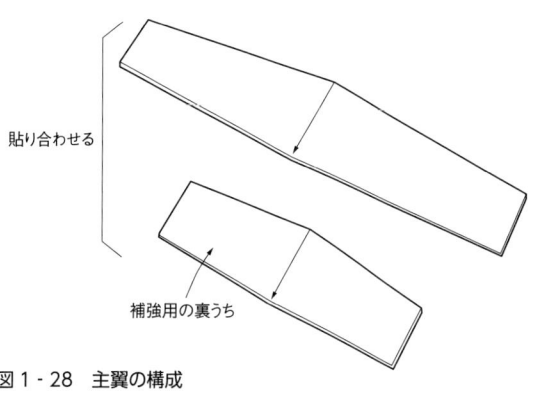

図 1-28　主翼の構成

おくというように、できるだけ軽く、むだのない構造にすることが大切である。

また、胴体の形は、手投げで飛ばす際に持ちやすいこと、機体が折れた場合に修理しやすいこと、空気抵抗が小さいことなど、いろいろな条件を満たすような構造を考えなければならない。

以上のような要求から、胴体の具体的な構造としては、図1-27に見られるように、紙を何枚も貼り合わせ、とくに強くしなければならない機首の部分の貼り合わせ枚数を多くし、後部に行くほどへらすようにする。

主翼は図1-28のように、中央部分に裏うちを貼り合わせて、主翼を曲げたり、ねじろうとする風圧力に対して丈夫にし、かつ図1-10に示すキャンバーをつけて性能をよくする。このような薄翼は修理しやすい利点もある。

私の経験に基づいた貼り合わせ枚数を例示しよう。材料として約200g/m²（厚さ0.25 mm程度）のケント紙を使用する条件で、全幅（翼幅）、全長（胴体長）20～25cm程度のゴムカタパルト射出用機の場合図1-29に示す枚数が妥当ではないかと考えられる。

またハンドランチ用機の全幅、全長30～35cm程度の場合は図1-30に示す枚数が必要と考えられる。とくにハンドランチの場合は機体を投げ上げる際に、後部胴体を横方向に曲げる力がかかりやすいので、この部分を丈夫に作る必要があり、貼り合わせ枚数を多くする。

何れの場合も、図1-31の矢印の箇所は、よく折れるので、ここは同図で示すように、例えばAおよびBの部品を矢印のところよりも後ろまでのばすようにする。

上に説明した胴体の構造は、紙を丸めて中を中空にしたモノコック（monocoque）構造にくらべて、工作、修理、持ちやすさ、空気抵

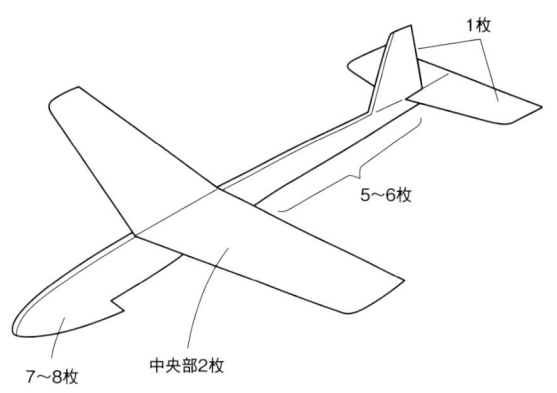

図1-29 ゴム射出用機の貼り合わせ枚数例（主翼幅20cm程度）

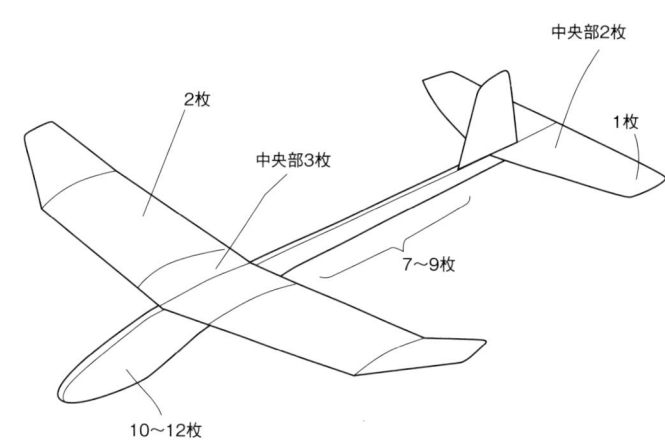

図1-30 ハンドランチ用機の貼り合わせ枚数例（主翼幅30cm程度）

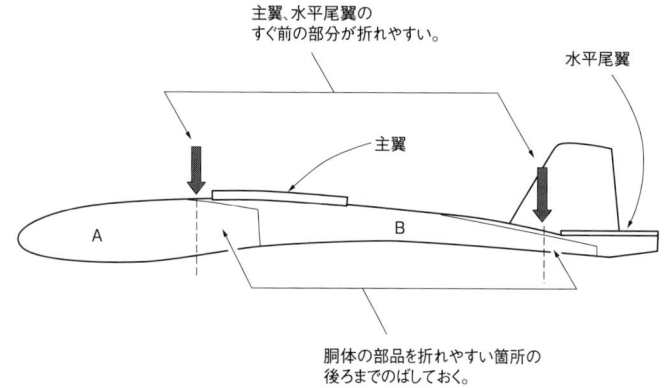

図1-31 胴体の折れやすい部分の補強

抗の点でもすぐれている。

[10] 貼り合わせ枚数と強度

紙飛行機を作ったのに、よく飛ばないという場合、その大きな原因の1つとして胴体が横に曲がっているためということが多い。とくに主翼から後ろの後部胴体が横に曲がっていると、飛行機を飛ばした際に旋回の傾きが次第に深くなって、ついには地面に突っ込む結果になる。したがって、胴体が曲がりにくい設計にしなければならない。

その方法として、後部胴体はケント紙を5～6枚以上貼り合わせて、横の曲げ強度が大きくなるようにする。胴体の横方向の曲げ強度は、**図1-32**の胴体の横幅wの3乗と縦幅mに比例する。すなわち、

$$横方向の曲げ強度 \propto (w^3 \times m) \quad \cdots \quad (1-8)$$

ケント紙の厚さが一定であれば、横幅wは貼り合わせ枚数nで置き換えることができるから、つぎのように表現することもできる。

$$横方向の曲げ強度 \propto (n^3 \times m) \quad \cdots \quad (1-9)$$

貼り合わせ枚数nが6枚と5枚の場合を比較すると、

$$\frac{6枚の曲げ強度}{5枚の曲げ強度} = \frac{6^3 \times m}{5^3 \times m} = \frac{216}{125} \fallingdotseq 1.73$$

5枚から6枚にふやすことによって、曲げ強度は約1.7倍と大幅にふえる。縦幅mをふやすよりも、貼り合わせ枚数をふやす方がずっと効果的である。ただし、紙のお互いの接着が不完全だと、曲げ強度はn^3倍にならず、単にn倍になるだけであるから、曲げ強度は極端に弱くなる。接着の不完全な部分がないように注意しなければならない。

以上ペーパーグライダーの構造について述べたが、実物を含めて航空機すべてに言えることであるが、まず第一に軽く作ること。このため必要な部分だけを丈夫にして、そうでない部分まで丈夫にしないことが性能のよい機体を作る要点である。**写真1-1**および**写真1-2**に作品の例を示す。

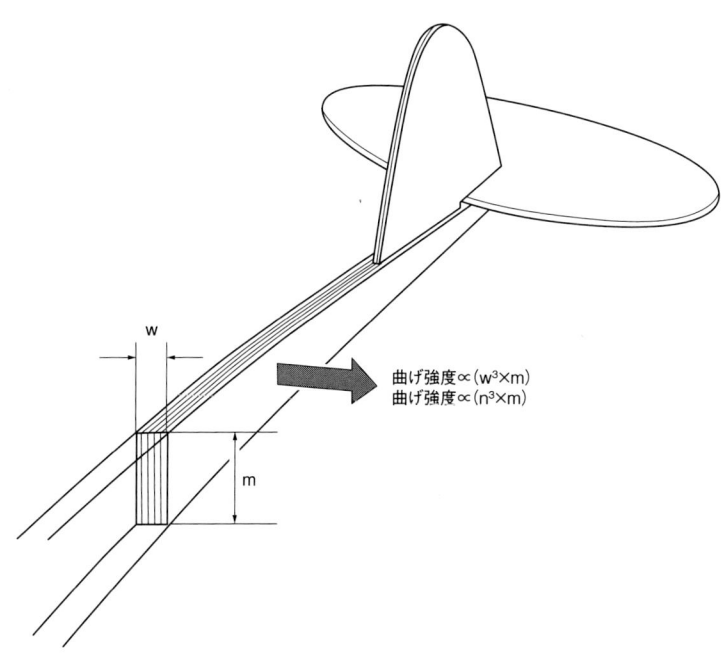

図1-32 胴体断面の寸法と曲げ強度

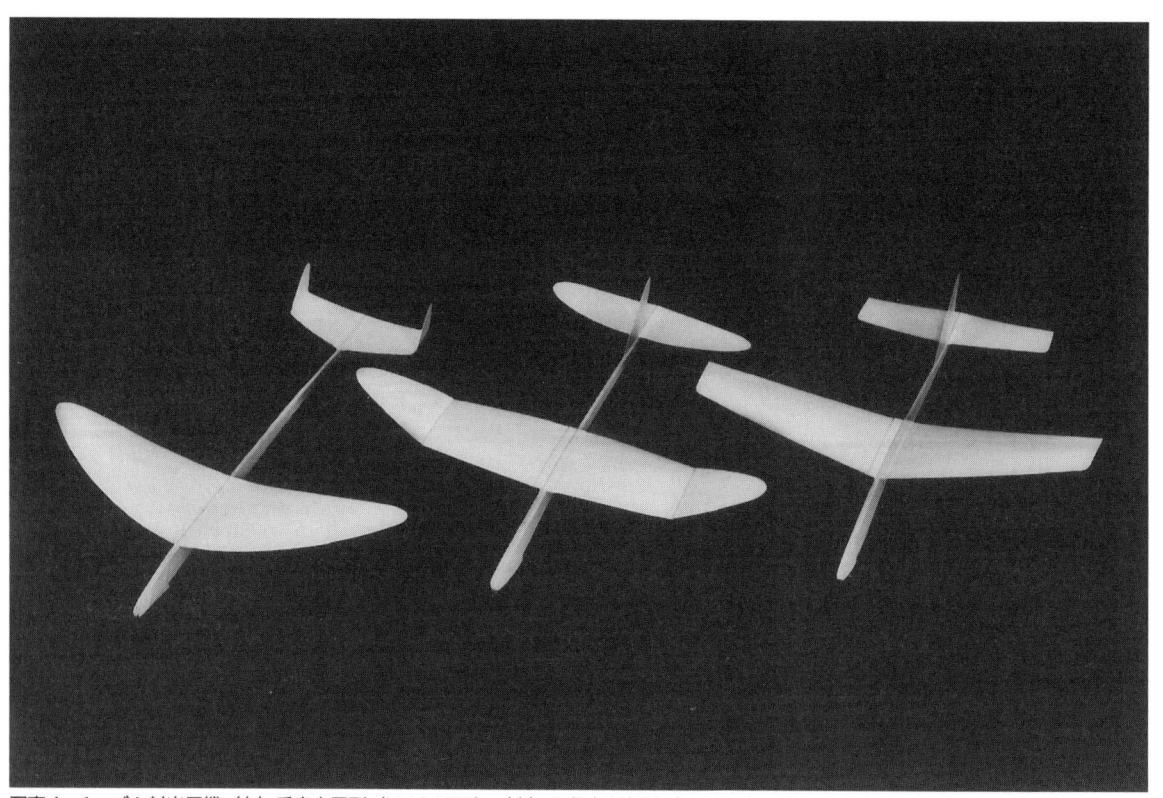

写真1-1　ゴム射出用機（左）垂直上昇型（N-1043SP）、（中）2段上反角型（N-2480）、（右）中央上反角型（N-1480）

写真1-2　ハンドランチ・ペーパーグライダー（N-2008）（胴体はバルサ材）

■ 紙飛行機用紙

洋紙の規格はA列本判、B列本判、四六判などの原紙サイズ（**表1-1**参照、ケント紙の多くは四六判と言われる）の1000枚の重量で表示される。原紙サイズの異なる紙どうしでは直接比較はできないので、原紙サイズを平方m当たりに換算して比較する必要がある。もし手許にある紙のkg数が不明の場合には面積を計算しやすい寸法に切って、この重さを郵便物の重さ用の簡単な秤りで計れば算出できる。例えば紙を縦横20cm×30cmに切り出し、これを郵便用秤りにぶら下げて12gであれば

$$\frac{12g}{0.2m \times 0.3m} = \frac{12g}{0.06m^2} = 200g / m^2$$

$$= 200kg / m^2 \cdot 1000枚$$

と算出できる。また1円のアルミニウム・コインはほぼ正確に1gであるから、わりばしなどで「さお秤」を作って、1円コインで較正して計ることもできる。私は紙飛行機用として通常200〜210kg/m²·1000枚程度のケント紙を使用している。皆さんはこの値を参考にして、各自の考えを折りこんで紙を選定してもらいたい。

紙飛行機の材料の紙を使う場合に注意すべきことは、紙の曲げ強度の高い方向を見出して、これを紙飛行機部品の強度を必要とする方向と一致させることである。この方向を見出すにはまず材料の大きな紙から**図1-33**のように3cm四方くらいのサンプルを切り出す。この際、図のように材料紙とサンプルの両方にまたがるマークをつけておく。

表1-1 用紙寸法および面積

名称	寸法 mm × mm	面積 m²
A列本判	625 × 880	0.550
B列本判	765 × 1,085	0.830
四六判	788 × 1,091	0.860

表1-2 日本標準規格仕上寸法

列並番号	単位（mm）	列並番号	単位（mm）
B0	1030 × 1456	B6	128 × 182
A0	841 × 1188	A6	105 × 148
B1	728 × 1030	B7	91 × 128
A1	594 × 841	A7	74 × 105
B2	515 × 728	B8	64 × 91
A2	420 × 594	A8	52 × 74
B3	364 × 515	B9	45 × 64
A3	297 × 420	A9	37 × 52
B4	257 × 364	B10	32 × 45
A4	210 × 297	A10	26 × 37
B5	182 × 257	B11	22 × 32
A5	148 × 210	A11	18 × 26

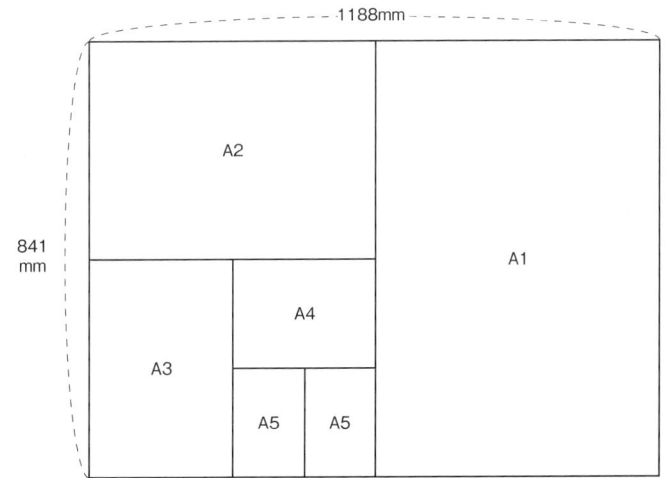

表1-2付図　A判の大きさ

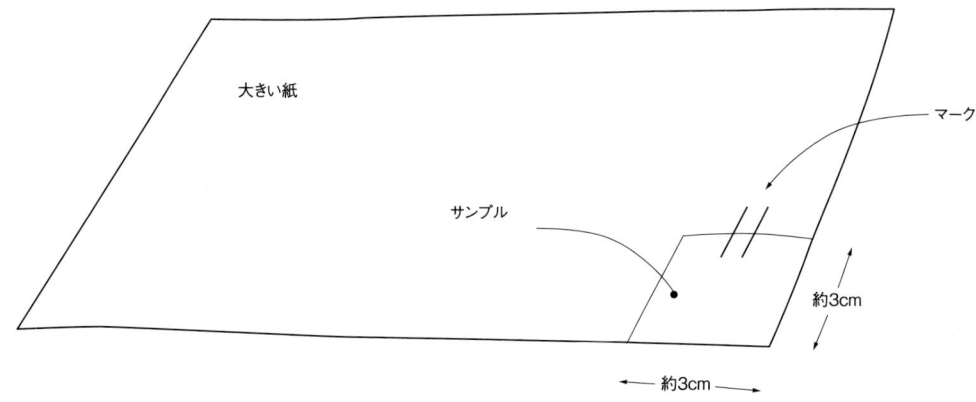

図 1 - 33

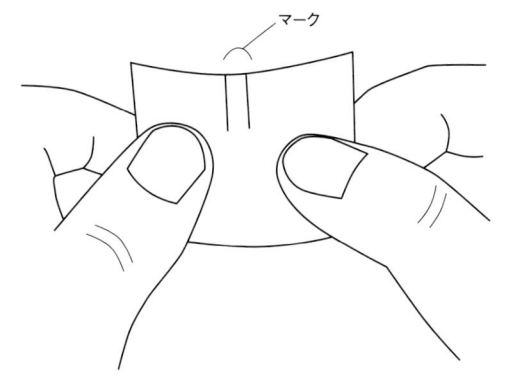

図 1 - 34

つぎにこのサンプルを方向を変えて曲げてみて（図1‐34）、曲げ強度の高い方向を見出し、マークに合わせてもとの大きな材料紙に強度の大きい方向に目印をつけて、紙飛行機の胴体、翼の長さの方向を図1‐35のように曲げ強度の大きな方向に合わせて描き、切り出す。

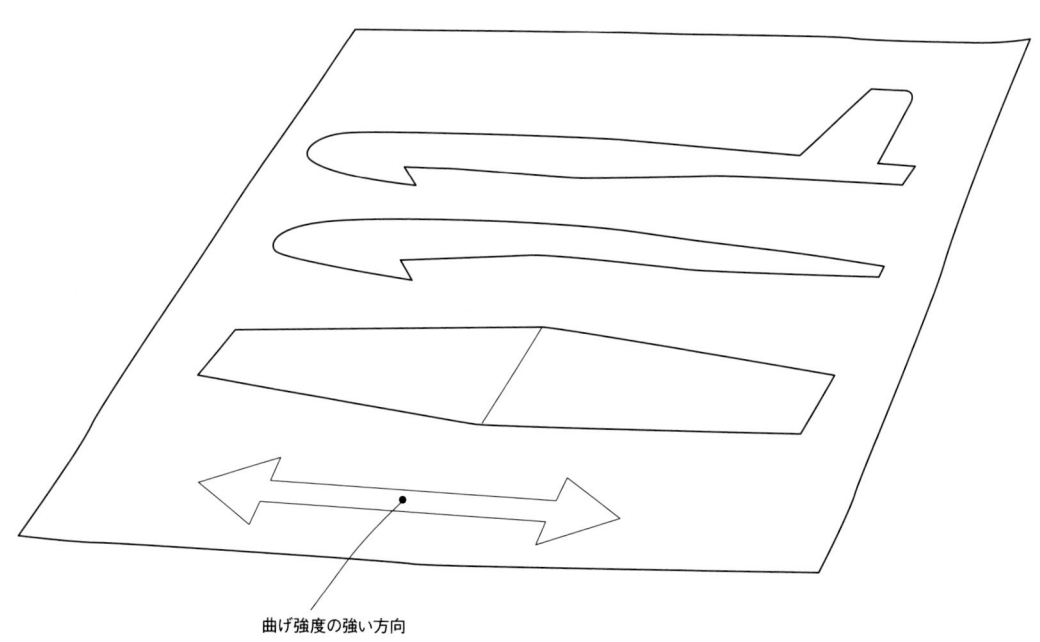

図 1 - 35

■ 機体製作用型紙

紙飛行機を新規に開発する際には、フライトテスト用、完成機など途中で若干改良するにしても、ほぼ同じ寸法の機体を複数機作る必要がある。型紙（ステンシルstencil）を胴体や、翼の形に切っておき、機体を作る際に紙飛行機の材料のケント紙などの上に置いて、型紙の周囲を鉛筆などでなぞって、機体の部品の形を写し取るものである。複数の機体を作る場合には、少なくとも鉛筆で複数回以上なぞることになるので、型紙は変形に強くなければいけない。また胴体用には表裏反転して使えるように透明あるいは半透明のシートが望ましい。

このような使い方の材料には、OHP用の厚手のプラスチック・フィルムとか、同じく厚手の半透明のトレーシング・ペーパーなどがある。私は厚手（約0.15〜0.18mm厚）のトレーシング・ペーパーを使用している。これは鉛筆で必要事項を記入できる便利さがある。

胴体の型紙は側面図でよい。翼は左右対称の場合が多いので中心線に浅い切りこみを入れ、二つに折ってから再び開き、片側だけに作図してから、また二つ折りにして輪郭を切る。ただしこの際、注意しなければいけないのは、二つ折りにした両面がずれないように切るための対策が必要である。このため、切る前に二つ折りの間に両面粘着テープを貼って両面が、ハサミで切る際にずれないようにする。私の場合は両面テープを貼った上に、さらに輪郭の外側をホチキスで留めてから、ハサミで切るようにしている（図1-36）。

写真1-3は型紙の例。

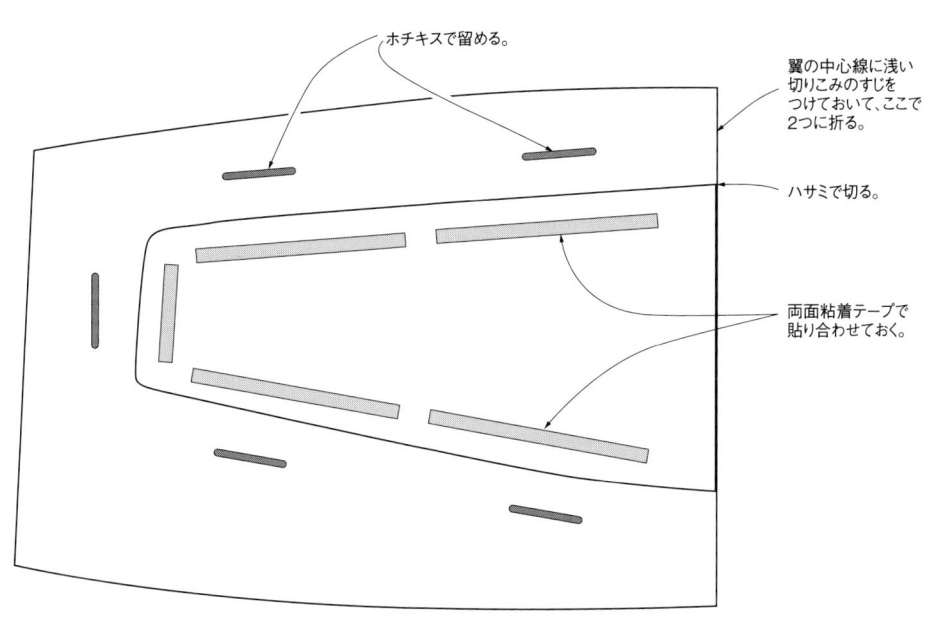

図1-36　左右対称翼の切り方（2つに折った状態）

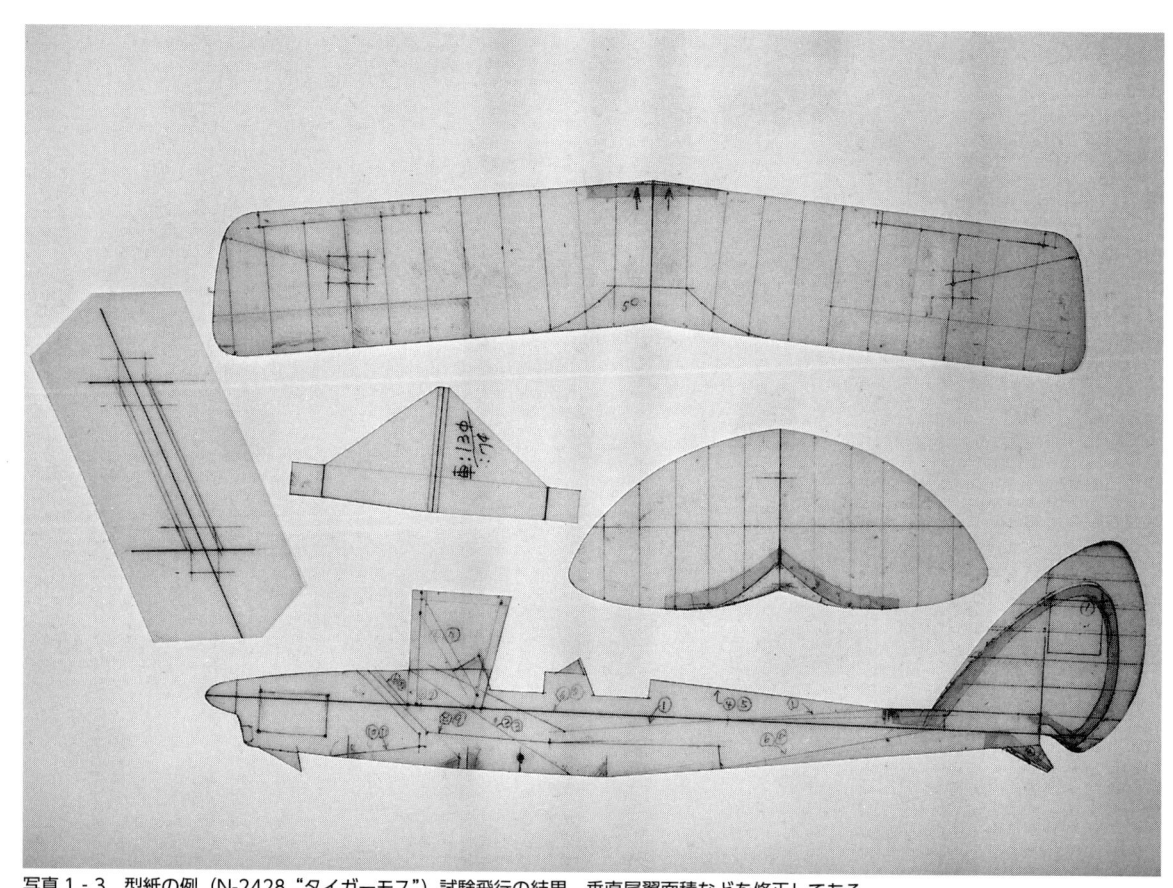

写真1-3　型紙の例（N-2428 "タイガーモス"）試験飛行の結果、垂直尾翼面積などを修正してある

■ ゴム射出滞空用機の重心位置簡易算出法[27]

　主翼と水平尾翼を備えた普通型の実物機（一部の模型飛行機も含む）では重心位置を主翼空力平均翼弦（MAC）の25％付近に置く。一方紙飛行機の場合には、ゴムカタパルト発進の際の速度が定常滑空時のそれの10倍程度になるので、飛行全過程で水平尾翼トリム（調整）なしに正常な飛行をさせるために、いわゆる揚力尾翼を使用して、水平尾翼容積比を実物の2倍程度にし、主翼の空力平均翼弦長の50～100％の適切な位置に重心を置く。

　この場合実際には、重心位置をどこに置くべきかが重要な問題である。ここでは既存の性能の良い紙飛行機のデータをとり、これにもとづいて上昇から着陸までの滞空性能が最大となる重心位置をきめる簡易な方法を説明する。

(1) 主翼、モーメント・アーム、重心位置から水平尾翼面積を求める

　この方法は22ページの図1-18の方法と同じである。

　S_M：主翼面積

　t_M：主翼の空力平均翼弦長（MAC）

　l：主翼の空力中心（t_Mの前縁から25％の点）から、水平尾翼の空力中心（水平尾翼のMACの前縁から25％の点）までの長さ（lで示して、モーメント・アームと呼ぶ）。ただしここでは水平尾翼自体が未定なので、大体この辺までとする以外に方法はない。

　k_H：水平尾翼容積比、ここでは $k_H = 1.2$ とする。

　重心位置：t_Mの前縁から85％の点とする。

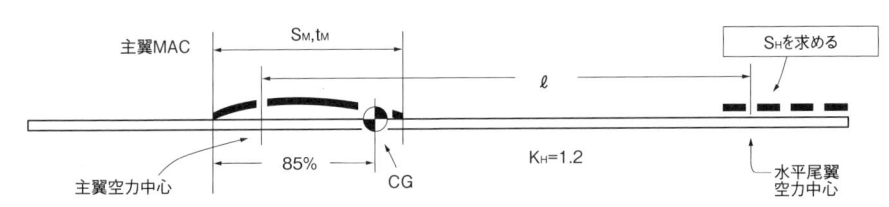

図1-37　S_Hを求める

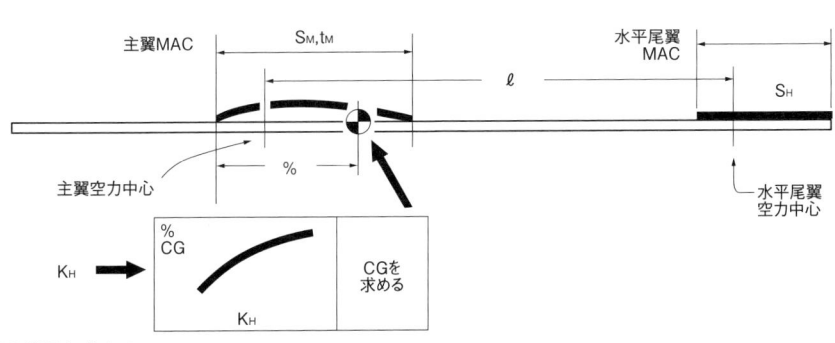

図1-38　CG位置を求める

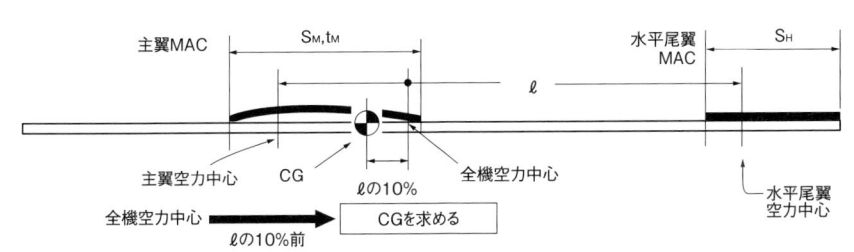

図1-39　CG位置を求める

以下、本文および図面では重心位置（CG）を主翼の空力平均翼弦（MAC）の前縁からの％で示す。

求める水平尾翼面積（S_H）は（**図1-37参照**）

$$S_H = k_H \frac{S_M \times t_M}{l} = 1.2 \frac{S_M \times t_M}{l} \quad \cdots (1\text{-}10)$$

(2) 主翼、水平尾翼、モーメント・アームから重心位置を決める—1

主翼、水平尾翼、胴体長から下記の式（1-11）により、まず水平尾翼容積比k_Hを算出する。これらの関係を**図1-38**に示す。式中の記号は式（1-10）と同じ。

$$k_H = \frac{S_H \times l}{S_M \times t_M} \quad \cdots (1\text{-}11)$$

つぎにk_H—CG％の関係を示す**図1-40**の曲線を使用してk_Hの値から重心位置CG％を求める。この**図1-40**の曲線は筆者が今まで開発してきた機体の重心位置データにもとづいて作成したk_H—CG％の関係である。なおこれらの機体のCGは、上昇の高さと、滑空の沈下率の小ささの両方を含む総合的な滞空性能に対して実験的に決定したものである。

(3) 主翼、水平尾翼、モーメント・アームから重心位置を求める—2

主翼、水平尾翼の空力中心間の長さlの、前から

$$l \times \frac{S_H}{S_M + S_H} \quad \cdots (1\text{-}12)$$

の位置を全機空力中心と呼ぶこととする。この点からlの10％前の点を重心位置とする（**図1-39参照**）。この「10％」は従来データから、わかりやすい数値としてきめた値である。これ

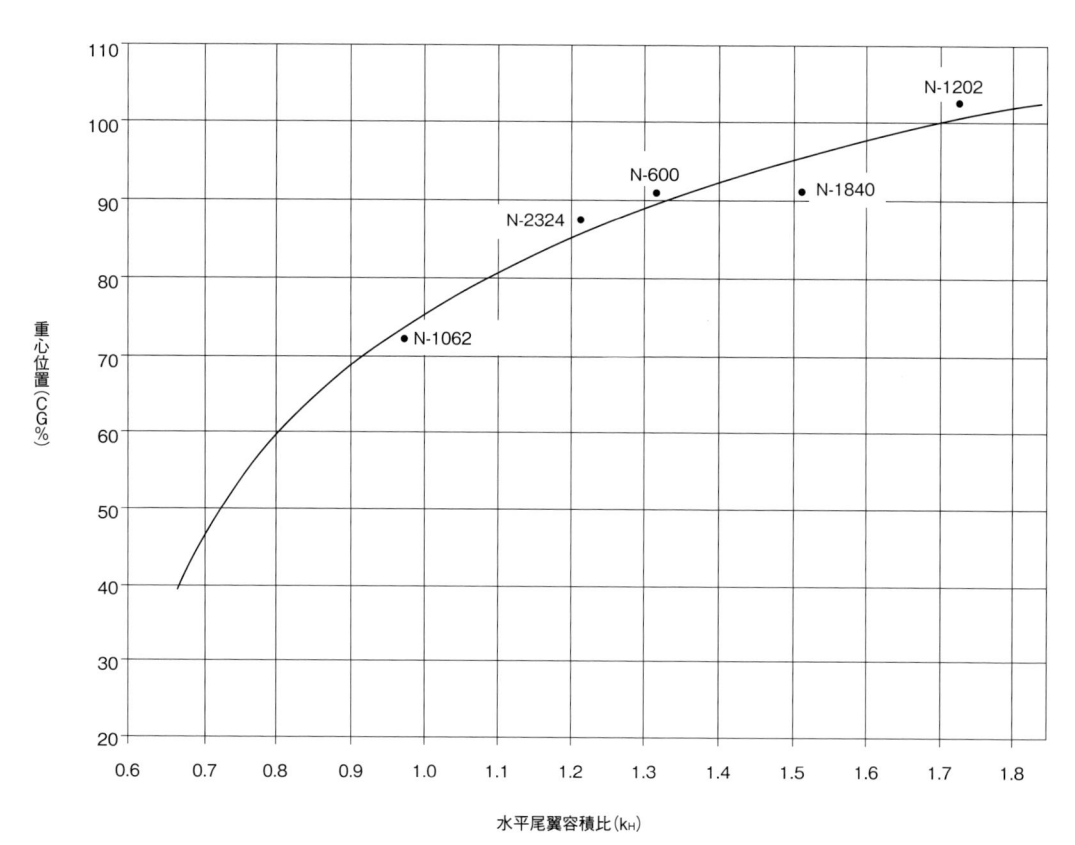

図1-40　水平尾翼容積比からCG位置を求める

を実例によって説明しよう。**図1-41**は筆者設計のスカイカブⅢ（N-1600）の主翼、水平尾翼の平面形の輪郭（実際にはゆるい曲線）を計算しやすいように直線で近似したものである。まず（1-12）式により全機空力中心を求める。この点と、実験による最適重心位置との間隔はlの10.3%で、ほぼ10%である。

　以上CG位置の簡易な算出方法 **(1)**、**(2)**、**(3)** について述べた。**(1)**、**(2)** は同一の方法であるので、2つに大別できるが、何れも簡易な方法なので、最大の滞空時間を得るための最適な重心位置に対して、主翼MACの数%程度の誤差が予想される。しかしこの算出法による重心位置をもとに、実際に試験飛行を重ねることにより、修正して、CGの最適値を見出すことができる。皆さんで、3つの方法のうち使いやすい方法を使っていただきたい。

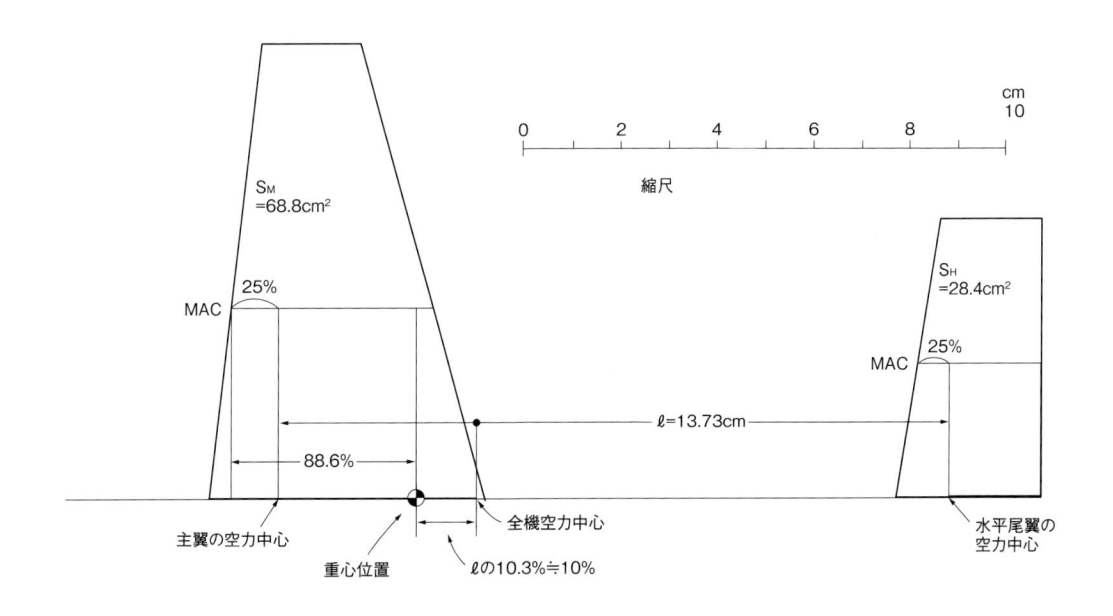

図1-41　CG位置設計例

■ 翼の形が複雑で最適重心位置が求めにくい場合の対策

　翼の形が複雑で、簡単な計算で最適重心位置を求めにくい場合にはつぎのようにする。そもそも、紙飛行機は実験に適した機材であるので、実験をつぎのような段階で進めれば、少ない労力で最適重心位置を実験的に求めることができる。すなわち

① 胴体が縦に扁平な形状の場合には、最適重心位置は対象となる機体を上から見た翼の平面形だけできまる。従って実験の第1段階では完成品の胴体は使用せず、簡単なバルサ材などの棒または縦に扁平な板材を使う。この方が錘をつけやすいし、飛行実験に際してこわれにくい。この状態で55ページのやり方で、実験を繰り返して、最適重心位置を決める。

② 次の段階で、当初予定の胴体をつけた機体を作る。ただしこの場合①で決まった重心位置に合致するように、胴体部品の形状、枚数を調整した胴体であることが必要となる。

③ もう1つの注意事項は、垂直尾翼の必要面積である。私流の紙飛行機は胴体が縦に扁平であるから、垂直尾翼面積は、胴体の側面積も考慮に入れなければいけないので、上記①の棒胴の場合と、②の所定の形の胴体とでは、必要な垂直尾翼面積がちがってくるから24および53ページの方法によって、それぞれに適した面積とすることが大切である。

　写真1-4はそれぞれ上記①の棒胴の実験機（右）と②の完成機の例（SR-71：N1020）（左）である。

写真1-4　（右）CG位置実験機、（左）完成機

■ 重心位置の見出し方

普通、機体の前後方向の重心（CG）位置を測定するには**図1-42**のように先のとがったピンセットなどで機体を下から支えて重心位置を見出すのが普通の方法である。低翼機の場合は機体を裏がえすと測りやすい。

また私がしばしば行なっている方法を紹介しよう。まずわりばしの先に縫針を植えこんで（針をペンチなどではさんで、糸通しの方をわりばしに押しこむ）、**図1-43**のような道具を作る。

つぎに機体を**図1-44**のように横にして重心位置に横方向に引いた線上を針でさし、ゆるく機体が回転できるようにして、機体を横に支えて胴体を水平にできれば、その針穴の点が機体前後方向の重心位置の線上にある。またこの方法では穴の位置を図のようにA～Cのように変えれば、Aが秤量感度が最高で、Cにゆくにしたがって感度は下がる。

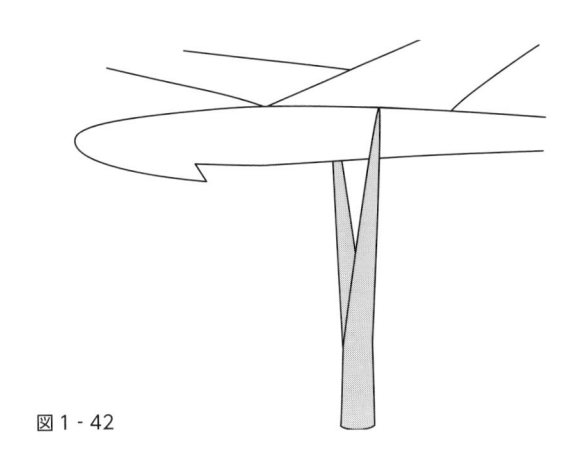

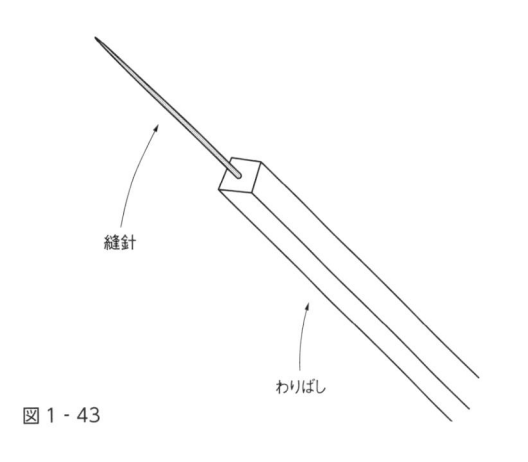

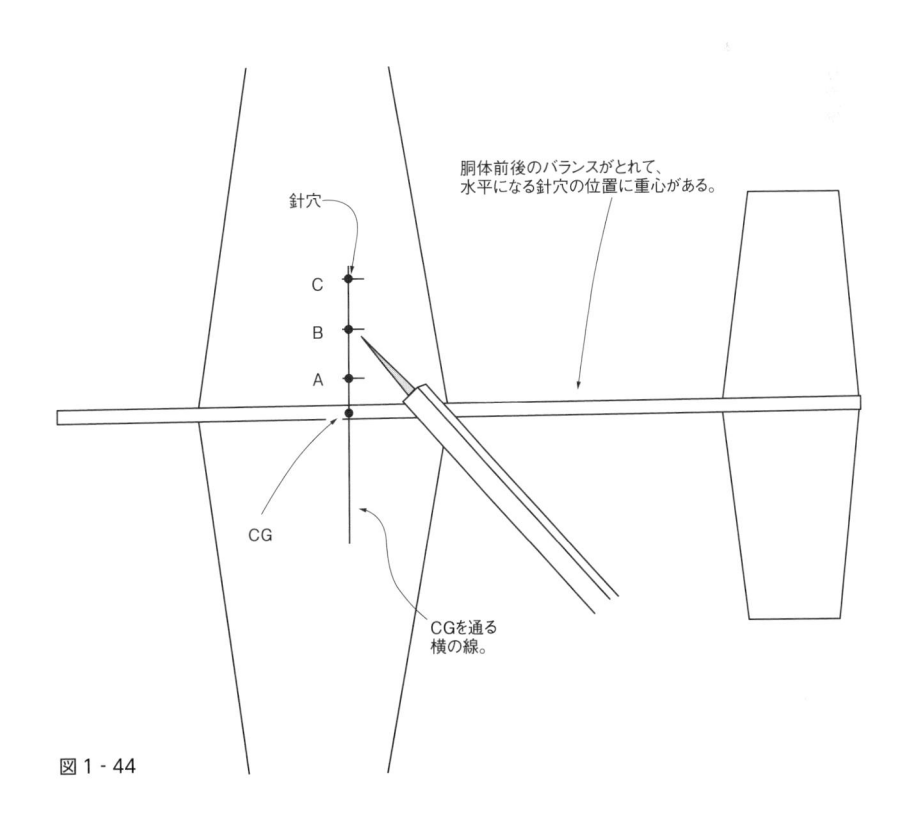

図1-42

縫針
わりばし
図1-43

針穴
C
B
A
CG
CGを通る横の線。

胴体前後のバランスがとれて、水平になる針穴の位置に重心がある。

図1-44

■ フック

多くの模型飛行機では縦安定が最も大切なので、機体の空力設計には胴体あるいは翼面上の前後方向の重心位置だけを問題にしてきた。その例は35ページの「ゴム射出滞空用機の重心位置簡易算出法」などに説明してきた通りである。しかしここでフックの位置などを検討する場合には重心の前後位置だけでなく、上下位置についても考慮に入れなければならない。

普通、1枚の紙（平面）の重心を探す場合には図1-45で示すように2点から、順次、錘のついた糸を下げて、その交点が重心であることを見出す。同じように立体的な物体では3つの点から、順次に錘のついた糸を下げて、その3つの交点から、立体の重心位置が決められる。しかし立体の物体は多くの場合、糸をスムーズに下にさげることができない場合が多いので、この方法による重心の測定はむずかしい。

紙飛行機の場合はつぎの方法をとる。すなわち、ほとんどの機体は、左右対称であるから、重心は胴体面内にあるものと考える。重心の前後位置は前記の「ゴム射出滞空用機の重心位置簡易算出法」などの方法により求める。残るもう1つの測定は、図1-46のように、機首から錘つきの糸を下げて行なう。この両者の交点が重心である。

機体に設けるフックについて、その機能はカタパルトのゴムをかけて、ゴムを引いて発射した場合に、機体が少しだけ浮き上がって、機体がカタパルトの支持棒にぶつかることなく飛行方向に向かってまっすぐに射出されることである。このためフックの適切な位置が大切である。

[1] フックの上下位置

ゴム射出の際に機体にはたらくモーメントMは図1-47のように、

$M = F \times l$

通常は機首上げモーメントとなる。ゴムの張力Fは機体を高く上昇させるためにへらすことはできないので、モーメントが過大とならないようにモーメント・アームlはなるべく小にしなければいけない。しかし一方では若干、機首上げモーメントを残しておかないと、機体がカタパルト棒の上を通過できず棒や指にぶつかるおそれがあるので要注意である。

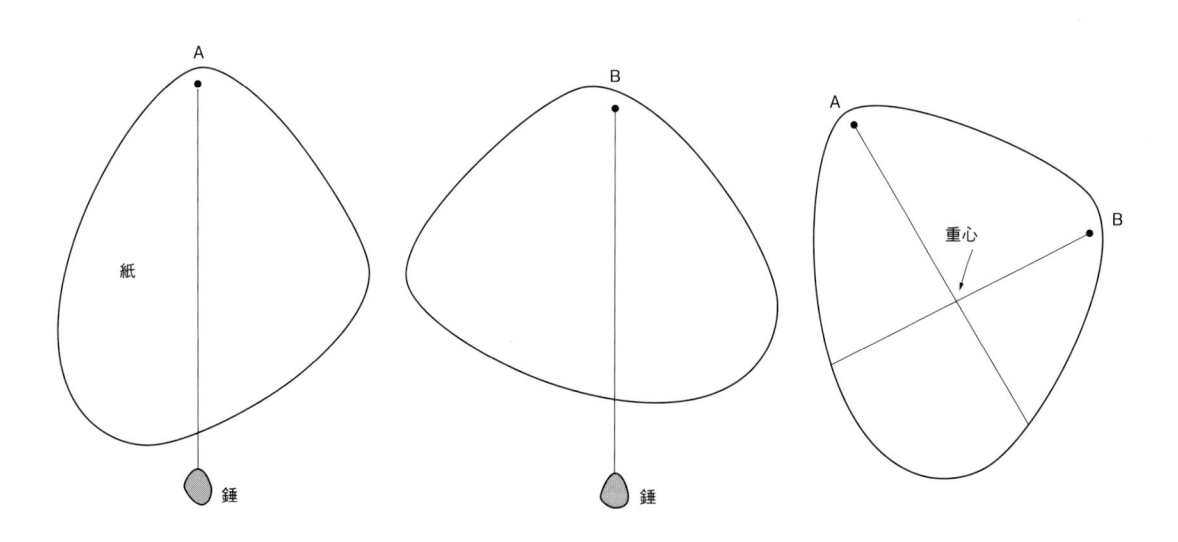

図1-45 平面の重心の求め方

[2] フックの前後位置

フックの前後位置の影響はつぎのように考えられる。**図1-48**は機体を射出する瞬間の状況を示すもので、機体の重心は、ゴムの張力Fと同一線上に一致して引かれて動き出している。このとき**同図(a)**のようにフック位置が重心に近いと、翼の迎え角a_1が大きくなりすぎ、失速のおそれが出るとか、翼の下からの風圧力が大となって、翼が破壊に近くなるおそれが生ずる。一方、**同図(b)**の場合はフック位置は重心から前にはなして設けられている。このときは迎え角a_2は小さく保たれ、機体は正常に射出される。ただしフック位置が過度に前寄りだと、発進時の迎え角が小となり、機首が上がらずカタパルト棒にぶつかったり、指に当たったりするおそれが生ずる。フックの前後位置についても適切か否かをよく観察しなければならない。

デルタ翼の場合は大きな迎え角でないと十分な揚力が発生しない性質がある（揚力係数が大きくならない）。**図1-49**はデルタ翼機の左下から見た図であるが、重心位置に対して、フック位置を前寄りのAとすると射出時に大きな迎え角をとれなくて、十分な揚力が発生せずに

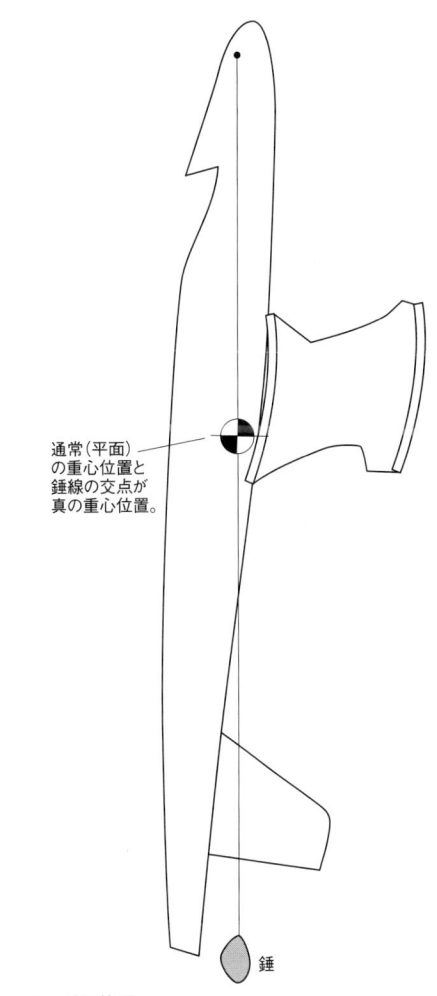

図1-46 重心位置

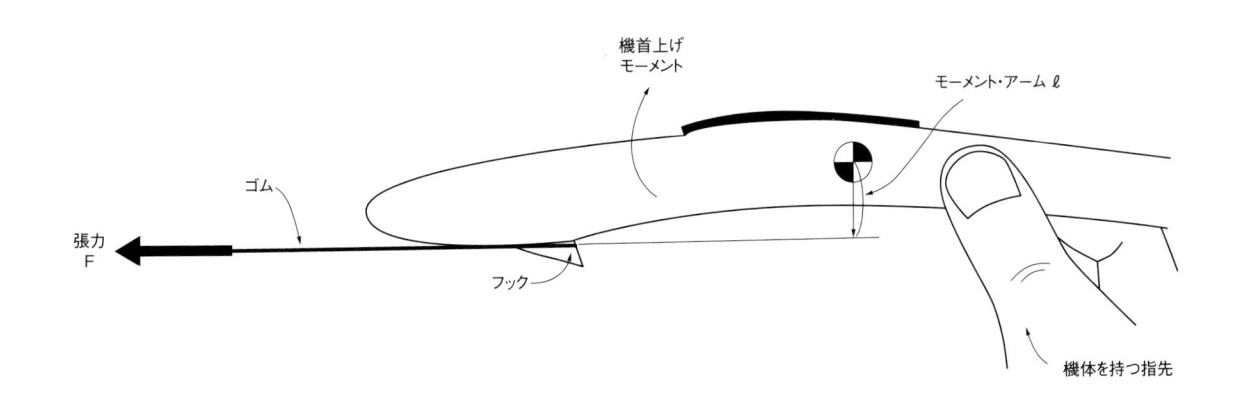

図1-47 射出前の重心まわりのモーメント

機体が浮き上がらずカタパルトの支持棒にぶつかってしまうことがある。この場合はフック位置を後ろに下げて重心に近いBの位置にすれば射出時に機体が大きな迎え角をとることができき、大きな揚力を発生して上にあがるから、カタパルトに衝突することなく発進させることができる。

(a) フックの位置が重心に近い場合

(b) フックの位置が重心から遠い場合

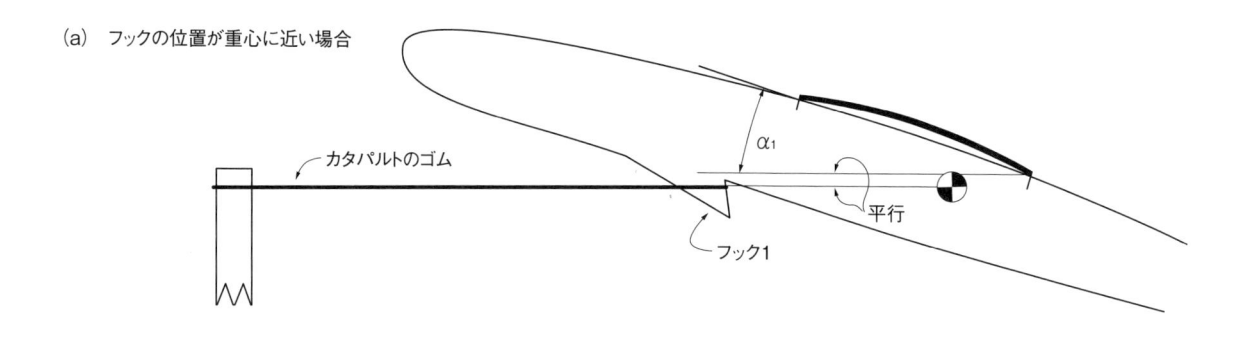

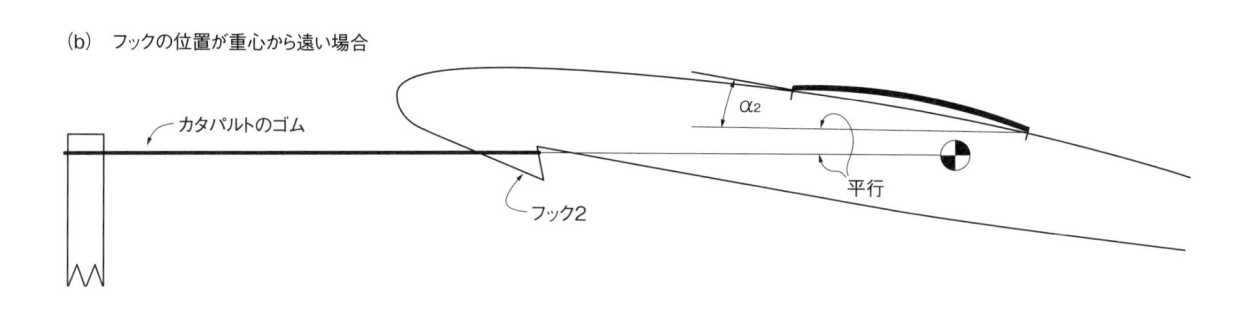

図 1 - 48　フック前後位置による迎え角のちがい

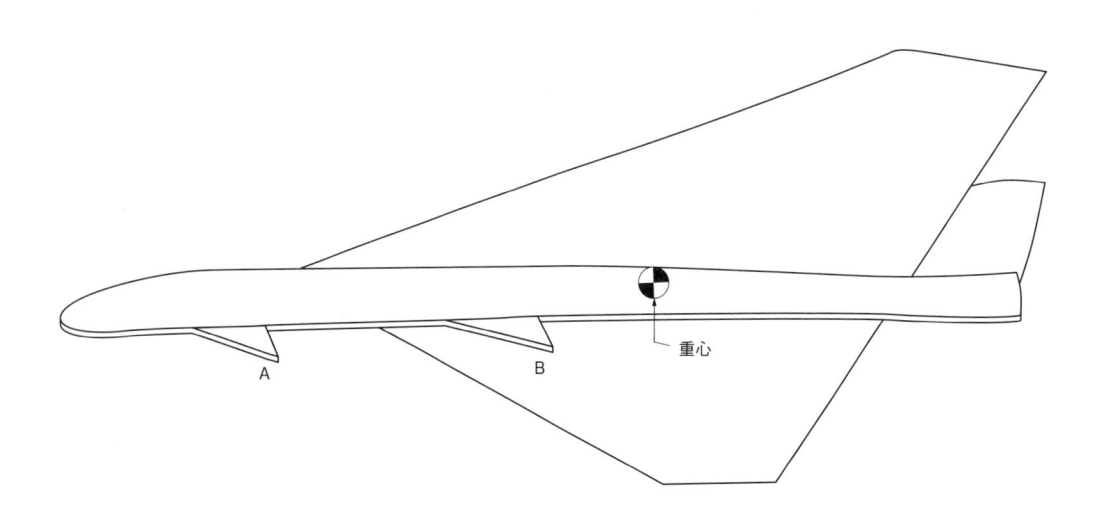

図 1 - 49　デルタ翼機のフック位置

[3] フックの角度

フックの角度は図1-50に示すように、重心とフックのゴムかけの底を結んだ線が鋭角でなければいけない。具体的には70〜80°くらいが妥当と思われる。この角度が90°に近づいて大きすぎると、射出時にゴムが十分に縮まないうちに外れてしまう可能性がある。また小さすぎると、ゴムがフックに食い込んで機体から外れないおそれが出て、機体が棒や指にぶつかる心配が出てくる。

以上3つの項目をまとめると、フックの位置は射出時の機首上げモーメントを、過大にならない程度に少しだけ残すこと。またフックの角度はゴムが外れやすくなく、また深すぎないようにということである。

新開発の機体の試験飛行の初期段階にはフックの位置および切りこみの角度が適切かどうかの観察も含めてテストする必要がある。

また、ここでは機体重心位置とフックの位置などを考えてきたが、さらに詳しくは空力的要因についても考える必要があるであろう。

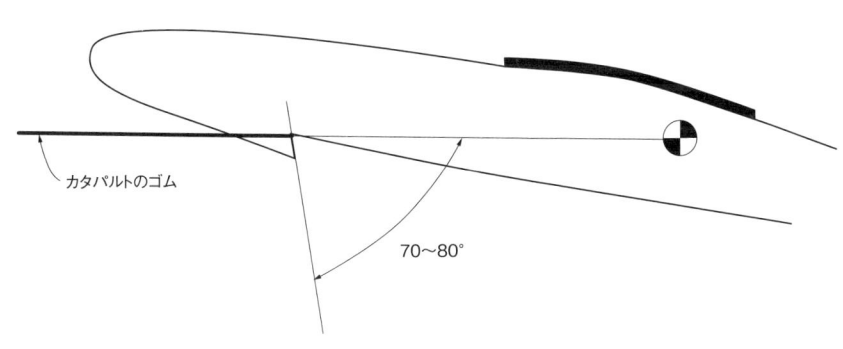

図1-50　フックの角度

■ プロフィルモデルの設計

プロフィル（profile プロファイルとも言う）とは横顔のこと。実物飛行機のプロフィルに似せた、よく飛ぶ紙飛行機を作ることは、それほどむずかしくはない。いまからそのプロフィルモデルを設計する際の要点を述べる。

機種の選び方

飛ばしやすいプロフィルモデルを設計するには、まず原型になる飛行機を選ぶことが大切である。つぎに挙げるいろいろな条件を考えに入れて選ぶ。

(1) 高翼機の方が、低翼機よりも飛ばすときに持ちやすいという特長がある。中翼機は主翼を胴体にとりつけるときに、胴体に翼を通すための細穴を小刀で切らなければならないから、作りにくいという欠点がある。また低翼機は、迎え角が大きくなって主翼が失速した場合、水平尾翼が主翼の乱れた後流の中に入って効きが悪くなる傾向があり、このため失速からの回復が遅れることがある。従って、なるべく高翼式の機体を選ぶのが無難である（図1‐51）。

(2) 機首の短い機体は、重心を合わせるときに、機首に大量の錘をつけなければならない（図1‐52）。このため、機体が重くなりやすいので、このような機体はなるべく避けるか、あるいは機首を少しのばすという修正が必要である。これについて説明をつけ加えると、"機首の短い機体" というのは、第二次大戦の戦闘機のように、大馬力の空冷レシプロ・エンジンを機首に装備した機体である。このような飛行機は、図1‐53（a）に示すように、機体の重さの20〜25％ほどもしめるような重いエンジンを機首につけているので、重心が合うように機首が短くなっている。

これにくらべて液冷エンジンの機体は機首が長いので錘は少なくてすむ。さらにジェット機の場合は、同図（b）のように軽くて長細い軸流式のジェット・エンジンがとりつけられているので、胴体の重さは、どこが特別に重いということがなく、長さの方向にほぼ一様に配分されている。

紙飛行機の胴体は紙で作ってあり、とくに錘を入れない限り、重さはだいたい一様と言ってよい。従って、胴体の重さの配分については、紙飛行機はジェット機に似ていると言うことができる。このため、ジェット機の紙飛行機は、とくに錘をつけなくても、紙で胴体を作っただけで、重さのバランスがとりやすい。こういう面から言えば、レシプロ・エンジン機よりは、ジェット機の方が紙飛行機のプロフィルモデルには適しているとも言える。

(3) 脚や支柱のある飛行機は、地面などに激突したときにこわれやすく、飛行中は空気抵抗が大きいので、あまり望ましくない。性能のよい機体を作るためには、飛ぶ

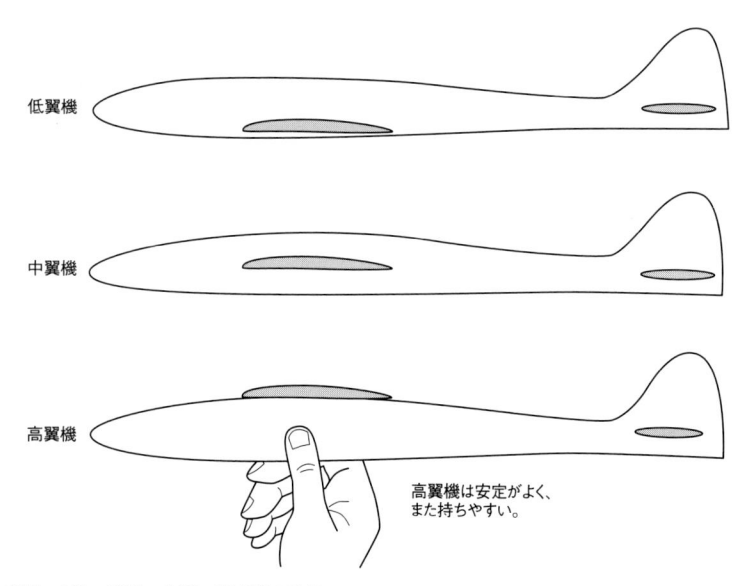

図1‐51　低翼、中翼、高翼機の比較

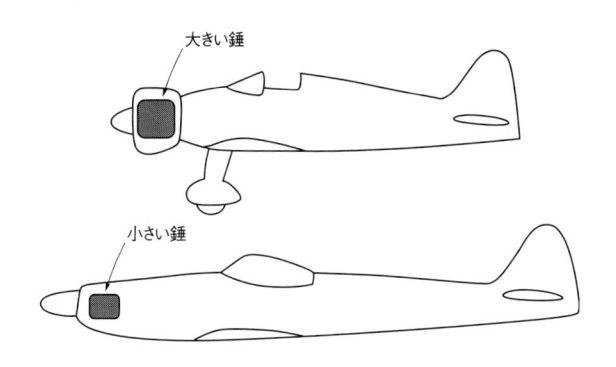

図 1-52　機首の短い機体は大きな錘が必要

ために必要なもの以外のよけいな付属物はない方がよい。

　上のようにいろいろな条件を挙げたが、実際にはこのような選び方に合う飛行機は、多くはない。

　もし、皆さんの大好きな飛行機があって、それをぜひ作ってみたいと思っているなら、少しくらい条件に合わなくても、あとで説明するように、翼面積や、機首の長さなどを修正してやれば、たいていうまく飛ぶようにすることができる。苦心して作った機体が本当によく飛んだときのうれしさは格別である。

拡大・縮小

　航空書籍や雑誌に掲載されている実物機の三面図を大きくしたり、小さくしたりする場合、今から40〜50年ほど前は拡大・縮小できるコピー機もない時代だったので、その頃は比例コンパスなどを利用していた。しかし現在ではどこのコンビニでも安価にコピーできる。さらには大きなコピーセンターなどには上下方向と左右方向の倍率を別々に設定できるコピー機もあるので、必要に応じてそのような方法も利用すればよい。

よく飛ぶ紙飛行機とするための修正

　実物と紙飛行機との間には、もちろんたくさんのちがいがある。従ってプロフィルモデルのパターンを作る場合にも、実物の図面をただそのまま縮小あるいは拡大するのではなく、よく飛ぶ機体とするために、いくつかの点を修正しながら、図面を仕上げなければならない。これらの修正の大切な点を説明しよう。

[1] 主翼面積

　翼面荷重が大きい（すなわち機体が重く、主翼面積が小さい）ほど、紙飛行機の飛ぶ滑空速度が速くなる。この逆に翼面荷重が小さい（機体が軽く、主翼面積が大きい）ほど、滑空速度はおそくなり、紙飛行機はゆっくり、ふわりふわりと飛行する（図1-54）。

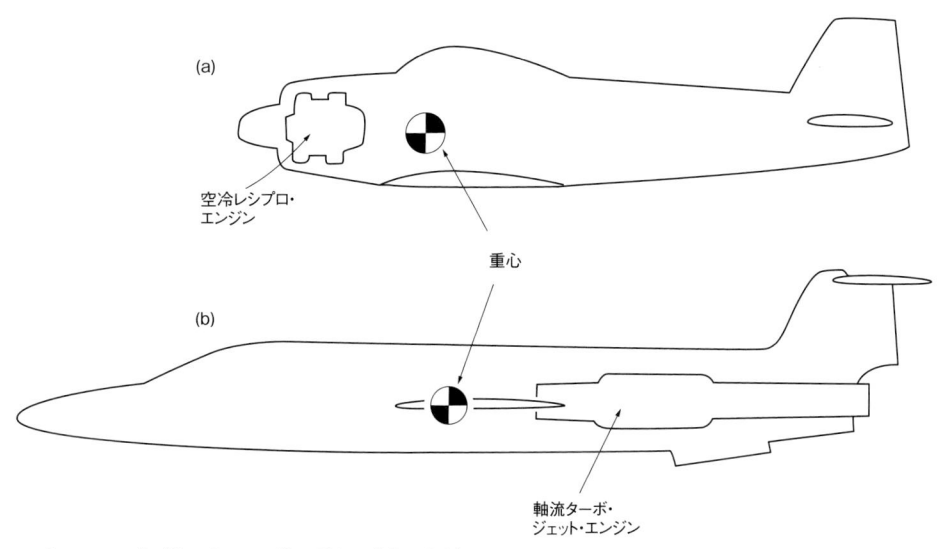

図 1-53　レシプロ・エンジン機とジェット機の重さの分布のちがい

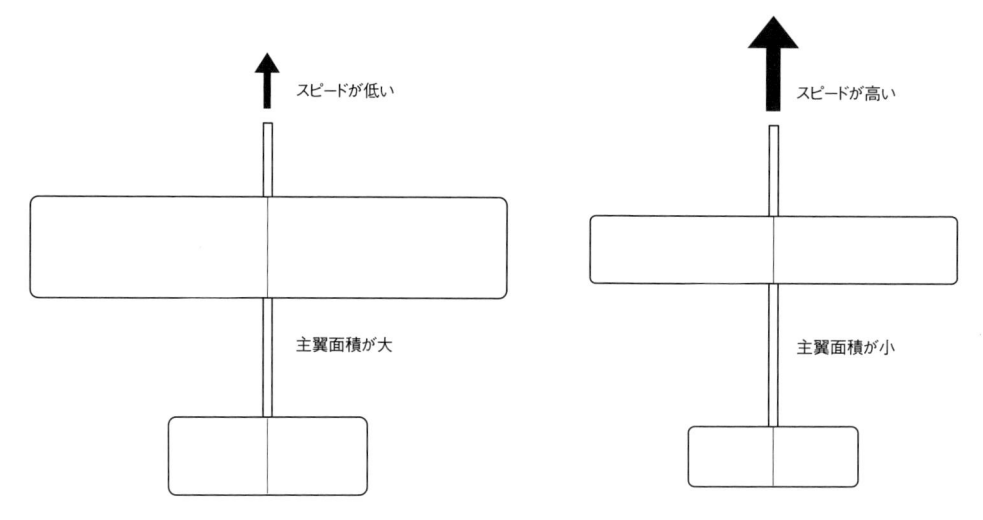

図1-54　主翼面積と飛行速度の関係（機体の重さが等しいとして）

　従ってプロフィルモデルを設計するときには、ゆっくりと飛ぶ機体にするか、レーサーや戦闘機のようにスピードのある機体にするかを、自分で考えて、それによって主翼面積をきめることが大切である。

　上に述べたことを実際の機体について説明すると、たいていの機体では、主翼も、機体のほかの部分と同じ割合で拡大か、縮小をすればよいが、第二次大戦のプロペラ戦闘機などは、主翼を少し小さめにした方が、ひきしまった形となるし、スピードも出てかっこよく飛ぶ。例えば三菱零戦"ゼロ戦"は主翼面積を20～30％へらした方が紙飛行機として適切である。

　一方、ジェット戦闘機のロッキードF-104などの主翼は、紙飛行機としては少し小さすぎて、そのままの割合で作った場合には、スピードが出すぎて危険で、こわれやすい機体になってしまう。従って主翼面積を、少し大きくしてやるのがよい。

　このようにして、紙飛行機に適したスピードで飛ぶように、あるいはその実物飛行機のイメージに合った飛び方をするように、主翼面積を修正してやる。ただし、翼端の形などは、その飛行機の特徴の1つであるから、できるだけ原形を残すようにしなければならない。

[2] 後退翼

　後退翼は「やさしい設計法」の項（19ページ）で説明したように、翼端失速やダッチロールなどの欠点が目立つ。利点としては紙飛行機の場合はフラッタが発生した際に、翼の破壊を軽減できる点だけと考えられる。

　実物機では後退角が35°程度のものが多いが、紙飛行機では実物機の特徴を失わない程度、すなわち20°くらいに小さくして欠点を避けた方がよい。この場合、図1-55に示すよ

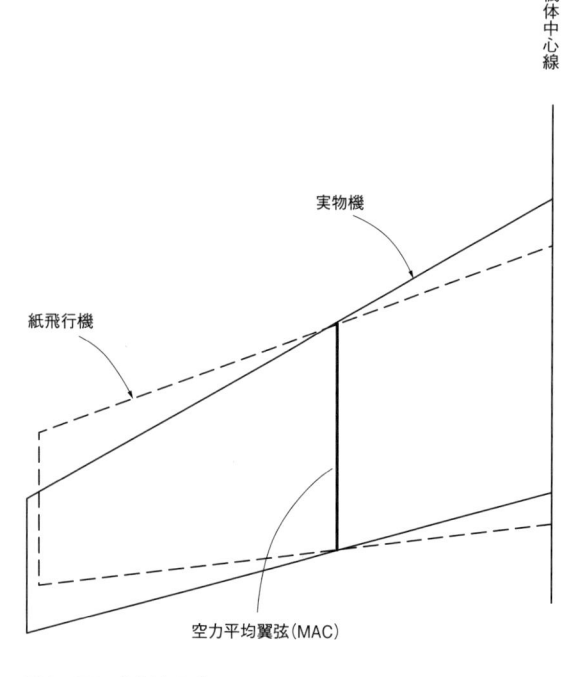

図1-55　後退角を小さくする

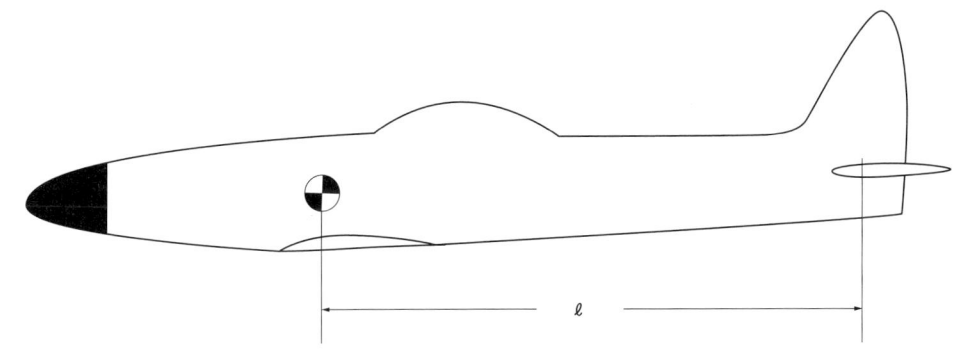

図 1 - 56　モーメント・アーム l を大にする

うに空力平均翼弦（MAC）を一致させて後退角を小さくすればよい。このようにすれば重心位置を変えないですむ。

[3] モーメント・アームを長くする

　紙飛行機はパイロットが乗っていないので、実物機よりも安定度が高くなければいけない。機体の縦安定（機首の上下方向の安定）については、主翼と水平尾翼の間の長さ（モーメント・アーム l —図 1 - 56 参照）が関係し、これは長い方がよい。従ってプロフィルモデルを設計する際には、実物機のイメージを損なわない範囲で長くするよう心懸けることが大切である。

[4] 胴体の太さ

　プロフィルモデルを設計する場合、見本とする実物機にできるだけ似た印象を備えていることが大切である。多くの場合実物機の三面図などをベースにするのであるが、その際注意すべき点がある。それは胴体の太さ——プロフィルモデルでは胴体の上下の高さである。私の経験ならびに感覚では、実物機の側面図の胴体をそのまま使ったのでは、出来上ったプロフィルモデルの胴体の太さ（上下の高さ）が実物機よりも太って見える傾向がある。その原因の1つ目は実物機の胴体が立体的で、丸みをもっているのに対して、プロフィルモデルでは平面である点。原因の2つ目は、主翼が実物機では上にふくらんだ厚みをもった厚翼であるのに対して、プロフィルモデルのそれは薄翼で厚みをもたない点であると思われる。すなわち我々は無意識のうちに、胴体の太さの認識を、低翼機の場合は主翼の上面からの胴体の寸法を、また高翼機の場合は主翼の下面からの胴体の寸法をおもに太さとして感じるのではなかろうかと思う。従ってプロフィルモデルの上下の高さは、実物機のそれよりも 10～15% 程度せばめるのが、妥

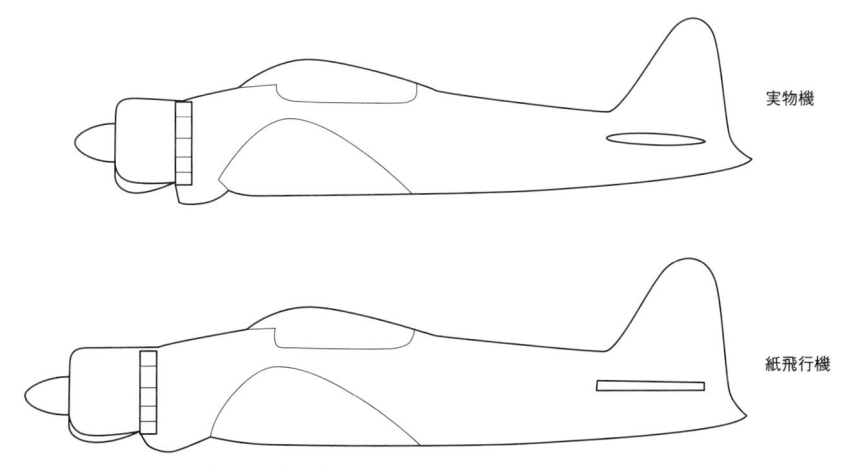

実物機

紙飛行機

図 1 - 57　機首が短い場合には、少しのばした方が錘が少なくてすむ

当であると考えている。実際、私の作るプロフィルモデルもこの考慮をしてある。ここで役立つのが、45ページの「拡大・縮小」の項で説明してある上下と左右方向で拡大・縮小率を変えられるコピー機の利用である。大きなコピーセンターに行けば、この注文に応じてくれる。

[5] 機首の長さ

「機種の選び方」（44ページ）の項で説明したように、第二次大戦の頃までの大きな空冷エンジンをつけた戦闘機などは、機首の短い機体が多い。プロフィルモデルにするときは、図1-57のように、原形の感じを損なわない程度に機首を少しのばした方が、機首の錘が少なくてすむ。

[6] 尾翼のとりつけ方

実物の飛行機の尾翼は、たいてい垂直尾翼と水平尾翼とがおたがいに直角に、同じ場所につ いている。しかし2つの尾翼を同じ場所につけるためには、図1-58（a）で見られるように、小刀で胴体に切りこみを入れて、水平尾翼をさしこむようにしなければならない。これは工作に手間がかかる。このため同図（b）、または（c）のように垂直尾翼と水平尾翼の位置を、おたがいに前後にずらす。こうすると小刀を使わずに、ハサミだけで工作ができる。

[7] 垂直尾翼の面積および形状

垂直尾翼の形は、実物機を特徴づける重要な要素であるから、プロフィルモデルとしても、この形をできるだけ保たなければいけない。垂直尾翼の役目は第1に方向安定を得ること。必

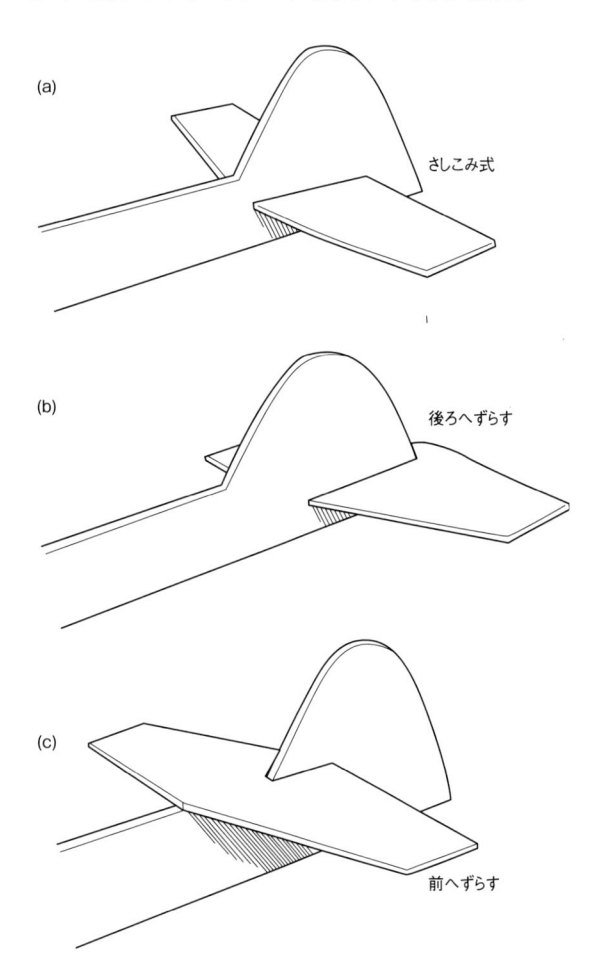

図1-58　水平尾翼のとりつけ方（(b)、(c) が作りやすい）

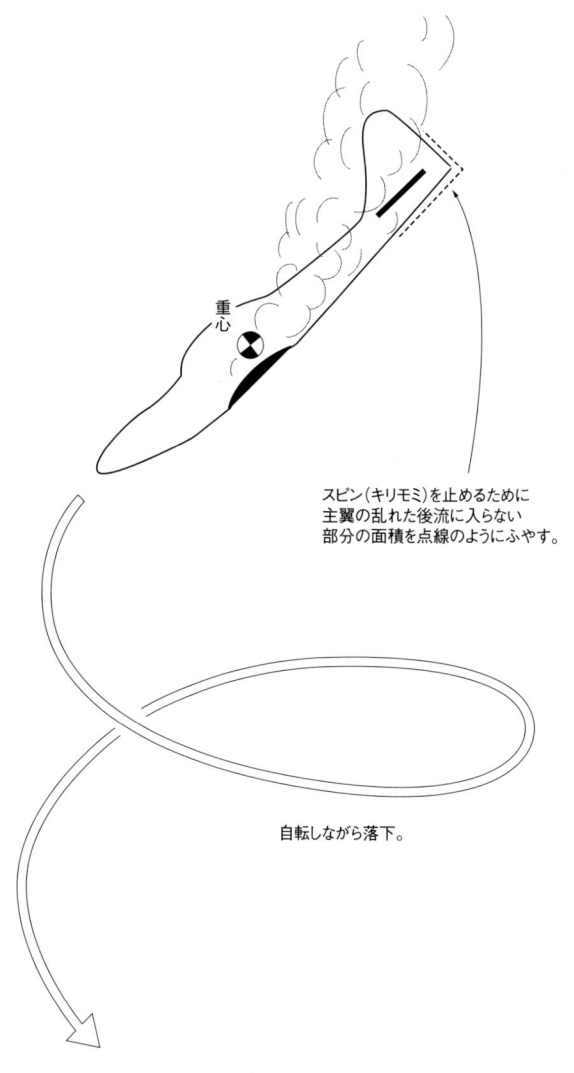

図1-59　垂直尾翼にはスピンを止める役目もある

要面積は24ページの計算式に従って計算するが、実物の胴体断面が円形などに対して、紙飛行機では縦に平面的なので、必要な面積は当然違ってくる。このため53ページの試験飛行によって、面積が適切かどうかチェックする必要がある。

垂直尾翼の第2の役目は、機体が失速してキリモミに入った場合その自転をなるべく早く止めてることにある。しかし場合によっては図1-59のように垂直尾翼が、失速している主翼の乱れた後流の中に入って、その効果が低減され、自転を止めることができないことがある。その対策としては図中の点線で示すように機体の重心から遠い箇所で、かつ乱れた気流中に入らない部分の面積を増すなどの方法がある。例えば競技用機の場合には、垂直尾翼を胴体の下にのばすなどの対策がとりやすい。しかしプロフィルモデルでは実物機のイメージを損なわない範囲で面積をふやさなければならないので対策は簡単ではない。ケース・バイ・ケースで対処しなければならない。ただし大きくしすぎるとらせん降下不安定の傾向が出るのでその注意も必要である。

繰り返しになるが垂直尾翼面積は第1に通常の飛行に対して適正値とするのが最も大切である。しかしこの面積の大小の許容範囲は割合広いので、その範囲内で、スピンが止められるように工夫すればよい。もしこの範囲内で対策がとれない場合には、止むを得ないので、失速しないように飛ばすしかない。ちなみに実物機でもスピンに入りやすく、またその状態から脱出できない例がある。朝鮮戦争に出現したMiG-15戦闘機は高性能であったが、この傾向があり、空中戦中にスピンに入り墜落した機体が少なくないと言われている。

[8] 水平尾翼

水平尾翼面積S_Hは、大まかに言えば、実物機のそれの2倍程度の大きさとする。競技用機では水平尾翼容積比K_Hを1.2程度にとるが、プロフィルモデルの場合には実物機の形をあまり変えることはできないので、実物機のイメージをこわさない形でS_Hとモーメント・アームlを大にして、K_Hを0.7～1.1の範囲に入るようにして図1-40（36ページ）の曲線から重心位置

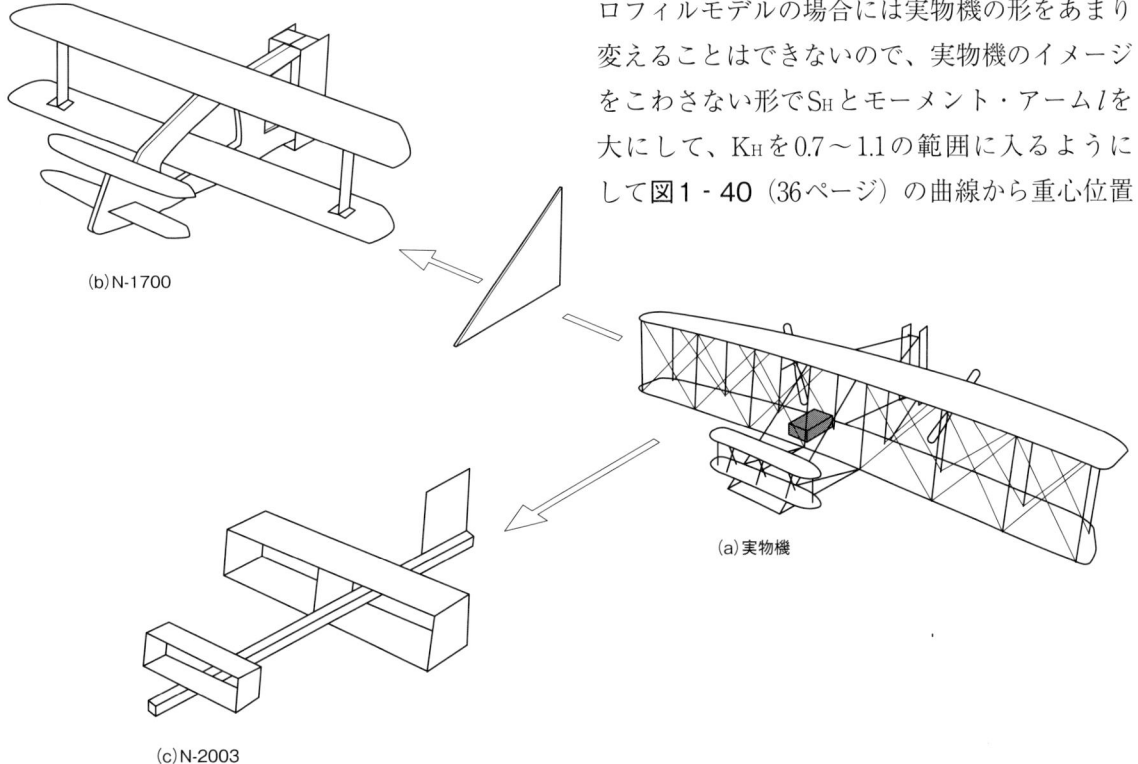

図1-60　ライト・フライヤーを簡略化する

を決めるようにする。そうして具体的には機首の貼り合わせ枚数をふやすとか、中に錘を入れて所定の位置に重心を合わせる。

[9] 機体の外形や構造を簡略化する

　紙飛行機を飛ばすときには、地面や壁に激突することもたびたびあるであろう。このような荒っぽい取りあつかいにもこわれないで、長く紙飛行機を楽しむためには、機体の構造が簡単で丈夫でなければならない。このためまず実物機の構造が複雑な場合には、その特徴をもたせながら簡略化する。

　例をライト・フライヤーにとってみよう。実物は図1-60（a）に見られるように棒材や張線の多い大変複雑な構造となっている。しかしよく観察すると、胴体は棒材により構成された三角形が基本となっている。この特徴を生かして生まれたのが紙飛行機ライト・フライヤー号（N-1700）である（図1-60（b））。また図（c）はゴムカタパルトで飛ばしやすいように胴体をバルサ棒胴とし、翼は飛行機開発初期の1900年代によく参考にされた箱凧に通じるものとしてある（N-2003）。何れも飛行可能であり10秒程度以上の滞空が期待できる。

　また実物機にはついているが、紙飛行機として飛行に不要の部分をなるべくはぶく。例えば、

- 翼下につけられているエンジンポッドをできるだけはぶく。
- 翼端の燃料タンクをできるだけ小型にする。
- 翼の支柱を機体が弱くならない範囲で、なるべくへらす。

　このほか、離着陸用脚、翼の境界層板などもできるだけ省略した方がよい。しかし敢えてつけておきたいと思うならば、丈夫でかつ空気抵抗の少ない構造としなければならない（図1-61）。

　後退翼の前縁に設けられているソー・トゥース（ノコギリ歯 saw tooth、図1-62）は、紙飛行機としては、人に当たった場合に皮膚を傷つける危険性があるので、除去した方が無難である。

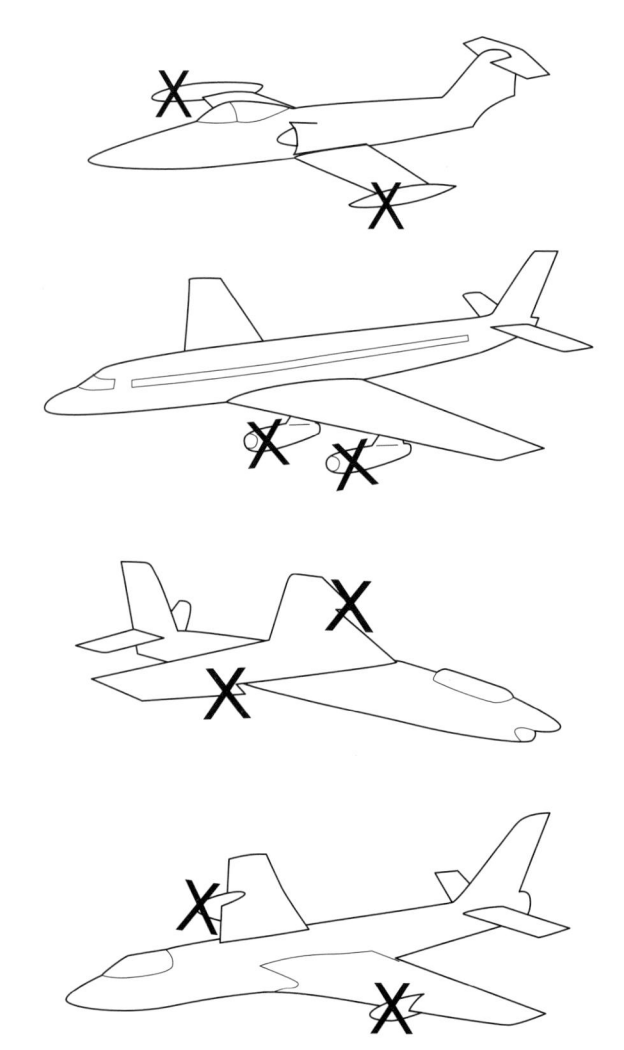

図1-61　×印の部分はこわれやすいのではぶいた方がよい

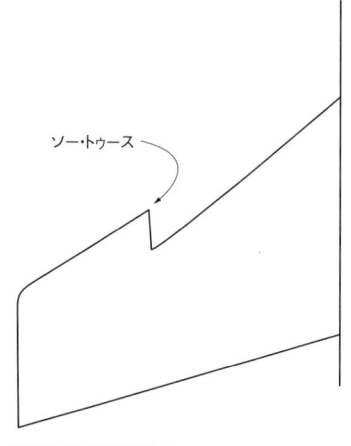

図1-62　危険な突起ははぶく

■ プロフィルモデルの例：
航空マイルストーン機[9][20]

マイルストーンの本来の意味は「里程標」であるが、ここではその第2の意味である「歴史上の画期的な出来事」という観点から、航空の歴史の中でメカニズムあるいはオペレーションの面でその進歩に多大な貢献をした航空機を、米国ワシントンDCの国立航空宇宙博物館の保有機の中から12機を選んで（表1-3および写真1-5）、ペーパー・フライングモデルとして作製した。

この12機のフライングモデルを製作するに当たっての共通の留意点は、

- 地物に衝突した際の機体の破壊を避けるために、各機の形状の特徴を失わない範囲で、構造をできるだけ簡略化し、丈夫な構造とする。
- 胴体は持ち易さのために偏平とし、また部品点数をへらす目的で胴体の主材としてバルサ板を使用する。
- 機体をゴムカタパルト（パチンコ）で発進させる際の宙返りの防止と、滑空時の縦の釣り合いを両立させるために、水平尾翼容積比を大とし、重心位置を後ろに下げる。

等であり、また各機のモデル化のキーポイントはつぎの通りである。

（1） Lilienthal Glider：この機体は機首が短いので縦の釣り合いをとるために、パイロットの脚を前に突き出してその先端に錘を埋め込んだ。

（2） Wright 1903 Flyer：実物機の前部胴体は棒状の材料が複雑に組み合わされているが、よく見ると三角形の組み合わせが主体となっているので、紙飛行機の胴体も側面から見て簡単な三角形とした。

（3） Blériot XI：実物機は前脚の形が特徴となっているので、紙飛行機としては前脚の枠を4枚重ねとして形を保つとともに錘を兼ねることとした。

（4） Ryan NYP：実物は前部胴体がエンジン、脚を含めて側面から見て丸みがあるのに対して、紙飛行機ではすべて偏平となるので、垂直尾翼面積を、形がくずれない範囲で極力大きくした。

（5） Lockheed Vega、（6） Douglas DC-3、（7） Messerschmitt 262：すべて同上。

（8） Bell X-1：本来円形断面の胴体を偏平に表現するに当たって違和感のないようにすることに努力した。

表1-3 マイルストーン機およびその選定理由

年代順	機種	初飛行年	国名	選定理由
1	Lilienthal Glider	1891 - 1896	独	定常的滑空可能な初の有人グライダー
2	Wright 1903 Flyer	1903	米	最初の有人動力飛行
3	Blériot XI	1909	仏	英仏海峡初横断
4	Ryan NYP (Spirit of St.Louis)	1927	米	大西洋単独初横断
5	Lockheed Vega (Winnie Mae)	1927	米	世界一周早まわり飛行など多くの長距離高速飛行記録
6	Douglas DC-3	1935	米	全金属セミモノコック・低翼単葉・フラップなど近代的な旅客機構造の先鞭をつけた
7	Messerschmitt 262	1941	独	世界初の実用ターボ・ジェット機
8	Bell X-1	1946	米	初の音速突破
9	Boeing 367-80	1954	米	Prototype 707 — 現在の大量輸送ジェット旅客機の基本的な構成の先鞭をつけた
10	North-American X-15	1959	米	速度、高度記録で地上と宇宙をつないだ
11	Hawker-Siddeley Kestrel	1960	英	Prototype Harrier — 翼によらない、ターボ・ジェットだけで垂直離着陸
12	Rutan Voyager	1986	米	世界初の無給油、無着陸世界一周

(9) Boeing 367-80：シンプルにするためには4個のエンジンを省略したいところだが、この飛行機のマイルストーン機としての意義はB-47と同じくエンジンポッドを後退主翼の前縁に張り出し、主翼のフラッタ防止構造を創出した点もあるので、敢えてエンジンをつけた模型とした。

(10) North-American X-15：安全のため飛行速度を下げるために翼面積を大きくした。

(11) Hawker-Siddeley Kestrel：実物の外見上の特徴は大きなエア・インテイクなので、模型でも空気抵抗が増大しないように工夫してこれを表現した。

(12) Rutan Voyager：主翼については紙の強度を考えて、実物よりも縦横比を小さくせざるを得なかった。

写真1-5 マイルストーン機のペーパー・フライングモデル

(1) Lilienthal Glider
(2) Wright 1903 Flyer 
(3) Blériot XI 
(4) Ryan NYP（Spirit of St.Louis） 
(5) Lockheed Vega（Winnie Mae） 
(6) Douglas DC-3 
(7) Messerschmitt Me 262 
(8) Bell X-1 
(9) Boeing 367-80 
(10) North-American X-15 
(11) Hawker-Siddeley Kestrel 
(12) Rutan Voyager

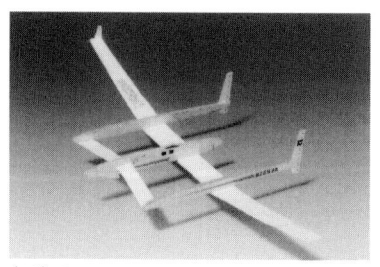

1-2　開発機のための試験飛行

　今まで説明した「設計入門」に従って新しい紙飛行機を設計しても、残念ながら、たぶん期待の70〜80点以下くらいの性能しか得られない可能性がある。これを実際に試験飛行を続けて次第に100点に近づけるように育て仕上げる必要がある。そのための試験飛行はつぎに示す試験1、2……の順序で進めるのが適切と考える。この順序をとらない場合、例えば1と3を逆にした場合には、最適重心位置を求めるための実験中に、機体構造の不十分な箇所が見つかって、そこを補強したとすると、重心位置に変化を来たし、重心位置実験のデータのつながりが損なわれて、また最初にもどってテストをしなければならないおそれが生ずる。従って1、2……の順序を守っていただきたい。

　この試験飛行は設計によって、生まれたばかりの紙飛行機を、さらに一人前に育てるものである。

試験1──構造テスト

　機体を最初、空中に投げてみて、何回か飛ばして、正常に飛ぶようならば、つぎにゴムカタパルトを弱く引いて上空に飛ばし、次第にゴムを強く引いて飛行させる。このように機体を繰り返し飛ばす過程において、

　　　適切な機体の持ち方
　　　飛ばす角度
　　　ゴムの強さの限度・フックの位置

などを見極めて行く。また機体強度の弱いところを見つけて補強修理、あるいは改造を行なう。このようにして機体の飛行に大きな支障がないことを確かめたのち、つぎの試験に移る。

試験2──S_v（垂直尾翼面積）テスト

　これは「やさしい設計法」の計算式で決めた垂直尾翼面積（S_v）（24ページ）が妥当であるかどうかを試験するものである。

　一般にS_vが過大であればらせん降下に入りやすい。またS_vが過小であれば機体は方向安定不良となり、キリモミに入りやすくなる。

　具体的な試験飛行は、まず機体を手投げ、あるいはゴムカタパルトで水平に発進させ、左右に曲がらず正確に水平直線飛行するように、調整する。

　つぎにこの機体を右に45〜60°傾けて発進させる。この機体の飛び方を観察して、

Ⓐ　機体が右に旋回しながらさらに右に傾きを増して機首をだんだん下げて行くか？
Ⓑ　右に旋回しながら次第に傾きが浅く水平になって直線的な正常な滑空にもどるか？
Ⓒ　機体がすぐに水平になるとか、あるいは反対の左に傾くとか、もっと不規則に飛んでスピンに入るか？

　つぎに上記と同様のテストを機体を左に傾けて同じようにやってみる。紙飛行機の場合には動力のプロペラ（空転の場合を除く）がないので、その後流とか、トルクとかジャイロ効果などの影響はないから、右および左に傾けたテストではほぼ同じ結果が出る筈である。それを上記のⒶ Ⓑ Ⓒ に準じてⒶ' Ⓑ' Ⓒ' とする。

　上記の結果 Ⓐ および Ⓐ' の場合はS_vが過大で、らせん不安定になっているのであるから、垂直尾翼を少しずつハサミで切ってS_vを縮小し、再び上記と同様のテストを行なって、Ⓑ、Ⓑ' の状態に近づいているかを観察する。もしまだS_vが過大ならばさらにS_vを縮小して、これを繰り返して Ⓑ、Ⓑ' の正常な滑空状態になるまでこのテストを継続する。

　また Ⓒ、Ⓒ' の場合には垂直尾翼に紙の小片を追加して貼ってS_vを増加させ、Ⓑ、Ⓑ' の状態の飛行をするようになるまで、S_vを増加させながら同様のテストを繰り返す。

　上述のようにして、適切なS_vを求めることができる。一応正常に滑空をさせるという観点からは、このS_vの過大と過小の間のS_vの必要

面積の許容幅は割合広い。

　ただし機体を上空に向けて飛ばした場合の飛行で、ゴムカタパルトなどで発射された機体が垂直に近い上昇から滑空に遷移する際に、図1－63のEのようにほとんど垂直に落下して大きく高度を失ってから滑空に入るケースがよく見受けられる。この原因は明確ではないが、その1つはゴムカタパルトの引き方が足りない場合であり、また下記のように垂直尾翼面積S_vが関係していることもある。すなわち上述のように単なる滑空に対しては適切なS_vの許容範囲は狭くはない。しかし私の経験では、S_vの過小に近い方（小さい方）に寄りすぎると図のEの現象が起きやすい。この場合の対策としてはS_vを大きくしてやることである。原っぱではとりあえず紙の小片を垂直尾翼に貼りつけて面積を増してテストをするとよい。これによりFの飛行経路に近づく場合がある。

試験3──飛ばし方テスト

　試験1と重複する部分もあるが、試験2のS_v（垂直尾翼面積）テストの後に、この試験3を行なう。これは88～94ページの「飛ばし方」を参考にして、新開発の紙飛行機を飛ばす際に、上昇、滑空が同方向、上昇、滑空が逆方向、垂直上昇の何れが適しているかを比較してきめる。またカタパルトのゴムを若干弱く引いた方がよいか、あるいはいっぱいに引いた方がよい結果が得られるかなどもテストする。

試験4──最適重心（CG）位置テスト

　これは上昇と滑空を含めて、総合的に最長の滞空時間を得るための最適重心位置を求めるための試験（以下、「CGテスト」と略称する）である。

　まず「やさしい設計法」（22ページ）あるいは「ゴム射出滞空用機の重心位置簡易算出法」（35ページ）によって計算された機体の重心位置にマークをつける（これを図1－64の"0"の位置とする）。つぎにこれをもとにして機体

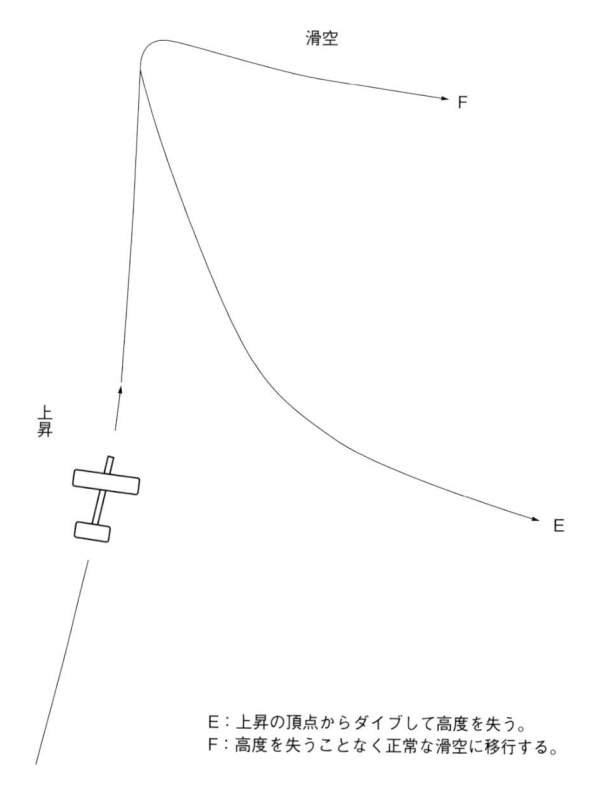

E：上昇の頂点からダイブして高度を失う。
F：高度を失うことなく正常な滑空に移行する。

図1-63　上昇から滑空への遷移の良否

上の前後に線を引いて行く。これらを図1-64と写真1-6に示すように……＋3、＋2、＋1、0、－1、－2、－3、……とする。この線上に、小さく切った1個の鉛板の錘を粘着テープで貼りつける。

この錘を0→＋1→＋2……と動かした場合に1ステップで空力平均翼弦の0.5～1％程度、重心が変化するように線の間隔と錘の重さをきめる。上記の準備をした上で、実際に機体を上空にゴム射出して、順次錘の位置を1ステップずつ変更しながら滞空時間の計測を行なう。ゴムカタパルトの引き方は毎回同じ強さで引くように注意をする。

試験の環境は下記のように気をくばること。
- 無風あるいはそれに近いこと。――風があると機体が遠くまで飛んでゆき回収に時間がかかる。
- サーマル（熱上昇風thermal）がないこと。サーマルがあると機体本来の滞空性能の測定に支障が出る。それに悪くすると機体自体を失うおそれがある。
- 草のつゆがないこと。――飛行を繰り返すうちに、機体がぬれて、強度が下がり、滞空性能を損なう可能性がある。

これらを満たす季節および時間帯は、例えば東京地区では私の経験ではほぼ全季節の日の出から午前10時くらいまでである。この時間帯を参考にして気象条件が変化しないうちに、機体を何回も飛行させて滞空データをとらなければならない。具体的に風や日照の気象条件が変わらない間は、私の経験では長くても1～2時間程度であるから、この時間内に重心位置を変えながらできるだけ多くのフライトを繰り返さなければならない。

このようにして風の静かな日を選んで何回もテストをする。通常2週間以上かかる。長いときは機体の改良も含まれるので数ヶ月のこともある。かくして得られたデータをプロットした例が図1-65および図1-66である。これらの図によって最適の重心位置をきめる。私の場合このような実験の結果は10年を経て同じ実験をしても最適重心位置が1％以内くらいに合致し、再現性がある。

以上で"開発機のための試験飛行"は完了となる。

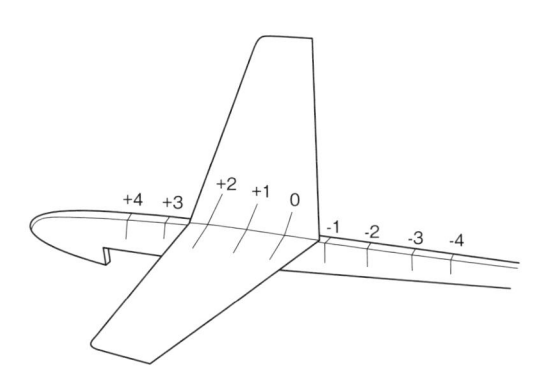

図1-64 錘位置マーク

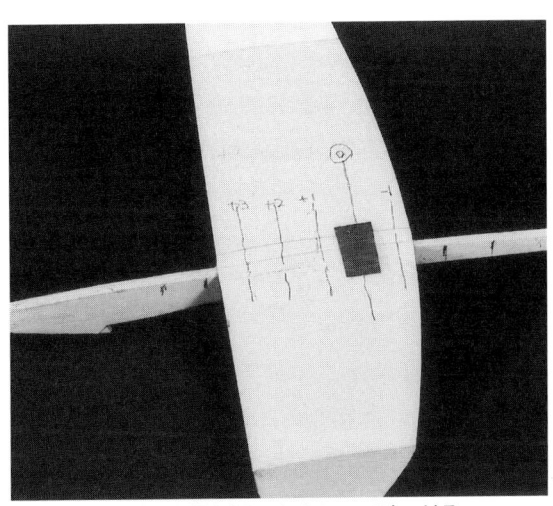

写真1-6 錘位置を順次変えるためのマークをつける（主翼上の黒いものが鉛板）

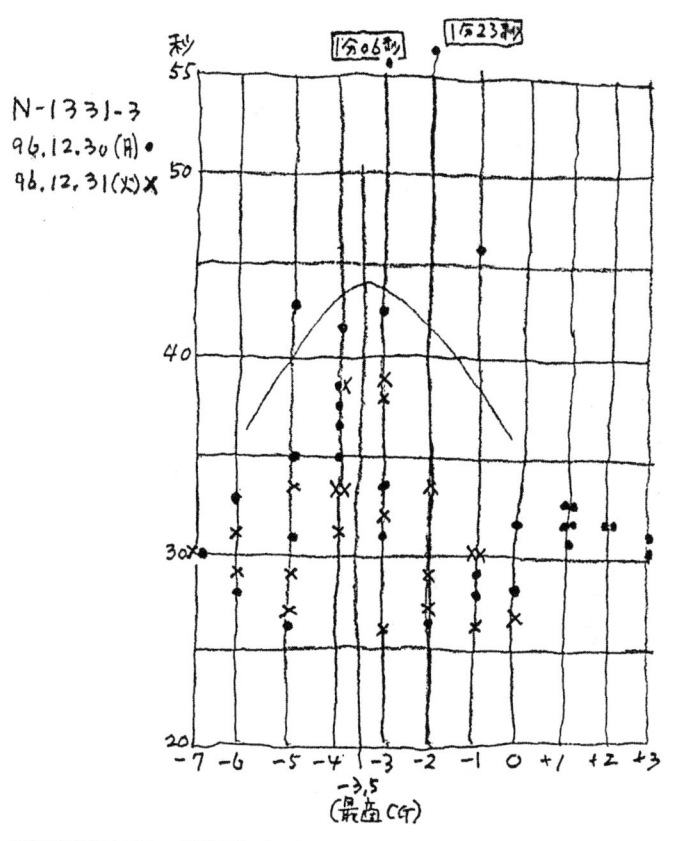

図 1 - 65　競技用機 N-1331 の最適重心（CG）位置を
　　　　　見出すためのテスト結果（野外で手描きで記入したもの）

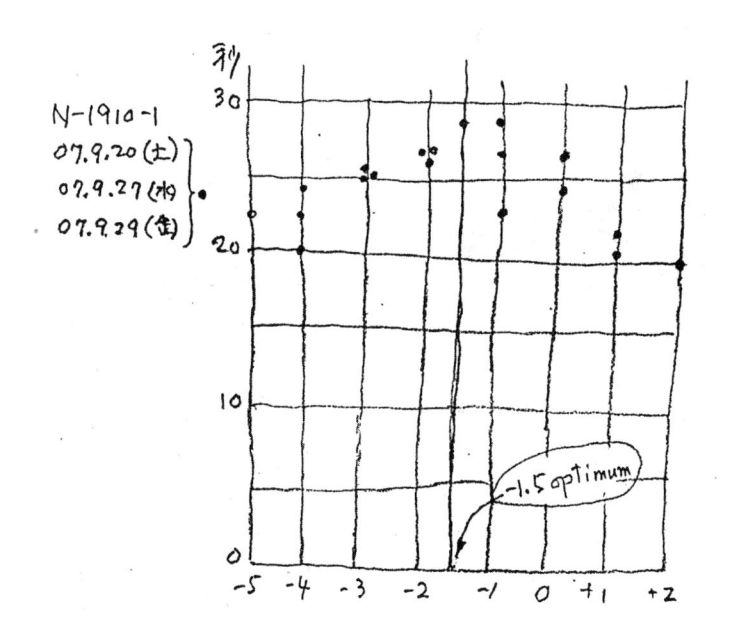

図 1 - 66　競技用機（N-1910）の最適重心（CG）位置を
　　　　　見出すためのテスト結果（野外で手描きで記入したもの）

■ 調整には先ず飛び方の観察が大切

　市販の玩具のように買ってきてスイッチを入れればすぐ動き出すものとは違って、紙飛行機は紙を貼り合わせて作るものだから、最初からうまく飛ぶと思わない方がよい。しかし設計と調整が良ければ驚くほどの飛びをすることを期待しながら、テストを慎重に進めなければいけない。試験飛行のみならず本格的な飛行においても、よく飛ばすための調整に際しては、まず機体の飛行中の傾きや飛行経路などをよく観察して、それに対応して調整することが必要である。例えばうまく飛ばずに機体が地面に墜落する場合にも機体が左右どちらに傾きながら落下するのか、宙返りして落下するのか、あるいは下向きにダイブして落ちるのかなど、それぞれに対応して別掲（第2部2-2項の試験飛行・操縦法・78～87ページ）のように、調整しなければならない。そうして調整の場合も、第1段、第2段の順序をまもる必要がある。

　観察の仕方は、紙飛行機を外から客観的に観察する方法が普通であるが、場合によっては紙飛行機に乗ったパイロットとして見る方法もある。私にはつぎのような経験がある。原っぱである人から、その人が新しく作った紙飛行機が、どうしても宙返りの傾向があって直らないという相談をうけた。この原因は重心位置が後ろすぎるか、水平尾翼の取付角がマイナスすぎるかのどちらかであると考えられた。この機体を見ると後者が原因であると見当をつけることができたので、水平尾翼の後ろへりを大きく下に曲げてみたところ、宙返りはすぐに止めることができた。要するにこの機体の持ち主の調整が慎重すぎて、水平尾翼の機首下げの調整が不十分だったのである。

　そこで私が考えたことは、この機体にテストパイロットとして乗り、機首が意図に反して上がり始めて止まらなくなった場合には、機首を下げるべく操縦桿を必死になって前に押すだろう、それでも止まらないときは操縦桿がストッパーにガチンと当たるまで、さらに押し下げるのではないかと想像した。そこには中途はんぱな対応はないと思われる。このようにして、必要に応じて躊躇することなく舵に相当する部分の翼面を大きく曲げる——これは多くの場合、調整の初期に必要である。また調整が進んで仕上がりに近づいてくると、翼面を指で少し触った程度のデリケートな曲げ方で、多分十分となる。要するに、飛び方をよく観察して、その不具合な飛び方の、考えられるいくつかの原因を、1つひとつつぶして行けばよいのである。

　上記は翼面の曲げ方だけを説明したが、紙飛行機の場合には、翼のねじれ、曲がりだけでなく、胴体の曲がりも飛び方に大きく影響するので、極力まっすぐに直す注意も必要である。

■ 最適重心位置に関する実験[28]

35ページに「ゴム射出滞空用機の重心位置簡易算出法」について述べた。これは主翼に対する水平尾翼の上、下取付位置は問題とせず、単に機体の平面形（図1-67参照）から算出するものであった。しかしその後、主翼に対する水平尾翼の上、下位置を変化させて、これが滞空時間を最長とする最適重心位置（以下"最適CG"と表示する）に影響があるかどうかの実験を行なった。

図1-68は、図1-67機体の簡略化した側面図である。ただし翼は空力平均翼弦長（MAC）で表示してある。また同図の場合の水平尾翼位置は主翼空力中心から－2.2°（以下"0"で表示する）である。この場合の最適CGは主翼MAC前縁から後へ88.6％の位置であった。これに対して今回の実験では水平尾翼位置を、図1-68に示すように＋4.2°（＋1と表示、以下同様）、＋10.9°（＋2）、および－8.9°（－1）の位置に変化させて最適CGの測定を行なった。

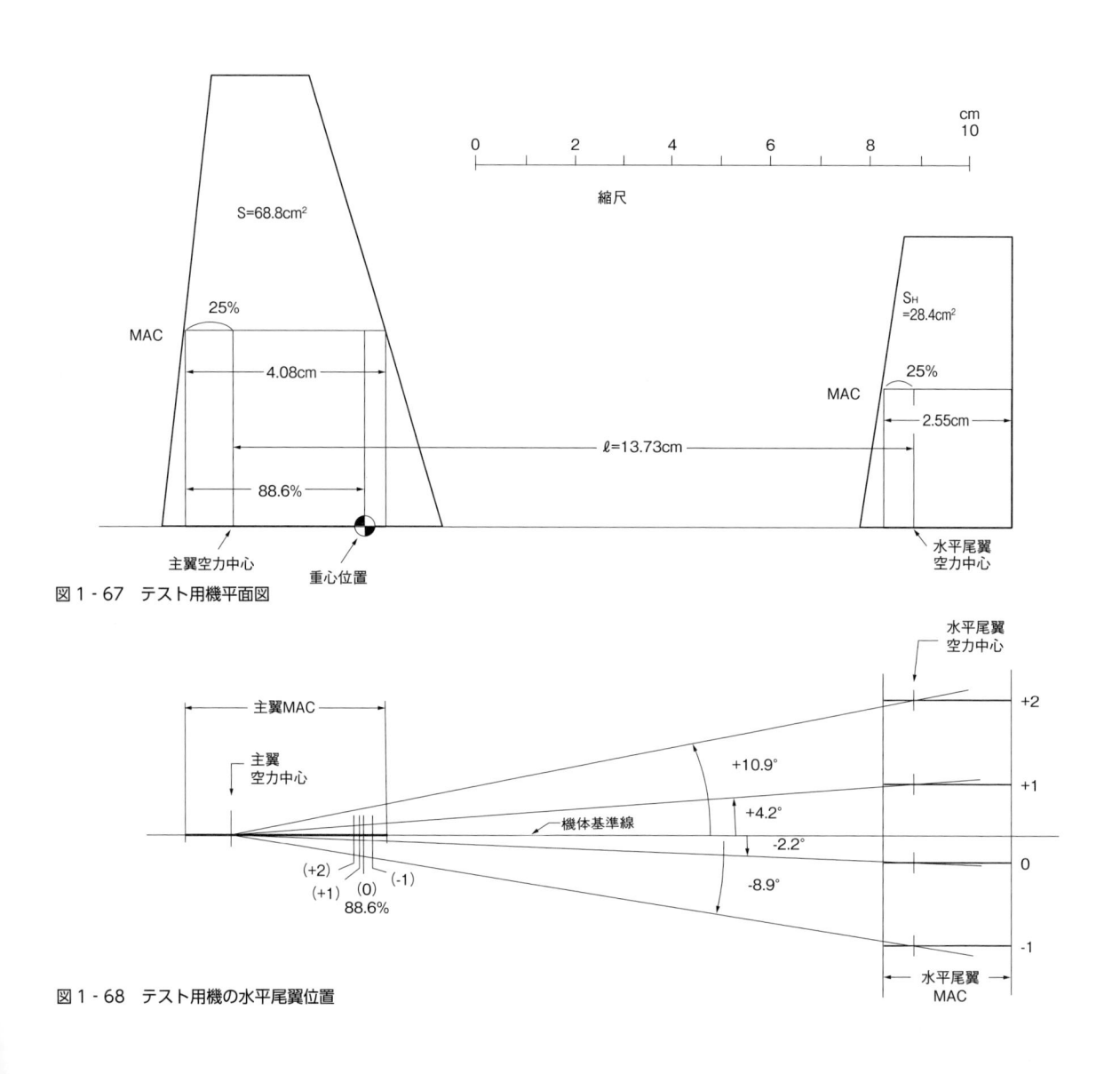

図1-67　テスト用機平面図

図1-68　テスト用機の水平尾翼位置

これによって得られた結果を表1-4に示す。すなわち"0"位置の場合に対して水平尾翼位置を上にあげた場合は最適CGは前（−％）に移動し、下げた場合は後（＋％）に移ることが判明した。この結果を図1-69にも示す。ただし同図では"0"のCG位置88.6％の点を■で表示してある。これは実効的に前者では水平尾翼面積（S_H）が減少し、後者ではS_Hが増大するという結果となっている。そうしてこれら水平尾翼上下位置変化に起因する最適CGの移動量は無視し得ない量であることがわかった。

このように最適重心位置は水平尾翼の上下取付位置にも関係するので、やはり新規設計の機体については慎重な試験飛行が必要であることを認識していただきたい。

■ 機体が裏がえしのまま安定に飛行するのはなぜか

紙飛行機が縦の静安定（機首の上、下方向の安定）を保つためには図1-70のように主翼の迎え角が、水平尾翼の迎え角よりも大きくなければならない。しばしば紙飛行機が裏がえしで飛行を続けることがあるが、この場合は機首の錘が少なすぎるとか、塗装を厚くぬりすぎたために機尾が重くなって、これら何れの場合も重心位置が適正値よりも後ろすぎる状態になっている場合が多い。これでは、飛ばす際に機首が上がりやすいので、これを抑えるために水平尾翼の後ろへりをどんどん下げて行くと主翼と水平尾翼の迎え角の関係が図1-71のように水平尾翼の迎え角が大きくなって、図1-70とは上下逆の関係となる。この場合は機体が裏

表1-4 水平尾翼の上下位置変化に伴う最適重心位置の変化表

水平尾翼位置記号	水平尾翼位置（角度）	主翼MAC前へりからの"0"CG位置	"0"位置からの差
＋2	＋10.9°		−4.7％
＋1	＋4.2°		−3.5％
0	−2.2°	88.6％	0％
−1	−8.9°		＋4.4％

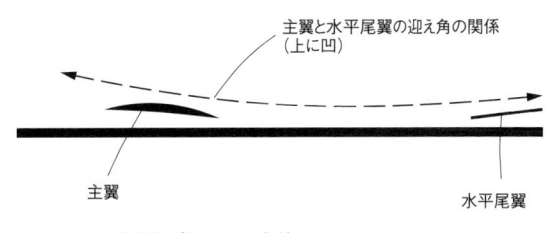

図1-70 縦安定が保たれる条件

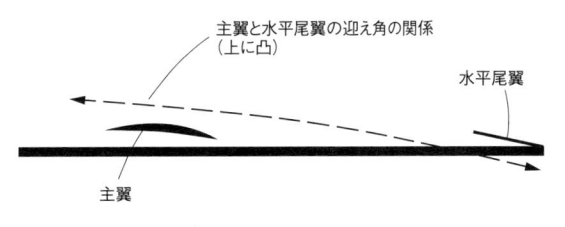

図1-71 裏がえしになる場合

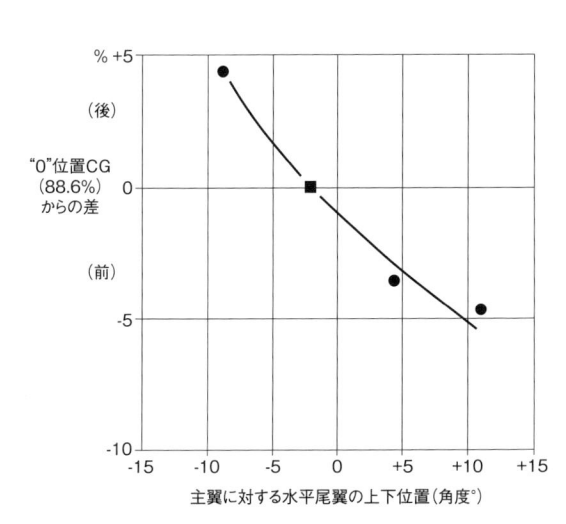

図1-69 水平尾翼上下位置に伴う最適重心位置の変化

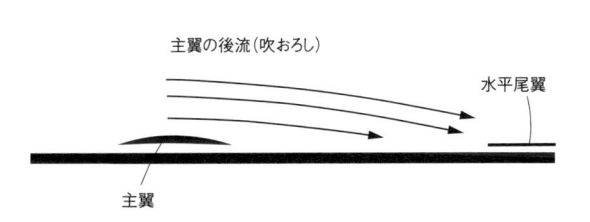

図1-72 主翼と水平尾翼の取付角がともに0°の場合

がえしになれば、図1-70に示す縦安定の条件が満たされるので、裏がえし状態が継続されるのである。これを直して正常に飛ばす方法は、機首の錘を増して重心を前にもって行くことである。そうすると飛行させるためには主翼と水平尾翼の迎え角の関係を図1-70と同じくしなければ飛行できないので必然的に直すことができる。

ちなみに図1-71の状態は、実物の飛行機を背面飛行させる場合に、操縦桿を前に押して、昇降舵（エレベータ）を下げた状態にするのと同じである。

1本の棒状の胴体に主翼と水平尾翼とを密着させた、すなわち両者の取付角が0-0（ゼロ ゼロ）の機体があるが、この場合でも主翼の吹きおろしの後流が水平尾翼に図1-72のように吹きつけて水平尾翼の実際の迎え角がマイナス側になるのでこの場合にも図1-70の縦安定条件が保たれて、安定な飛行が実現できているのであると私は考えている。

教授の方針

私が東北大学の学生の頃、永井健三先生（1901～1989）の研究室内では、文献などを読んでいると叱られるという噂を聞いた。工学部の研究室は実験をする場であって、書物はあらかじめ自宅で読んで来るようにという理由であった。同教授は伝送回路網理論の権威であり、また実験を重視されて情報の記録保存につながるワイヤーレコーダーの研究から磁気粉体を使うテープレコーダーを開発されたことでも知られている。教授の子息が私と同級だったので、数年前の同窓会で上記のきびしい教えは本当かと確かめてみた。答えは、教授の若い頃はそういう方針をとっていたとのことであった。

実験の好きな私にとっては紙飛行機のテストフライトをする原っぱは広い実験室なので、早朝に着くと寒暑はあまり気にせず、周辺の樹木の下ではなく原っぱのまん中に陣取る。これは飛ばした機体をすぐに回収して、気象が変らないうちに、繰り返しテストできるように短時間内の実験回数を高めるためである。テストに適した風の弱い状況が続く間はもっぱら実験に専念する。午前10時過ぎになって実験の支障となるサーマル（熱上昇風）が出始めるとテストをやめ早々と帰るようにしている。サーマルは滞空記録には望ましいが、テスト飛行にはデータを乱すだけで、有害である。

私は直接1対1で教授の御指導をいただいたことはないが、80歳代の半ばを過ぎた今でも教えをまもっているつもりである。

第2部
作り方・飛ばし方

2-1 作り方 (8)

道具 （図2-1参照）

- ハサミ：よく切れるハサミを用意する。手によくフィットし、切れ味がよいという理由で私は少し小型（全長22～23cm程度）の裁ちバサミを常用している。
- カッター：機首に錘穴をあけるなどに使う。先がよく切れる小刀でもよい。
- 定規：部品の正確な折り曲げなどに使う。
- ピンセット：重心をチェックするとき（ハサミでも代用できる）、また、小さい部品を扱うのに便利。先のとがったものがよい。
- 棒つき縫針：縫針の糸通しの方をペンチでわりばしに押しこんだ道具。重心位置のチェックに使う。
- ペンチ：フックを作るのに使用。小型のものがよい。
- キリ：バルサ材の棒胴の場合、胴体にフック用の穴をあけるためのもの。
- ヤスリ：金属フックの端を危険なく整形するのに使う。小さい細目のものがよい。

材料 （図2-2参照）

- 接着剤：文具店、日曜大工店などで売っている工作用の無色の速乾性接着剤、たとえば「セメダインC」、「ボンドK」などの接着剤がよい。

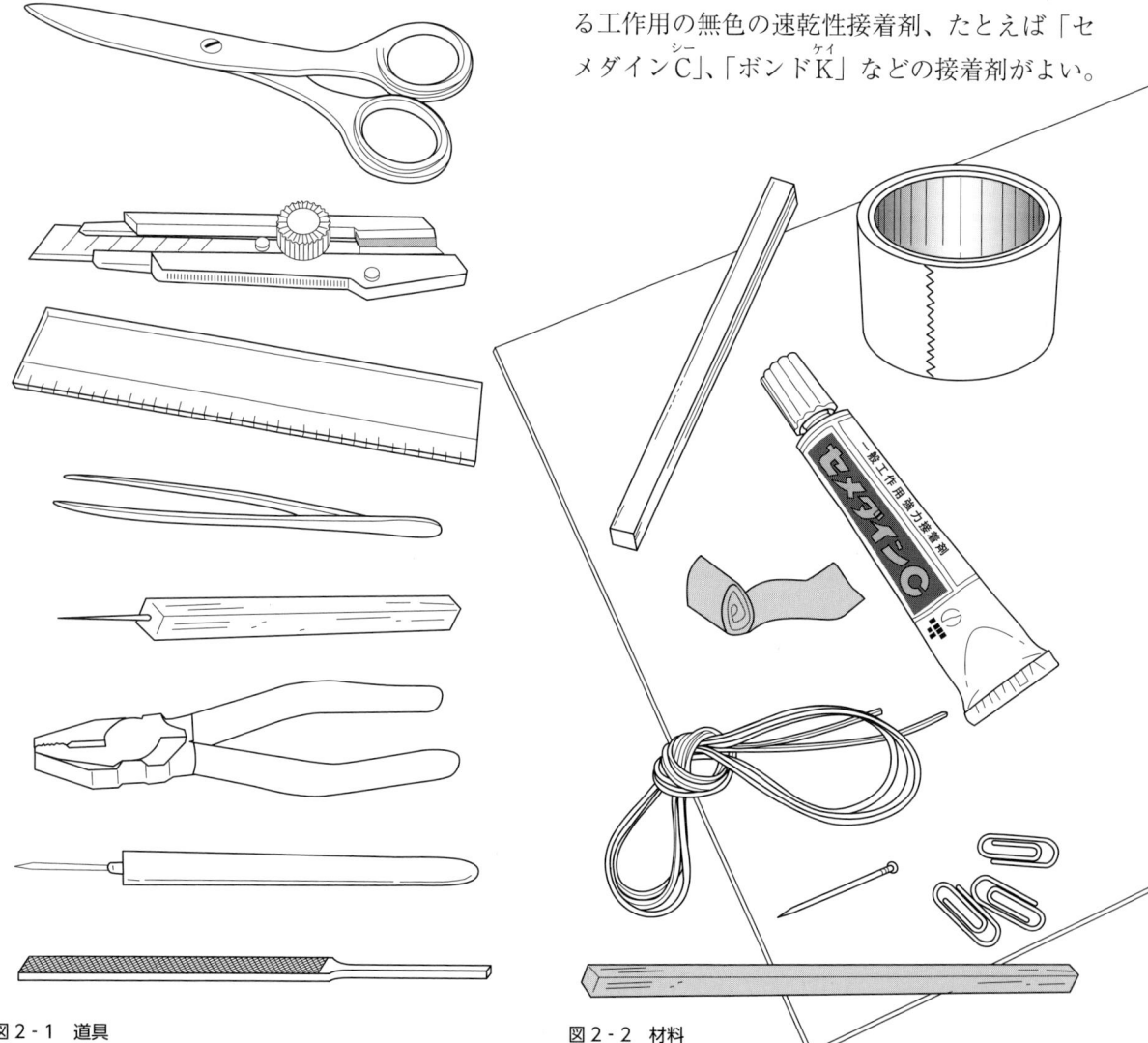

図2-1 道具

図2-2 材料

また「カネスチック」は粘性が高いので、原っぱでの応急修理などに適している。これは溶剤がアルコール系なので発泡スチレン板の接着にもよい。

●板なまり：機首の中に入れる錘に使う。釣具店で売っている。

●布粘着テープ：紙飛行機を簡単に作る場合には棒状の胴体を使う場合がある。このとき、機首につける錘は紙を巻きつけてもよいが、紙の場合はのりの重さも考えに入れなければならない。これに対して、布粘着テープ（通称ガムテープ）を使うと、すぐに接着できるし、乾いて重さが変わることもないので便利である。したがって、錘として布粘着テープを用意することをおすすめする。

●紙クリップ：簡単に機首の錘として使うことができる。また、ペンチなどで曲げてゴムカタパルト用のフックとして使用することも可能。

●虫ピン：空転プロペラの軸として使う。

●糸ゴムと棒：ゴムカタパルトを作る。ゴムは20番（1/20インチ角—約1.3mm角）程度の太さのものを使用する。これが入手困難ならば、輪ゴムをつないだものでもよい。

●紙：機体材料としての紙は私は通常200〜210g/m²程度の規格のケント紙が適していると考えて使っている（第一部「紙飛行機用紙」の項・31ページ参照のこと）。

●胴体の棒：やさしく作れる棒胴機の胴体材料として一番適しているものは、バルサ材（これは南米産の軽い木材で日曜大工店、ホームセンター店、画材店などで売っている）の5mm角の棒材である。購入する際に、できれば硬いもの（ハードバルサ）を選ぶこと。定尺は90cm程度なので、これを4等分すれば長さ22.5cmとなる（**写真3‐5参照**）。もしバルサ材が入手できない場合には、少し細い檜材でもよい。さらに手近なものとしてはわりばしがある。長さ18cm程度のものは普通にあるが、長さ22.5cmのものは多分お店を探す必要がある。わりばしの問題点は断面が直角でない点で、翼を正確に接着しにくい点である。

切り抜き

となりの部品に切りこまないように注意しながら、胴体や翼などの各部品を大まかに切り離す（図2‐3）。切る道具として私はハサミをお

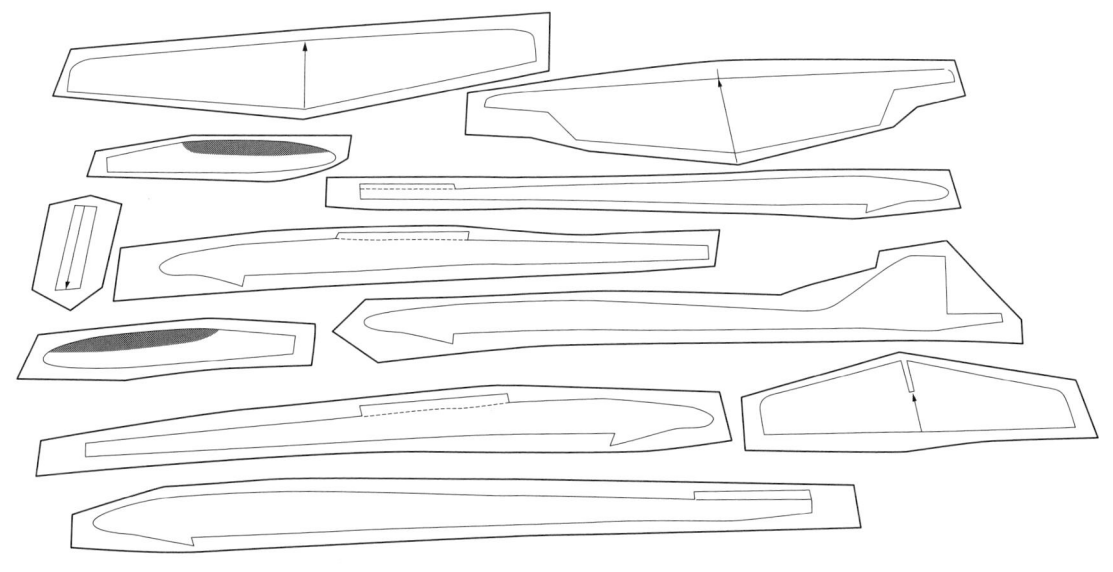

最初は大まかに切り離す。

図2‐3

すすめする。カッターは切断部分が盛り上がりやすい欠点がある。切り離した各部品を、さらに線の外側でも、内側でもなく、できるだけ線の上をていねいに切っていく（図2-4）。胴体の機首に錘を入れる場合には貼り合わせる前に胴体部品の機首にカッターで錘穴をあけておく。また、主翼の裏うち部品だけは、下記「貼り合わせ」の項で説明するように、翼の前後を2〜3mm余分に残して切る。

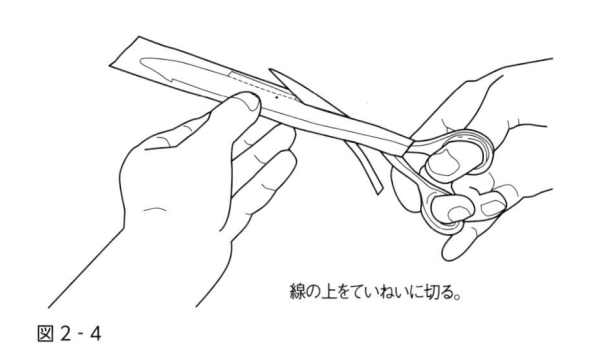

折り曲げ

狂いのない正確な機体を作るためには、曲げ部分を正しく曲げることが必要である。このため、部品を折り曲げる場合には必ず定規を当てて行なうこと（図2-5）。また、主翼のように、貼り合わせてから上反角をつけるなどのために部品を曲げる場合は、接着剤が完全に乾いてから折り曲げること。

貼り合わせ

接着が不十分だと、一応、飛行機の外観の形はできても、強度が不足するので、良好な飛行を継続させることはできない。まず、順序としては接着剤をぬる前に、各部品の貼り合わせの順序を確かめながら重ねてみる（図2-6）。

貼り合わせ方に自分で納得がいってから、貼り合わせる部品をすぐ手近に用意した上で実際に部品に接着剤をつけて、順序よく貼り合わせる。接着剤は貼り合わせ面にむらなくぬって、すばやく、ずれないように注意して貼り合わせる（図2-7）。

胴体などを丈夫に貼り合わせるには、1枚貼り合わせるごとに、いらない紙の間にはさんで、上から指で強く押さえて、余分な接着剤を押し出すようにする。このようにして、1枚ずつずれないようにしっかり貼り合わせる（図2-8）。胴体の場合は、全部の部品を連続して貼り合わせるのではなく、最初に中心となる部品3〜4枚ほどを貼り合わせた段階でこれを完全に乾かして硬い芯を作る。このようにした上で、左右の部品の接着を重ねれ

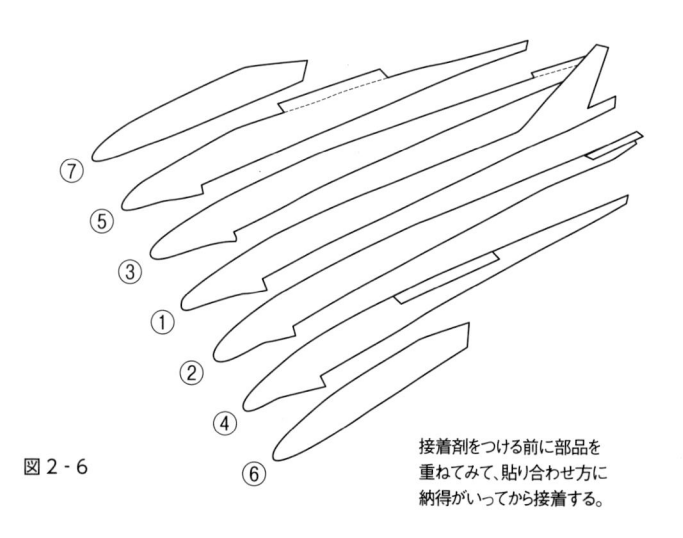

線の上をていねいに切る。

図2-4

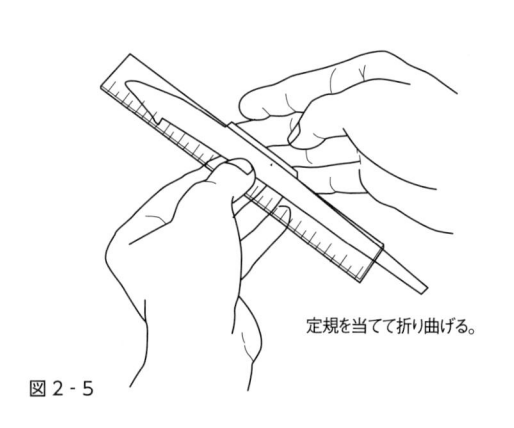

定規を当てて折り曲げる。

図2-5

図2-6　接着剤をつける前に部品を重ねてみて、貼り合わせ方に納得がいってから接着する。

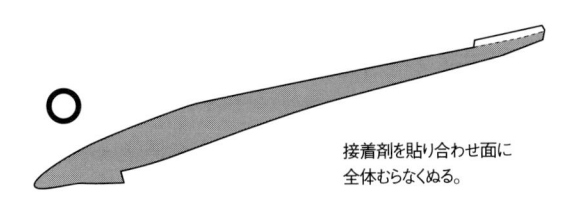

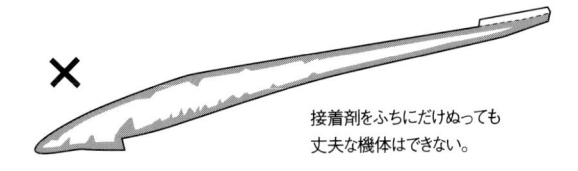

接着剤を貼り合わせ面に全体むらなくぬる。

接着剤をふちにだけぬっても丈夫な機体はできない。

図2-7

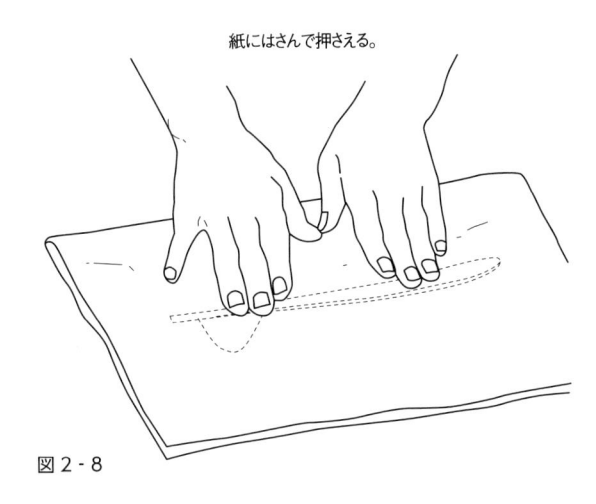

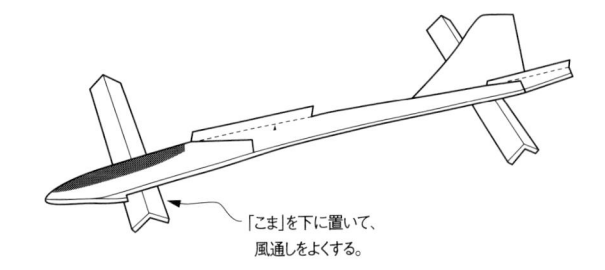

「こま」を下に置いて、風通しをよくする。

図2-9

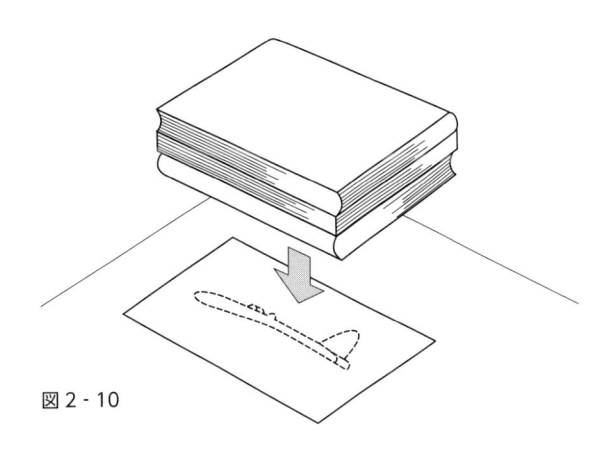

紙にはさんで押さえる。

図2-8

図2-10

A 中心線

B

2～3mm

前後に延長した中心線

裏うちBの前後の線の外側を切る。Bの上に接着剤をぬってBとAの中心線が合うように貼り合わせる。

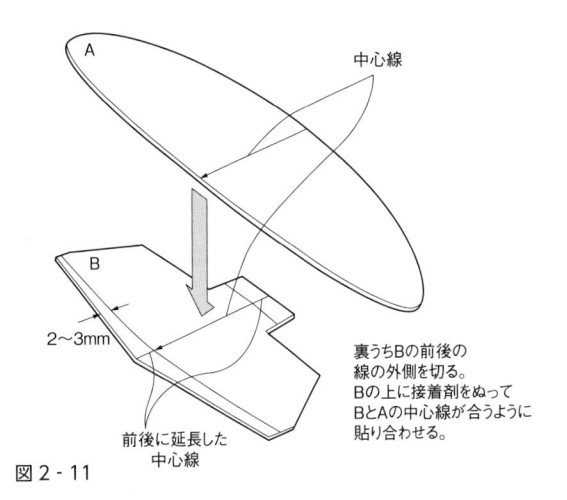

図2-11

ば、比較的まっすぐな胴体を作ることができる。

　接着したら、十分に時間をかけて乾燥させることが大切である。紙飛行機はいっぺんに作らずに、製作の各段階で接着剤を十分に乾かして、1機を2、3日かけて気長に作ることをおすすめする。

　机の上などの平らな場所に、いらない紙を10枚ほど重ねて敷き、その上に貼り合わせた胴体や翼などを並べて、少なくとも5〜6時間、そっと乾かす。乾かそうとする部品の下に、図のように紙を折って作った「こま」を置くと、下面も乾きやすいので好都合である（図2-9）。

　特にまっすぐな胴体を作るには、いらない紙にはさんでから、本などでおもしをしておくとよい（図2-10）。

　左右一体になった主翼を貼り合わせる場合、たとえば、主翼Aの裏に、裏うちBを貼り合わせるときは、つぎのようにする。裏うちの中心線（すべての中心線の前端には矢印のマークをつけて、前後を間違わないようにする）を

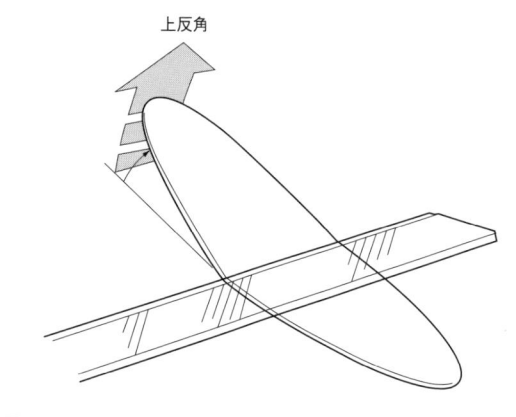

図2-12

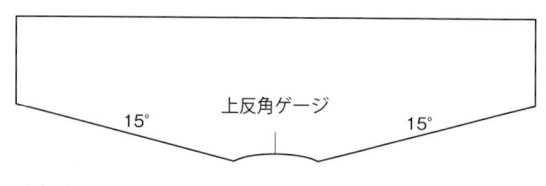

図2-13

3mmほど前後にのばしておく。また裏うちBを切り抜くときは、図2-11のようにBの左右の端は、線の上を切るが、前後は2〜3mm外側を切るようにする。つぎに、Bの上に接着剤をぬり、その上にAを重ねて貼り合わせる。Bの中心線が下からはみ出して見えるので、AとBの中心線を正確に合わせる。接着剤が乾いたら、はみ出し部分を切り落とす。このようにすると、仕上がりが正確できれいにできあがる。

裏うちの接着が完全に乾いてから主翼の中心線に定規をあてて、図2-12のように主翼を少し上に折り曲げて、上反角をつける。上反角の角度は、第一部の「設計入門」の「やさしい設計法」の［5］「上反角の大きさ」（24ページ）に図示してあるので、その値を参考にすること。上反角の数値が決まったら、図2-13のような「上反角ゲージ」を作って、必要に応じて翼に当てて使用すると便利である。

組立て

あらかじめ用意した部品を胴体に接着していく組立てにおいては、小さい部品から先につける方がやりやすい。具体的には、胴体に主翼と水平尾翼を取りつける場合、水平尾翼を先に取りつける方が、全体の取り扱い作業が楽である。また、特に、つぎの2点に注意して作業を行なうこと。

各部品を胴体に正確に取りつける。すなわち、主翼や水平尾翼の中心線が、貼り合わせた胴体の厚みの中心と一致するように取りつける（図2-14）。

また主翼や脚支柱を胴体に接着する際に、両者が「のりしろ」に頼らずに直接接着されていなければ強度不足となり、機体完成後も翼や脚がぐらぐらする。胴体の両側についている紙の「のりしろ」は、あくまでも補助と考えること。主翼や脚支柱と胴体を直接密着させる。この間にすき間があってはいけない（図2-15）。このため、胴体に主翼をぴったりと接着するために、胴体の主翼取付面を、鉛筆やハサミなどで

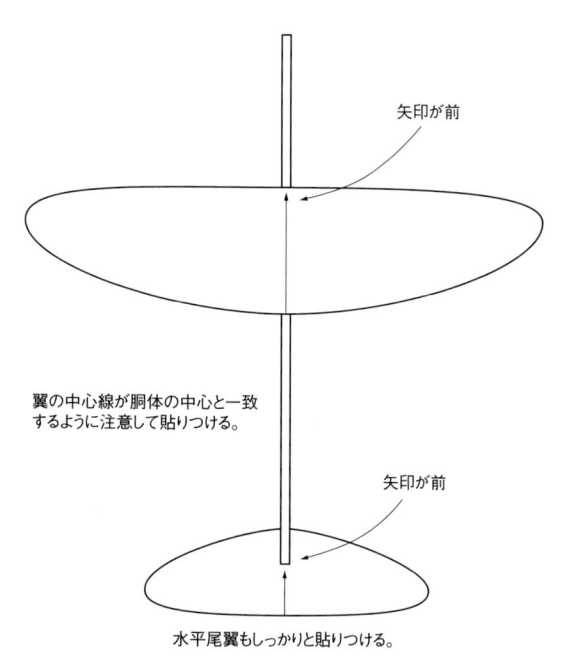

図2-14

図2-16のようにしごいて平らにすることが大切である。接着してから5分間くらいは、主翼の中央を胴体にしっかりと押さえつける。胴体に尾翼、主翼を接着したあと、また、3〜4時間自然に乾かす。

仕上げ

性能のよい飛行機を作るためには、主翼の断面の形を、揚力が大きく、抵抗の小さいものにすることが大切である。このため、主翼の断面の形を、少しわん曲した（キャンバーのついた）形にしなければならない。主翼にキャンバーをつけるには、図2-17のように翼を指でていねいに曲げてやればよい。実際のキャンバーは、図2-18のようにわずかなカーブである。この図に合わせながらキャンバーをつける。わん曲の一番高いところの高さは翼弦長の3%である。図を参考に「キャンバー・ゲージ」を作

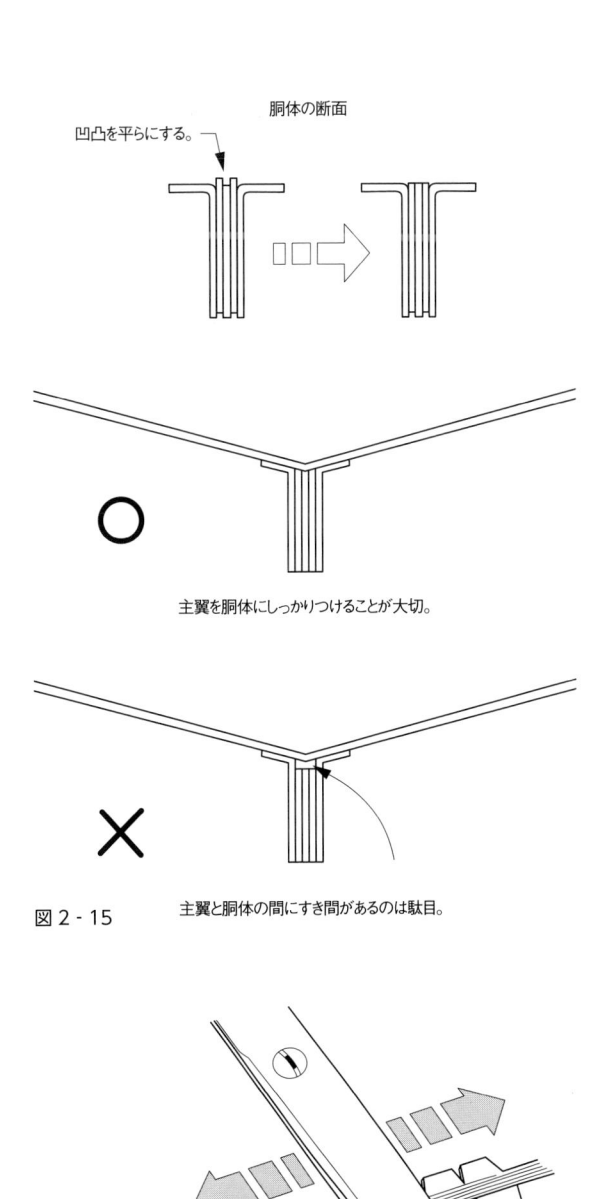

図2-15

図2-16

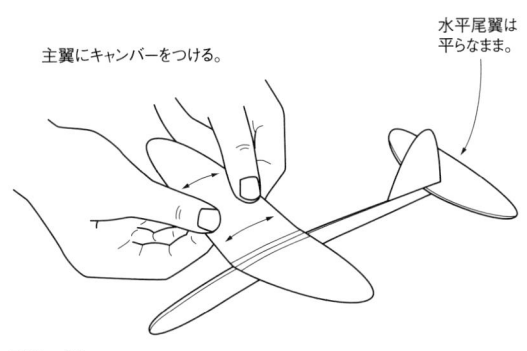

図2-17

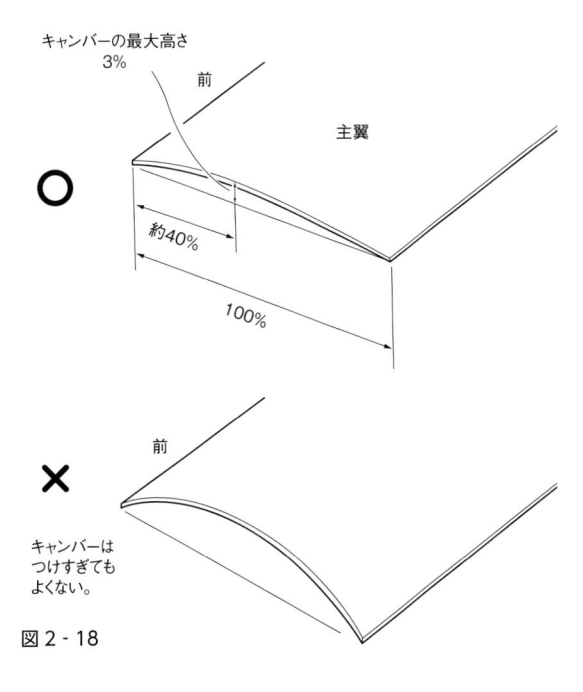

図2-18

図2-19

り、翼に当てて使用すると便利である（**図2-19**）。

　後退翼にキャンバーをつける場合、ややもすれば翼端に行くほど翼の取付角が、**図2-20**の右側に示すように後ろ下がりになりやすい。これは翼端失速を起こしやすいので、翼弦線（翼の前縁と後縁を結んだ線）を翼根（胴体の付け根の翼部分）から翼端に至るまでのすべての部分で図のように平行になるようにすることが大切である。

　キャンバーをつけるのは主翼だけで、水平尾翼は平らなままにしておく。

　つぎにもう一度、主翼に「上反角ゲージ」を当てて、正しい上反角がついていることを確認する。

　胴体の重心を合わせる位置に▲印とかまたは縦線をつけておく（以下ここでは、重心位置▲印によって説明する）。錘を機首に入れるときは、前もって胴体にカッターで錘穴をあけておく。つぎに、胴体に主翼と尾翼などを取りつけてから、機首に錘を入れる。錘の量をかげんし

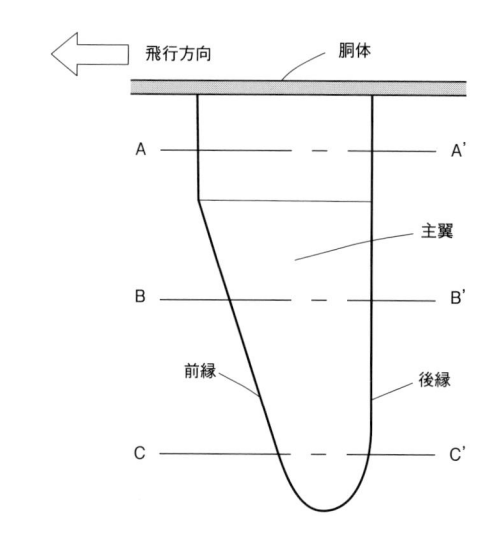

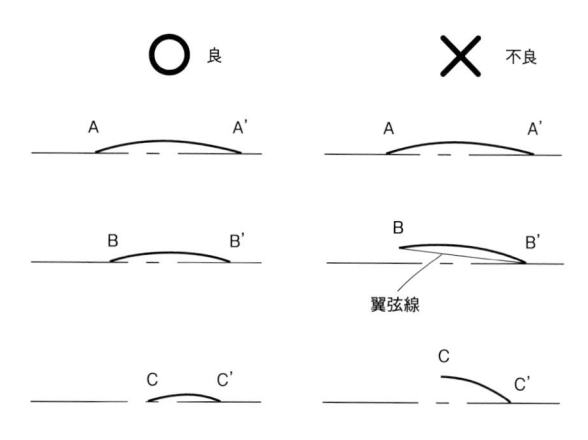

図2-20　後退翼のキャンバーのつけ方の注意点

て重心を▲印に合わせる。このとき、**図2-21**のように機首の外側部品A、Bに少しだけ接着剤をつけて（あるいは小さく切った粘着テープで押さえ）、仮に機首に貼りつける。重心が▲

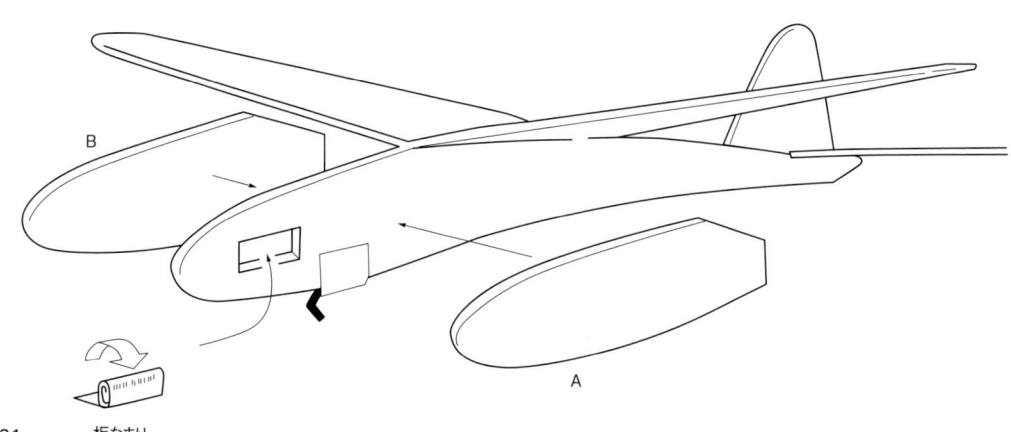

図2-21

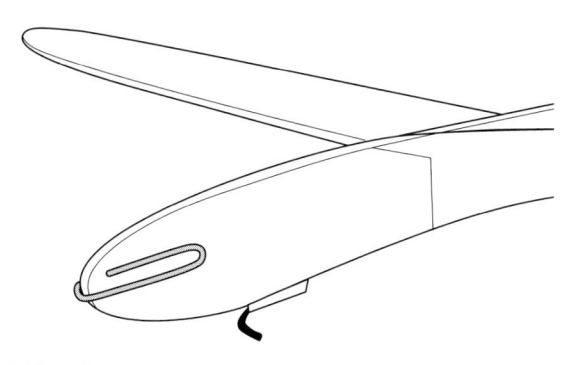

図2-22

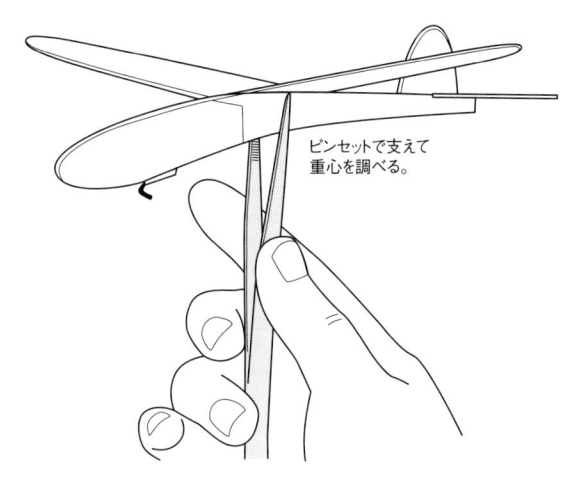

図2-23

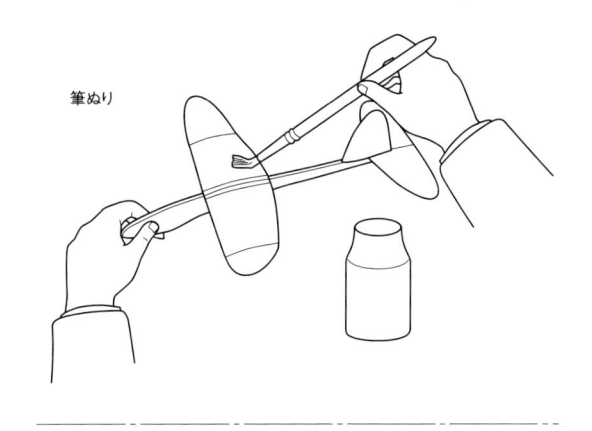

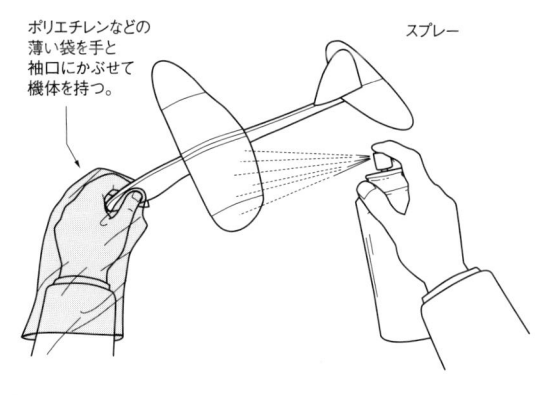

筆ぬり

ポリエチレンなどの
薄い袋を手と
袖口にかぶせて
機体を持つ。

スプレー

図2-24

ピンセットで支えて
重心を調べる。

印に合うことを確かめてから、AとBを完全に貼りつける。

　錘を機首に入れる代わりに、部品を全部貼り合わせてから、紙クリップを**図2-22**のように機首につけることもできる。重心が▲印に合っているかどうかを調べるには、**図2-23**のようにピンセットか、ハサミの先を開いて、機体の▲印のところを支えてみる。

　もし、機体をピンセットの先で支えるのがむずかしい場合には39ページの**図1-44**の方法もある。

塗装

　紙飛行機といっても良質の紙を使って、正確にかつ丈夫に作られた機体は消耗品ではない。大切に扱えば、5年でも10年でもフライトを楽しむことができる。ただし、草の露などで紙がぬれると変形するので、表面を塗装した方がよい。白い紙の美しさを残すには、クリヤーラッカー（透明のラッカー）が適し、着色したいときは、色ラッカーを使えばよい。私はラッカーをアセトンで2～3倍にうすめて使っている。ぬる方法は、筆ぬり、スプレーのどちらでもよいが、あまり厚くぬると、機体が重くなったり、重心がずれたりするので、薄くぬるように注意する。塗装が乾燥したら、必ず重心のずれをチェックして、ずれている場合には、機首か機尾に錘を追加して重心を正確に合わせること。もし工程上可能ならば塗装を重心チェックの前に済ますことが望ましい。またラッカーをスプレーするときは、機体を持つ手に、**図2-24**に示すように薄いポリエチレンの袋（スーパーで買った品物をつめる場所などに置いてある薄い袋など）をかぶせると、手や袖口がよごれない。

機体をよく見てねじれ、曲がりを直す。

機体を正面と後ろからチェックする。

○

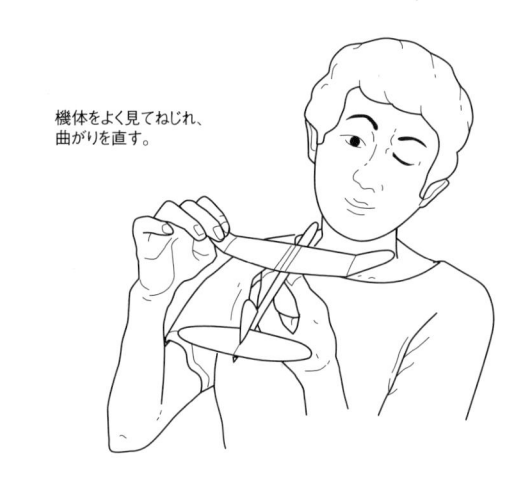

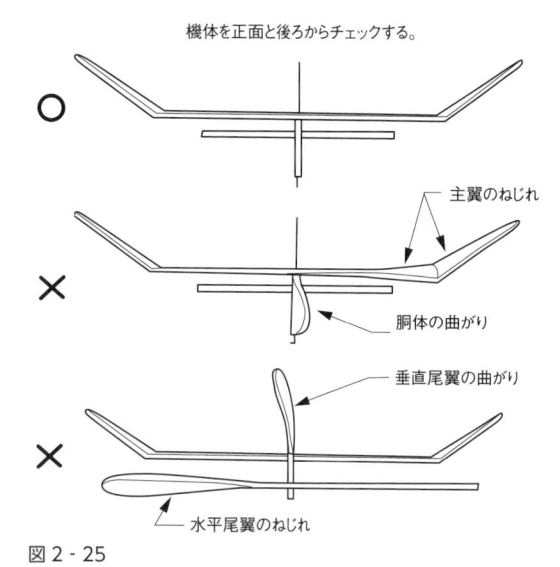

×　主翼のねじれ
　　胴体の曲がり

×　垂直尾翼の曲がり
　　水平尾翼のねじれ

図2-25

最終仕上げ

　仕上げの終わりに機体全体を見る。最終仕上げで大切なのは、機体を手に持ってよく観察して、胴体をはじめ主翼や尾翼の曲がりやねじれを見つけて、これらをまっすぐに直すことである。これは、上手に飛ばすために大変重要な作業である。すなわち、飛行機を正面からよく見て、また後ろからも見て、上、下からも見て、つぎの手順でチェックして、ていねいに直す。

（1）胴体が曲がっていないか、ねじれていないか？

（2）主翼の右と左をくらべてみて、両翼がまっすぐで、同じ角度に見えるか、ねじれていないか？（図2-26参照）

（3）水平尾翼が曲がっていないか、ねじれていないか？

（4）機体を真上から見て、また必要ならば真下から見て垂直尾翼が曲がっていないか、ねじれていないか、胴体と完全に平行か？

など、機体全部のねじれ、曲がりを完全に直す。

■ 接着剤チューブの使い方注意点

　「セメダインC」や「ボンドK」などの揮発性有機溶剤使用のセルロース系接着剤は、無色透明で、重量が軽く、また比較的乾燥が速いな

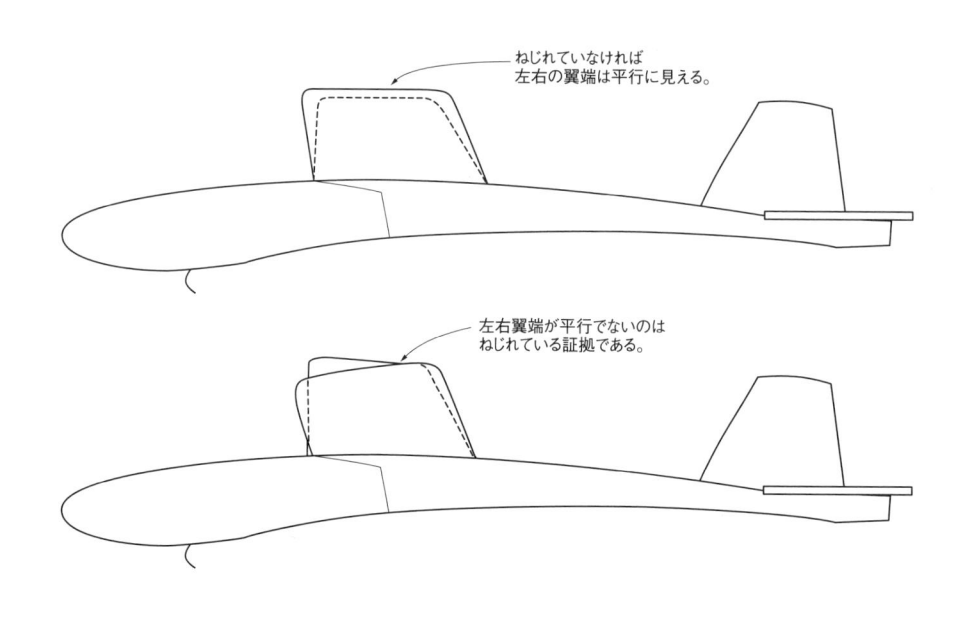

ねじれていなければ
左右の翼端は平行に見える。

左右翼端が平行でないのは
ねじれている証拠である。

図2-26

どの利点がある。

これらは金属チューブに入っており、使用に際して下記の点に従うことが必要である。
- 使ったら必ずすぐに蓋をすること。
- チューブについて下記の使用法をまもること。

必ずおしりの部分を押して接着剤を出す。また接着剤がへってきたらチューブのおしりの部分を巻いておく（プラスチックのチューブは巻いてもすぐにもどるので、粘着テープなどで留める）。このようにすれば接着剤の内容がへってもおしりを押すことによって一定の圧力をかけて接着剤を押し出すことができる。

チューブの首に近いところを押すのは不可。中の接着剤がへってくるとチューブ内の圧力を出口に伝えられなくなる（図2-27）。

- 接着剤の具体的なぬり方は、図2-28のように円を描くようにグルグルでもよいし、あるいは直線的にぬってもよい。いずれの場合も接着剤は少し多めにして、ぬる線の間隔は、貼り合わせて、力を加えて押しつぶしたときに、接着剤が面全体にひろがり、少しはみ出す程度にする。はみ出し分は固まる前にふき取っておく。

接着剤をさらに確実に面全体に一様にひろげるには、部品の余白の紙を3～4cm角くらいの小片に切って、これで塗布面をならして平らにひろげるとよい。私は通常この方法を使っている（図2-29）。

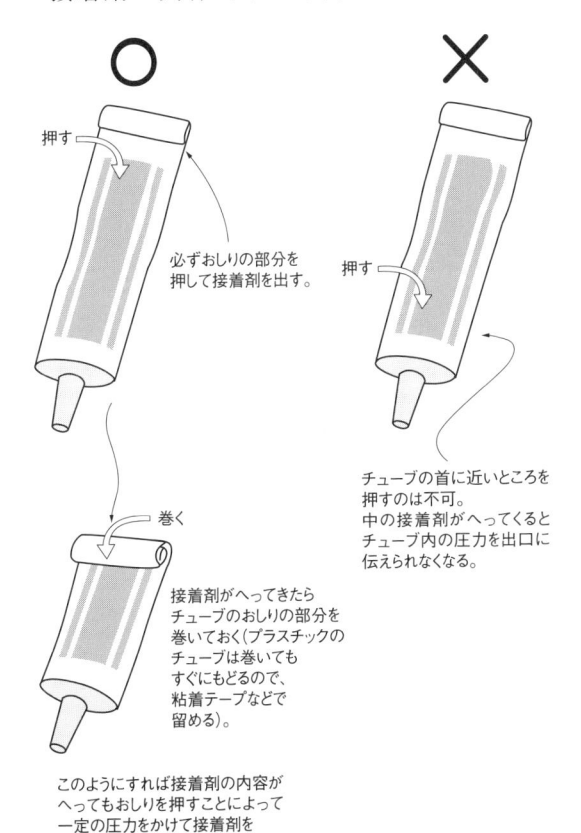

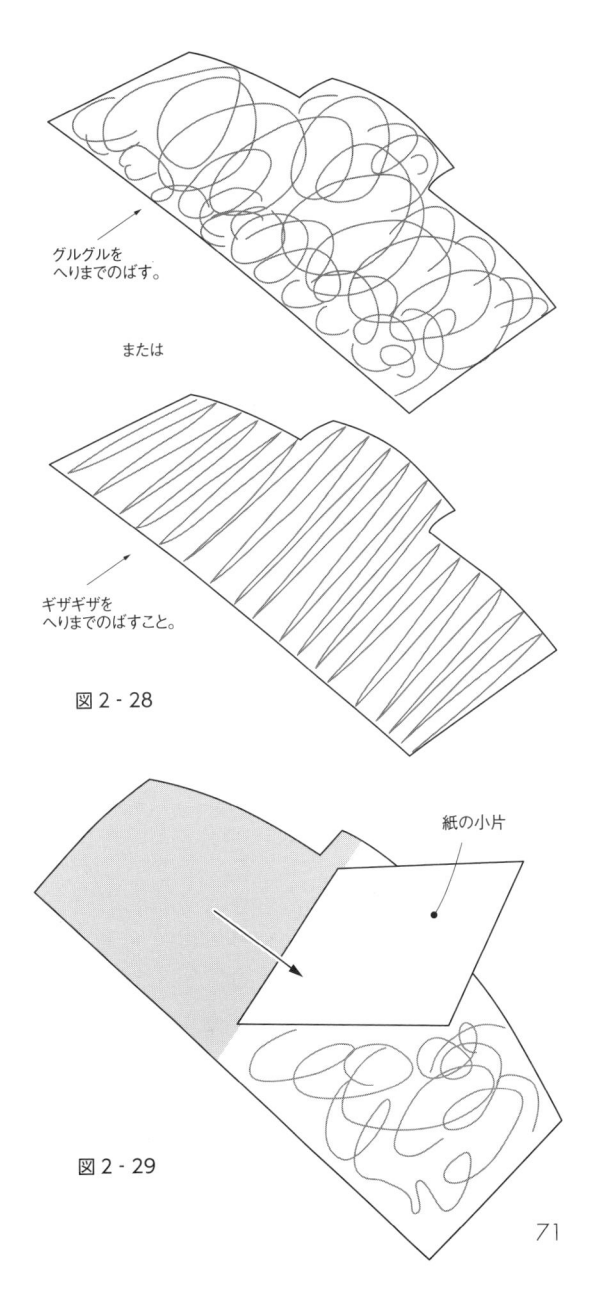

図2-27 接着剤チューブの扱い方

図2-28

図2-29

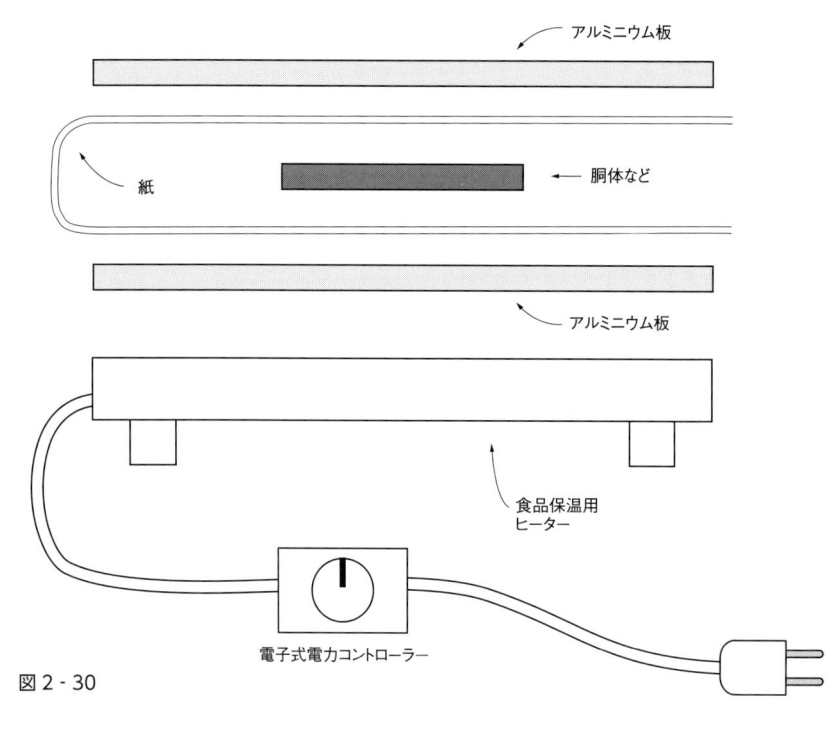

図2-30

まず食品保温用の小型電気ヒーター（30〜90w程度）と、これに対応する電子式電力コントローラー（1〜2アンペア程度）を用意する。また胴体の長さをカバーできる25cm角、厚さ3mm程度のアルミニウム板を2枚準備し、2枚の板を電気ヒーターの上にのせ、この2枚の間に乾燥しようとする胴体をはさんで加熱する。ただし胴体から接着剤がはみ出している場合、アルミニウム板に接着されるので、これを防ぐため胴体の上下に紙を置くようにする。これらの重ね合わせの順序を図2-30に、また見取り図を図2-31に示す。

最初、胴体貼り合わせの芯となる部品3〜4枚程度を貼り合わせ、これを上記のアルミニウム板の間にはさんで加熱し完全に乾かす。つぎにこの芯の両側に部品1〜2枚ずつを貼って同様にヒーターで乾かす。このようにして貼り合わせ枚数を増す各段階で完全に乾かして行く。アルミニウム板の温度は、コントローラーで調整して、約70℃以下とする。乾燥を急いで温度を上げすぎると、胴体の紙が縮んで寸法が狂うおそれがあるので過熱しないように注意が必要。また、やけどや火災にも十分気をつけること。

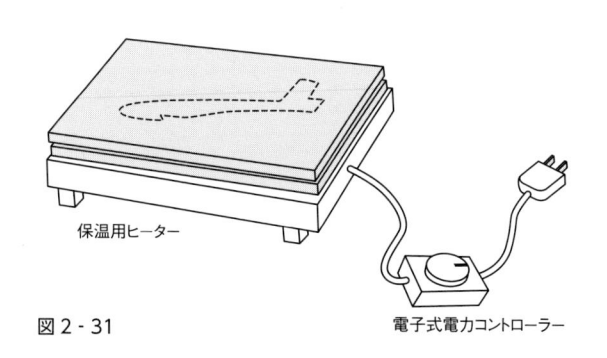

いずれの場合も、接着の際には、接着剤の表面が固まらずにヌレていることが必要である。「セメダインC」などの揮発性溶剤の接着剤では、ぬり始めから、貼り合わせまで極く短時間の5〜10秒以内くらいで済ませることが大切である。

貼り合わせを迅速にするために接着剤をぬり始める前に、貼る2つの部品をすぐ近くに並べて置くように心懸けることも必要である。

裏うちを貼り合わせた主翼を乾燥した後で、ゆるく曲げてキャンバーをつける際に、パリパリと音がするのは、接着面がはがれ始めている証拠で、接着不良である。この原因は貼り合わせのときに、時間がかかったために、接着剤の表面が乾いて固まり始めていたためと考えられる。

■ 胴体の接着剤を速く乾燥させる一方法

紙飛行機の乾燥は、歪を残さないためには自然乾燥が望ましい。特に翼については時間をかけて自然に乾かすのが大切であるが、胴体については私は急ぐ場合には、つぎに述べるようにヒーターを使う場合もある。

図2-31

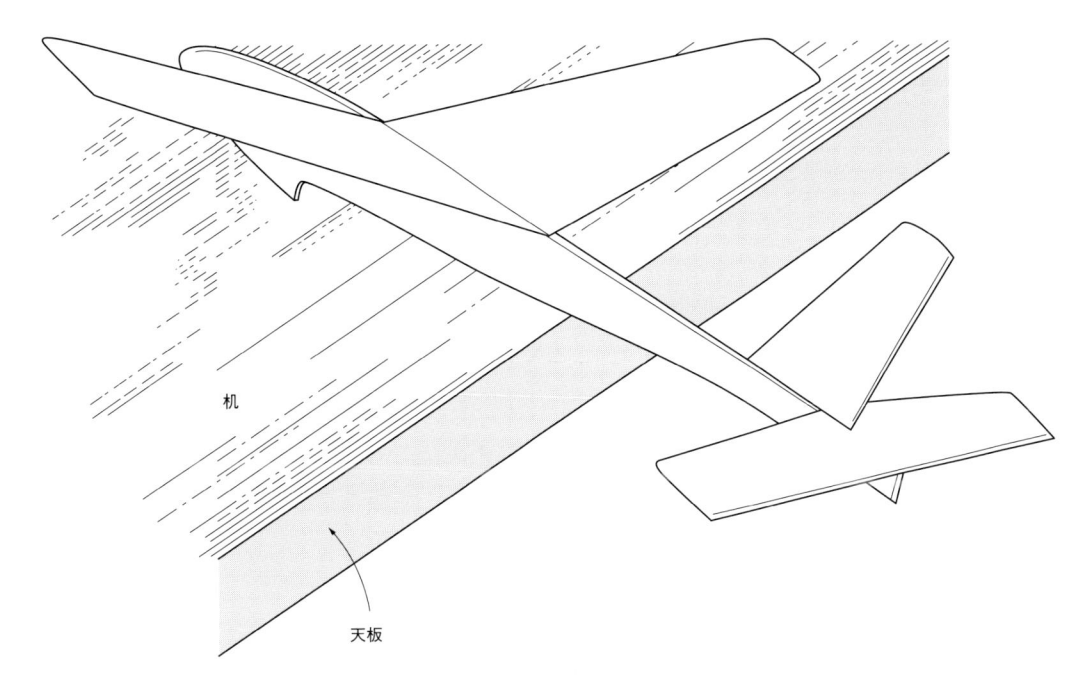

図 2 - 32　尾部を机からはみ出させて置く

■ 簡易スタンド

　機体を机上などに置く場合には、翼が机の面（天板）に触れて特に尾翼などが曲がって調整が狂うおそれがあるから、尾翼が直接机の天板に触れないようにした方がよい。そのため最も簡単な方法は機体の尾部を、**図2 - 32**のように机の天板の外にはみ出させて置くようにすればよい。

　またつぎのように紙で簡易スタンドを作って利用するのも一方法である。すなわち、縦、横6～7cmくらいの四角いケント紙を2つに折って、その折ったところの中央に**図2 - 33**のようなくさび形の切りこみを入れる。これで簡易スタンドのできあがりである。この簡易スタンドの切りこみに胴体の後部をさしこんで机上に置けば、機体の尾部がもち上がり、翼のどの部分も机に触れることなく置くことができる。

簡易スタンドの切りこみに後部胴体をはさんで置く。

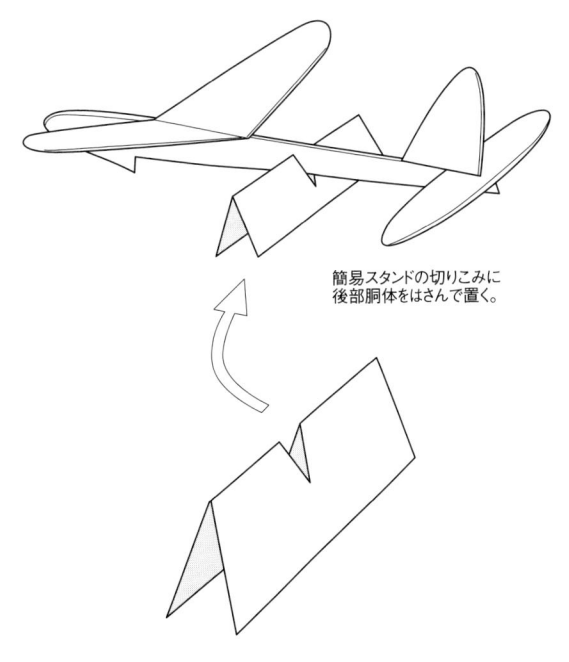

図 2 - 33　簡易スタンド

■ プレカット・ペーパーグライダーの打ち抜き"めくれ"の影響[22]

市販されているペーパーグライダー・キットは作りやすさの向上のために翼や胴体などの部品はプレカット（打ち抜き）加工されているものも少なくない。そのプレカット加工によって素材である紙の切断面に"めくれ"が生ずる。またプレカットでなくても、機体部品をハサミではなくカッターで切り出した場合にも"めくれ"が生ずる可能性がある。ここではこの"めくれ"が飛行性能や飛行経路に及ぼす影響を実験した結果について紹介する。

実験に用いた機体は市販キットのホワイトウイングス・スカイカブⅡ（N-1062）で、その完成機を写真2-1に示すが、胴体はバルサ材、それ以外の主翼、尾翼等はケント紙（重量約200g/m²）であり、写真2-2に示すようにプレカットされている。さらに機体諸元を表2-1に示す。プレカットされた部品の"めくれ"については、図2-34に示すようにケント紙の厚さは0.25mmで、"めくれ"の量は0.2mm

表2-1 Whitewings SkycubⅡ 諸元

主翼幅	18.0cm
全長	24.0cm
全高	5.2cm
主翼面積	71.5cm²
重量*	7.1～9.4g
翼面荷重	9.7～12.8g/cm²
重心位置	70%（MAC）
水平尾翼容積比	1.22
垂直尾翼容積比	0.064
滑空速度	約4.3m/s

*バルサ胴のバラツキによって機体の重量にバラツキがある

写真2-1 完成機体写真

程度、また"めくれ"の方向を図2-35のように表現するものとする。

主翼と水平尾翼の"めくれ"の影響

　主翼と水平尾翼の"めくれ"が滞空性能に与える影響を以下のように実験し、その結果を比較評価した。ここでは、垂直尾翼の影響を除くために"めくれ"のない垂直尾翼を取りつけた機体を使用した。なお各実験は10回のフライトの滞空時間を計測するものとして表2-2に示す実験1～4を実施した。またこれらの実験をできる限り同一の気象条件の下でやれるように、早朝8～9時の風の弱い時間帯に行なった。ゴムカタパルト発進方式（ゴムの長さ0.4m太さ20＃（約1.3mm角）輪1つ）とした。実験の結果を図2-36の実験1～4に示し、これらを比較するための平均値を表2-3に表示する。

垂直尾翼の"めくれ"の影響

　垂直尾翼の"めくれ"が直線飛行に与える影響についても実験した。この実験では、主翼のねじれ等の垂直尾翼以外の影響を除くために、つぎの手順をとった。

① 最初、"めくれ"のない垂直尾翼をつけて、機体を直線飛行するように調整する。

② このときに、旋回による高度低下を想定し、わずかに機首上げになるように水平尾翼を調整する。

③ "めくれ"のある垂直尾翼に交換し、飛行実

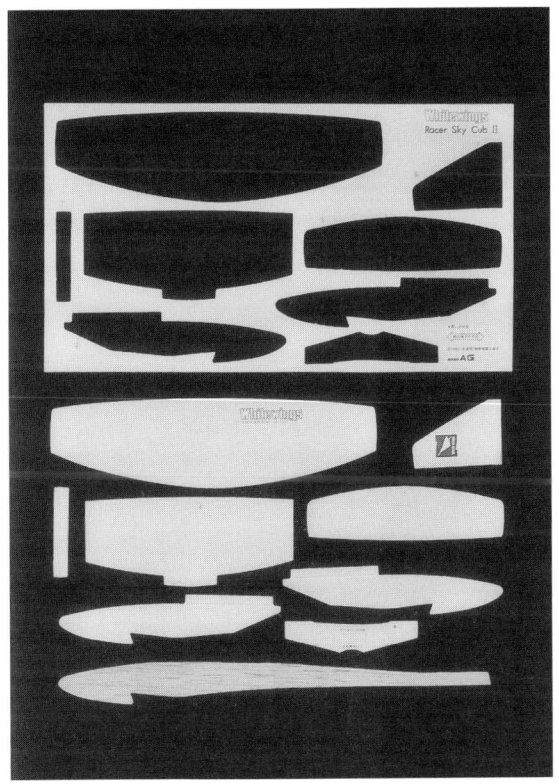

写真2-2　プレカット部品と胴体（バルサ材）

表2-2　主翼・水平尾翼"めくれ"の影響比較実験

		主翼キャンバー	
		無し	あり（3%）
主翼・水平尾翼"めくれ"	正	実験1	実験3
	逆	実験2	実験4

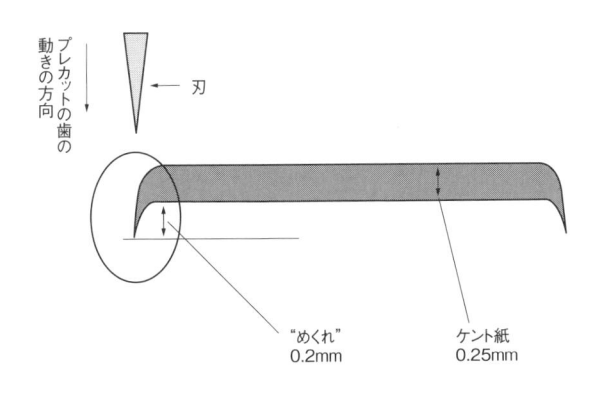

図2-34　"めくれ"の寸法

図2-35　"めくれ"の方向の呼び方

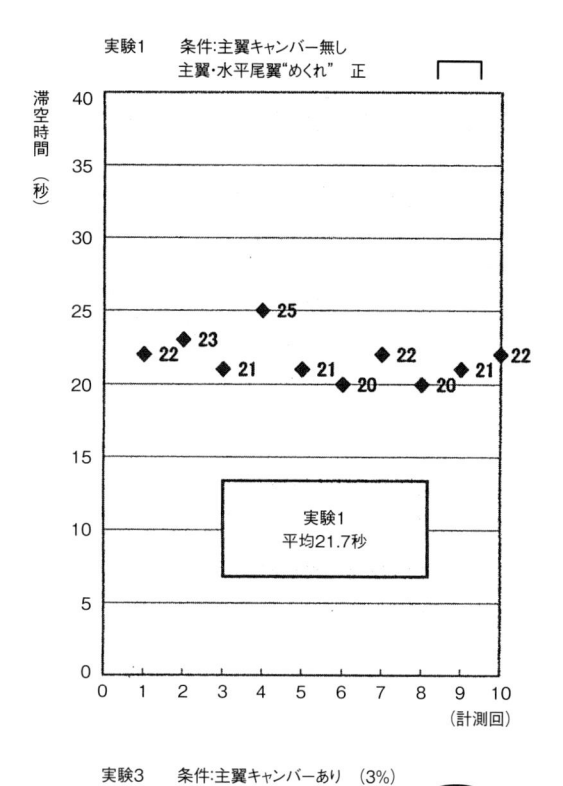

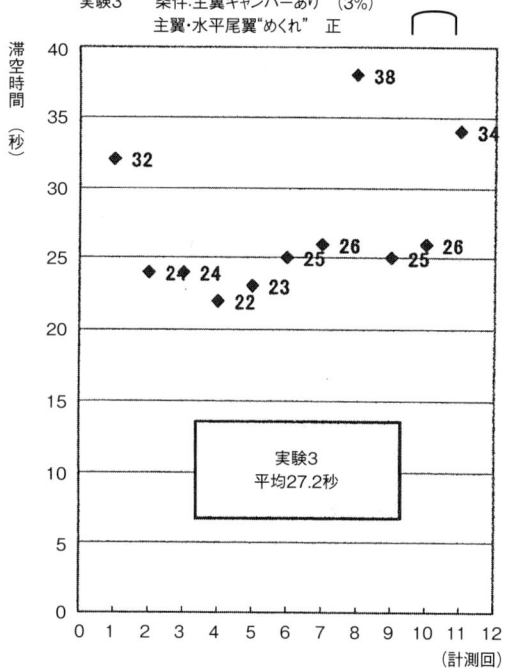

図2-36 主翼・水平尾翼の"めくれ"実験

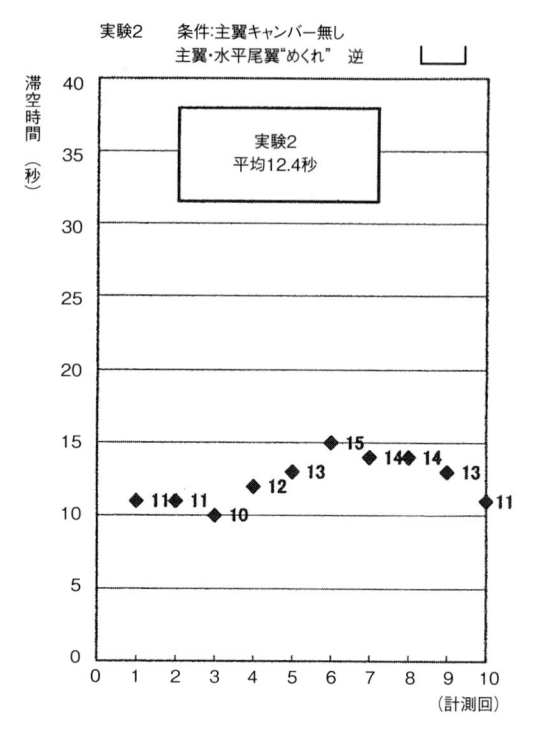

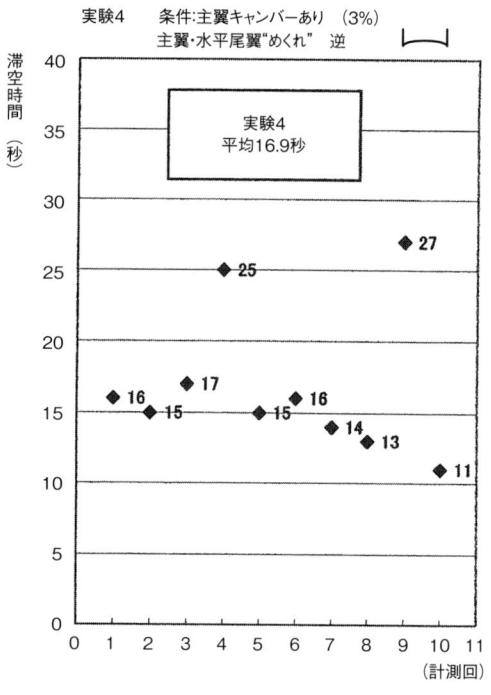

表2-3 主翼・水平尾翼"めくれ"の影響比較実験

		主翼キャンバー	
		無し	あり（3%）
主翼・水平尾翼"めくれ"	正	実験1 21.7秒	実験3 27.2秒
	逆	実験2 12.4秒	実験4 16.9秒

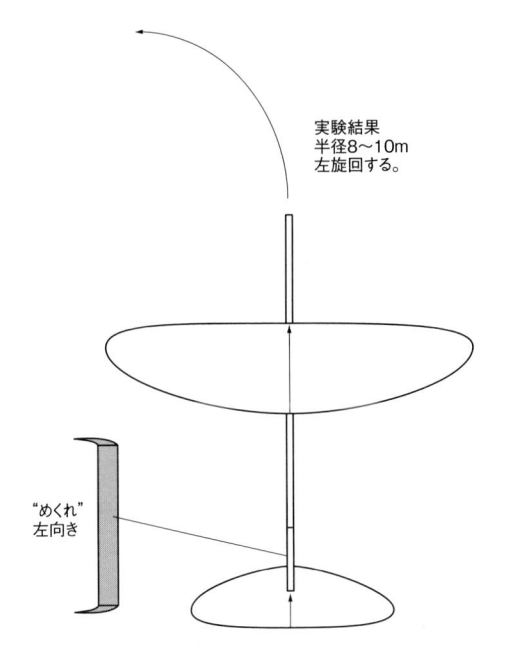

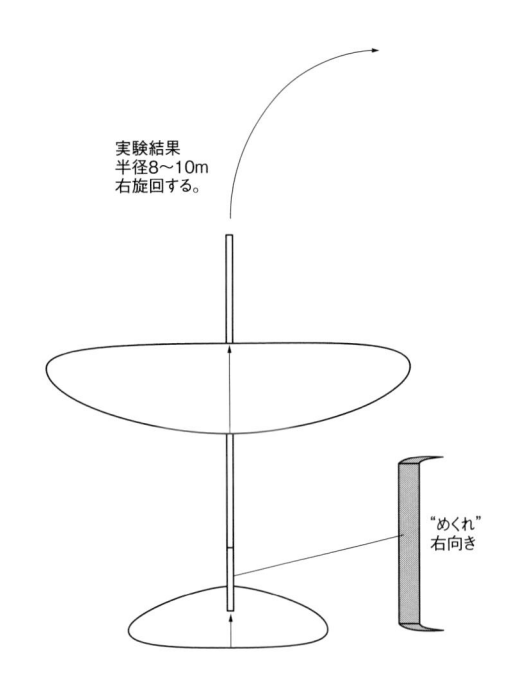

実験5　条件:垂直尾翼"めくれ"が左向き　　　　実験6　条件:垂直尾翼"めくれ"が右向き

実験結果
半径8〜10m
左旋回する。

"めくれ"
左向き

実験結果
半径8〜10m
右旋回する。

"めくれ"
右向き

図2-37　垂直尾翼の翼断面

　験を行なう。この際垂直尾翼の"めくれ"の方向を変えて、その影響を観察する。

　これらの結果を図2-37の実験5、6に示す。すなわち垂直尾翼の"めくれ"により機体が旋回するようになり、かつ"めくれ"の方向にともなって旋回の方向も変化する。

　以上の実験結果に見られるように、プレカットの"めくれ"は滞空性能および直線飛行に影響があることがわかった。これは、"めくれ"が揚力を生むことによるものであると思われる。

　ちなみに、私が設計したプレカット紙飛行機キットのうちホワイトウイングス・スカイカブⅡなどは"めくれ"の影響を考慮して
　Ⓐ主翼、水平尾翼の"めくれ"方向は正
　Ⓑ垂直尾翼の"めくれ"方向は左向き
としている*。ここでⒶは初心者が製作する場合、主翼キャンバーが不十分でも20秒程度の

滞空をさせるためである。またⒷは右利きの人が多いことを考慮したことによる。すなわち、機体を右手で右に傾けて持って発進させた場合、右の傾きが深くなって地面に激突することなく、次第に左旋回で上昇し長時間の滞空を得るためである。

　なお"めくれ"は必ずしも揚抗比を改善するものではないので、中、上級者がプレカットの機体を用いる場合は、指の爪の間に翼の前縁または後縁をはさむようにして"めくれ"をしごいて除いたあとで、正常なキャンバーをつけるのがよいと考える。

　またプレカットではなく紙飛行機の部品を切り抜く場合、私の経験では、ハサミを使ったときは"めくれ"はあまり生じないが、カッターで切る際には"めくれ"が生ずる場合があるので、上記と同様の考慮が必要である。

---

*　現在では商品の垂直尾翼は"ホワイトウイングス"マークが左側から見えるように必ずしも左向きになっていない。

2-2 試験飛行・操縦法(8)

　常識的には実物の飛行機やグライダーの操縦はむずかしいものと思われているようである。しかし機体姿勢の操縦の根幹となる原理は以下のように、たった1つであって簡単なものであると私は思っている。

　機体の姿勢変化（回転あるいは傾き）は、機体の重心を中心（支点）として行なわれる。重心を通る3つの直交する軸（図2-38のX、Y、Z軸）を設定すると、姿勢変化はこれらの軸まわりの回転（傾き）あるいはそれらの合成として考えることができる。

　軸まわりの回転（傾き）を作り出す回転力がモーメントであって、舵を曲げることによって新たに発生する揚力Fと、重心から舵までの距離をl（モーメント・アーム）とすると、回転力（モーメント）＝F×l　である（図2-39）。

　舵を曲げることによって発生する揚力Fについては、舵を曲げる方向と角度によって迎え角が変化して、図2-39の揚力Fの方向と大きさが変化する（図2-40）。実際の機体では舵を重心から遠い位置（lが大）に配置して、小さいF（Fを大きくするには舵を大きく動かすことになり、空気抵抗が大となる）でも必要なモーメントが生ずるようにしてある。図2-41にX、Y、Zの各軸のまわりの回転を発生させる3種類の舵の動きを示してある。

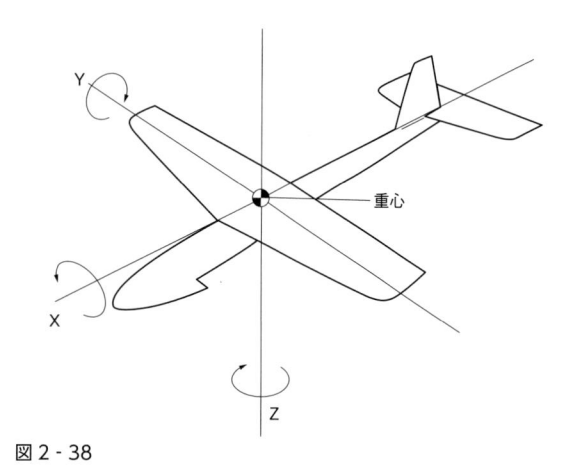

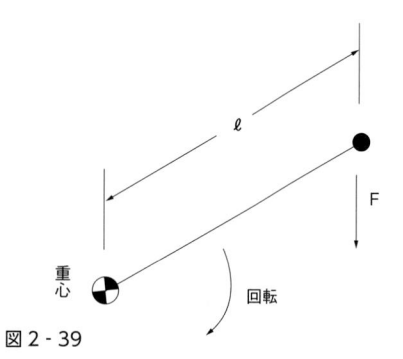

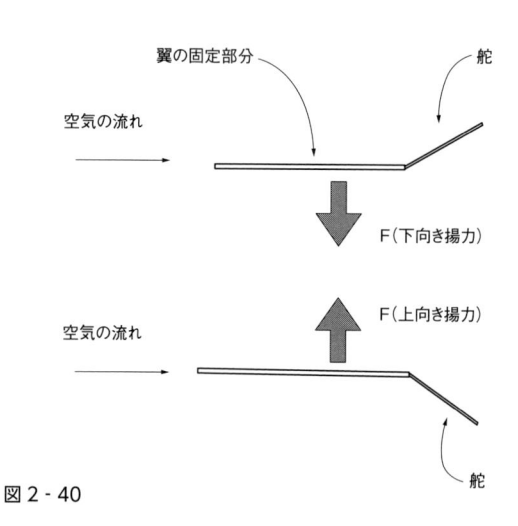

図2-38

図2-39

図2-40

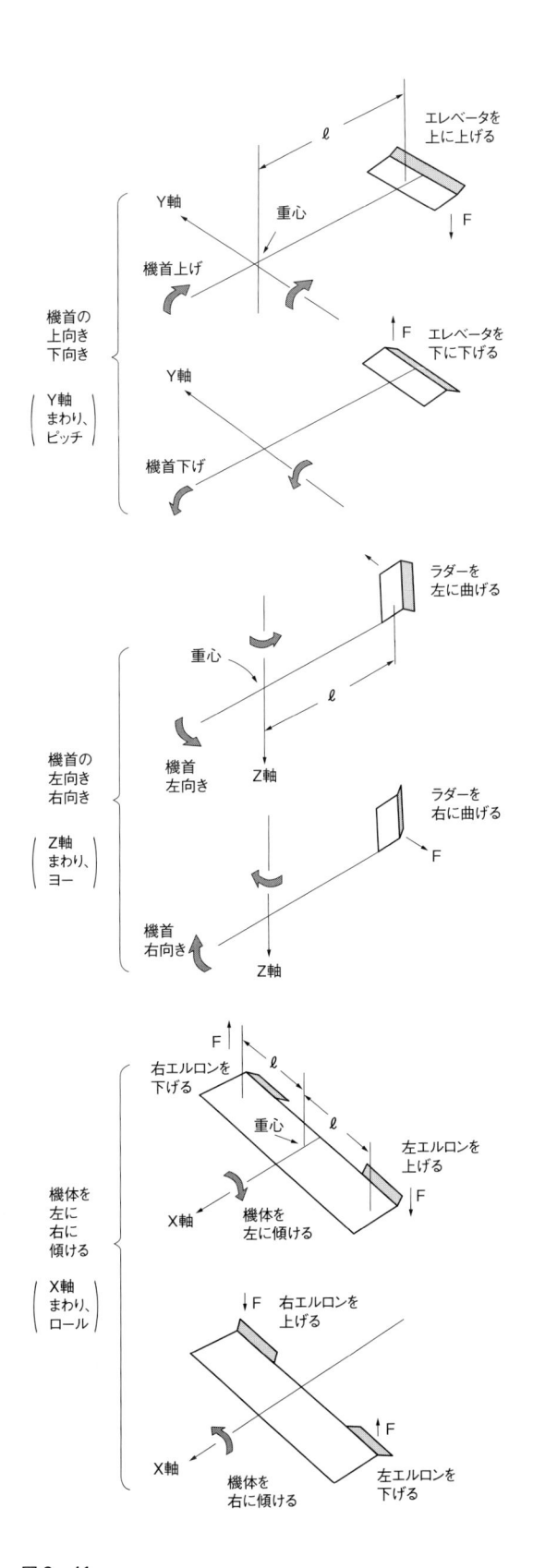

実物機の操縦

飛行中の機体の姿勢は重心を通る3つの軸（X、Y、Z軸）まわりに回転するように3種類の舵（通称「3舵」と言われる）が配置されていて、これを動かして操縦する（図2-42、図2-43）。なお飛行機の右側、左側はパイロットが操縦席に座った場合の右側、左側のことを言う。

表2-4はこれらをまとめたものである。

図2-41

表 2-4

機体の姿勢	軸まわり	舵の操作	パイロットの実物機の操縦
機首の上下（ピッチ／pitch）	Y軸まわり	昇降舵の上げ・下げ	操縦ハンドルを前後に動かす
機体の横の動き（ロール／roll）	X軸まわり	補助翼を左右逆に上げ・下げ	操縦ハンドルを左右に廻す
機首の左右（ヨー／yaw）	Z軸まわり	方向舵を左・右に曲げる	ペダルの左右を踏む

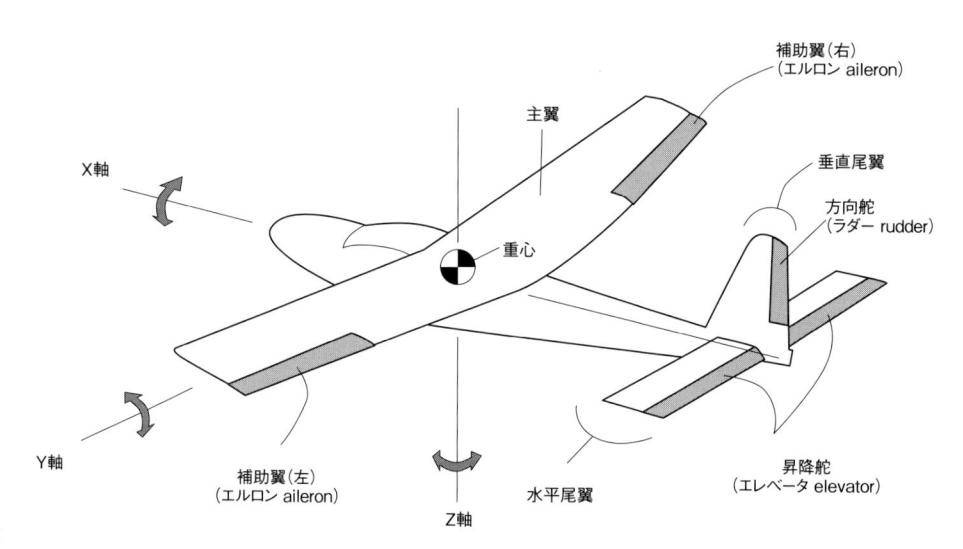

図 2-42

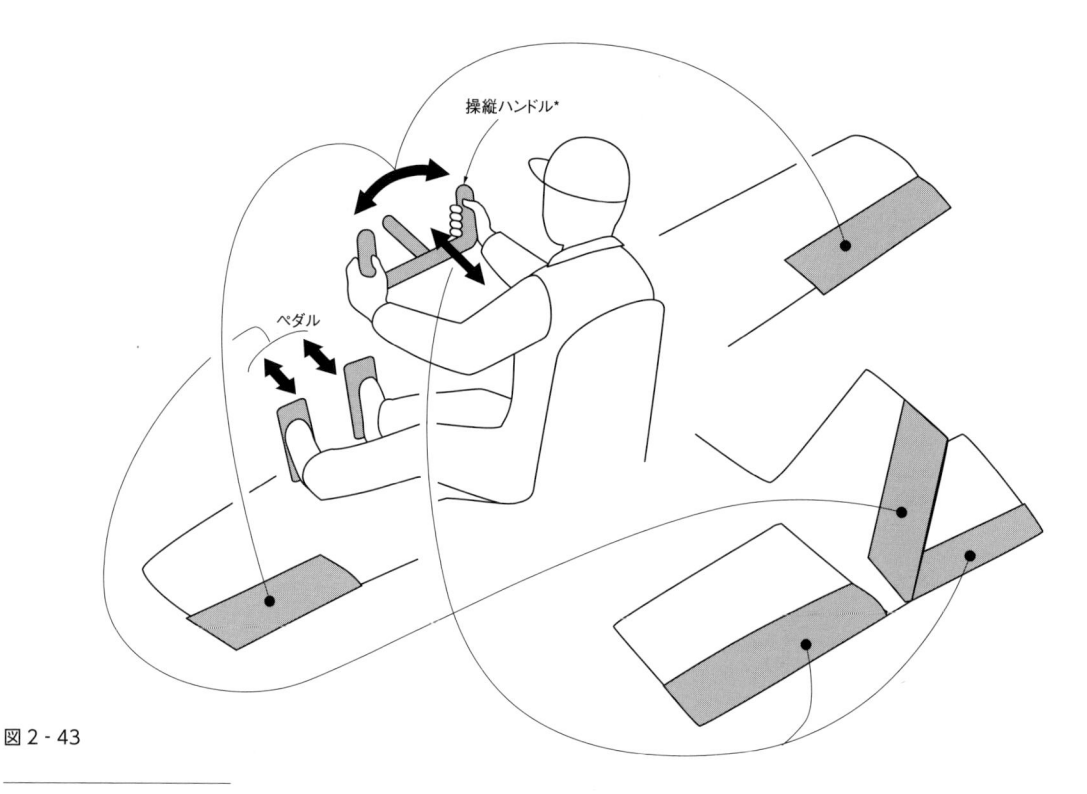

図 2-43

* 操縦桿と操縦ハンドルは形がちがうだけで同じ機能をもっている。
  すなわち前後に動かせばエレベータが動き、左右に動かせばエルロンが動く。

紙飛行機の操縦

紙飛行機の場合、実物機と姿勢操縦の原理は同じである。ただし実物機の昇降舵（エレベータ elevator）、方向舵（ラダー rudder）、補助翼（エルロン aileron）などの操縦用の舵面は、蝶つがいで動くようになっている。一方、紙飛行機ではその部分に切りこみを入れて動くようにすると翼の強度が下がるし、舵が動きすぎる欠点があるので、切りこみを入れずに、舵に相当する部分を指で軽く曲げて操縦（あるいは調整）をする（**図2-44**）。

紙飛行機を普通に飛ばす場合には機首の上下と、左右の旋回の操縦（調整）ができれば大体うまく飛ばすことができる（**図2-45**）。そうして

- 機首の上下は昇降舵（エレベータ）
- 左右の旋回は補助翼（エルロン）と方向舵（ラダー）の組み合わせ** で行なうことができる。これらを次ページ以降で具体的に説明する。

なお、「操縦」と「調整」とは、目的が異なるだけで機体の姿勢を変える原理は全く同じである。

ここで若干、余談になるが私はつぎのように見ている。すなわち紙飛行機の製作からフライトまでの全過程を100％と考えた場合、各過程の重要さは大まかにつぎのようになる。

機体製作 ＋ 操縦（調整）＝ 100％
　20～30％　　　70～80％

特に大切なことは、製作ではのりづけを完全にして丈夫な機体を作ることが大事。つぎに飛び方をよく観察して、舵の部分を適確に調整することが必要で、これをマスターすることが重要。

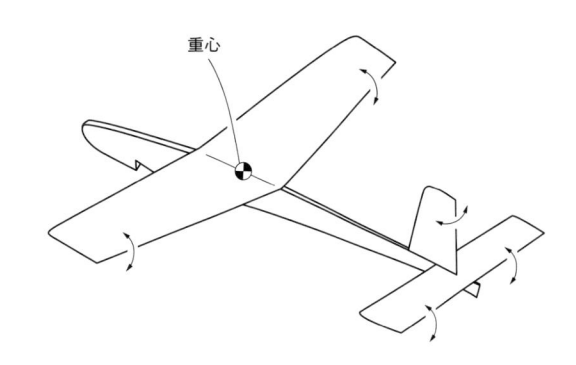

図2-44　ペーパーグライダーの3舵

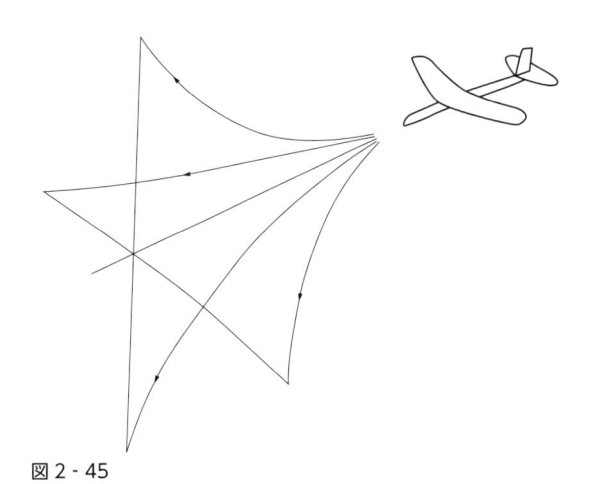

図2-45

** 紙飛行機に多く使われる揚力尾翼の場合は水平尾翼の傾きに伴う揚力の傾きによっても旋回させることができる。

普通型機の操縦法

　高く飛ばす場合、紙飛行機を旋回させた方が遠くへ行きにくいし、上昇気流にのりやすい。

　紙飛行機を旋回させたり、機首の上下を調節する方法は、試験飛行の際の機体の調整法と全く同じである。すなわち紙飛行機を旋回させる場合、図2-46のように主翼端の後ろへり（補助翼）と、垂直尾翼の後ろへり（方向舵）を曲げてやればよい。

　機首の上げ下げは、図2-47のように水平尾翼で操縦する。

　旋回させるための別の方法として、主翼と垂直尾翼の後ろへりを曲げる代わりに、水平尾翼を傾ける方法もある。大部分の紙飛行機は水平尾翼に揚力が発生するような設計にしてあるので、例えば水平尾翼を右に傾けると、図2-48のように横向きの右方向への力が発生して、機首を左へ旋回させるようになる。

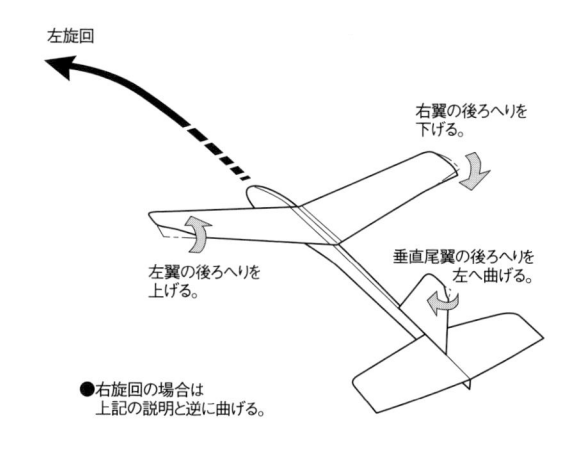

図2-46

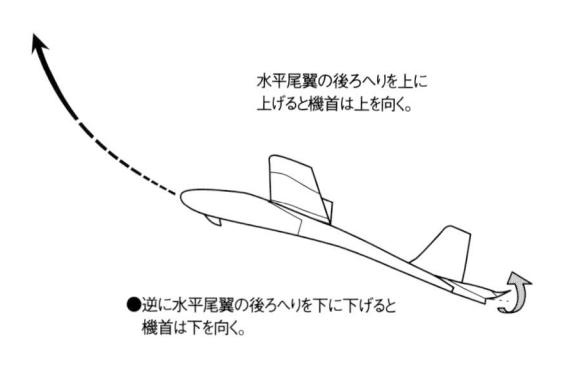

図2-47

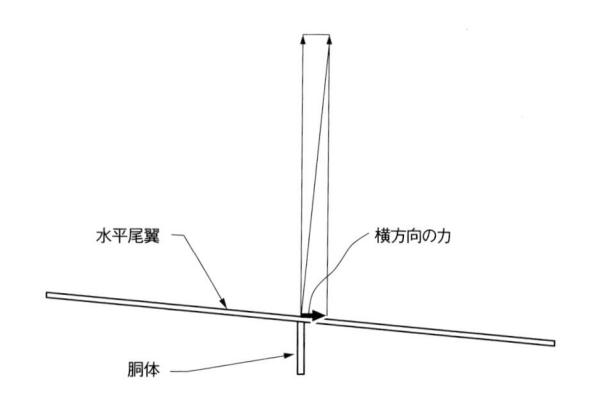

図2-48

普通型機の試験飛行

　試験飛行は風の静かなときを選んでする。もし少しでも風があれば、正しく風に向かって投げるようにする。室内でテストするときはカーテンに向かって投げるのがよい。

　試験飛行では、飛行機を上に向けて投げずに、普通に滑空するときと同じように、水平か、わずかに下に向けて、前方にそっと投げて滑空させる（図2-49）。

　実際の試験飛行では、**第1段目**に、飛行機が左右に曲がらずに飛ぶかどうかをテストして、まっすぐに飛ぶように調整する。紙飛行機がまっすぐ飛ばないのは、必ず機体のどこかが曲がったり、ねじれたりしているのが原因だから、機体をよく調べて注意深く直す。それでも左右のどちらかに曲がるようなら、図2-50の説明にしたがって飛行機がまっすぐ飛ぶように修正する。

　試験飛行の**第2段目**は、飛行機が機首を上げて失速したり、逆に機首を下げてつっこんだりせずに滑らかに滑空するように、図2-51の説明にしたがって水平尾翼を調整することである。

　必ず**第1段目**の調整が完全にできてから、**第2段目**に進むこと。この順序をまもらないと、正しい調整はできない。

　試験飛行の調整が完了したら、あとは翼には手を触れてはいけない。機体を持つときは一番丈夫な機首を持つこと（図2-52）。

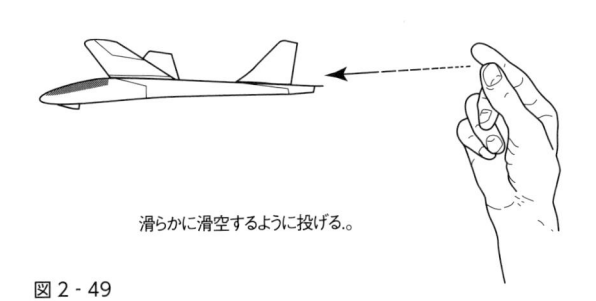

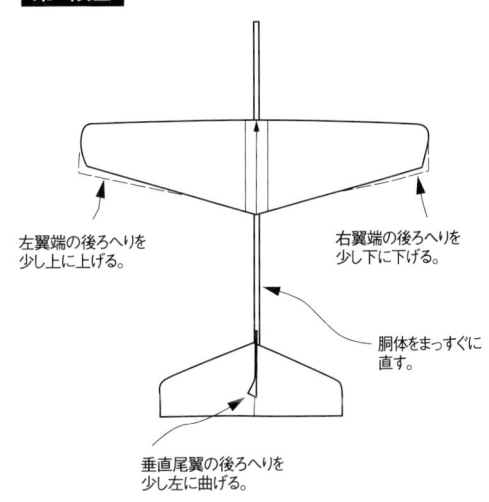

図2-50　飛行機が右に曲がるときの直し方（左に曲がるときには逆にする）

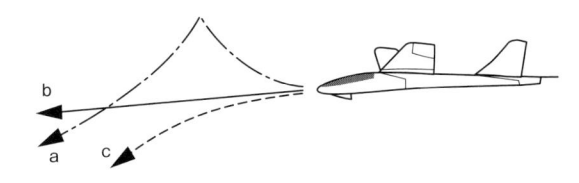

a……水平尾翼の後ろへりを少し下に曲げる。
b……適正。
c……水平尾翼の後ろへりを少し上に曲げる。

図2-51　機首の上向き、下向きの調整

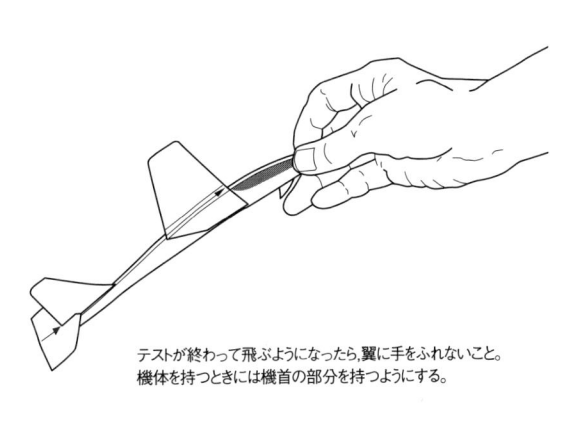

図2-49

図2-52

先尾翼機の操縦法

- 旋回

　先尾翼の紙飛行機を旋回させる場合、図2 - 53のように主翼の後ろへりと、垂直尾翼の後ろへりを曲げてやればよい。

- 旋回の別の方法*

　先尾翼機は、主翼に対して、前翼を傾けただけで旋回させることもできるので（図2 - 54）、この方法を利用してもよい（前翼が傾けにくいときは、前翼はそのままとして、主翼の方を逆に傾けても同様に旋回させることができる）。

- 機首の上、下

　機首の上、下は図2 - 55のように前翼で操縦する。

---

* 1977年に世界で初めて8字飛行に成功した人力機"ゴッサマー・コンドル"機に、この旋回方法が使われていた。

先尾翼機の試験飛行

　試験飛行は、風の静かなときを選んでする。もし、少しでも風があれば、正しく風に向かって投げるようにする。室内でテストするときは、カーテンに向かって投げるのがよい。

　試験飛行では、飛行機を上に向けて投げずに、普通に滑空するときと同じように、水平か、わずかに下に向けて、前方にそっと投げて滑空させて、その飛び方をよく観察して、機体を調整する（図2 - 56）。

　試験飛行の際の機体の調整法は、紙飛行機の操縦法を基礎としたものであるから、前述の操縦法を十分に理解した上で試験飛行にとりかかるのがよい。

　実際の試験飛行では、**第1段目**に、飛行機が左右に曲がらずに飛ぶかどうかをテストして、まっすぐに飛ぶように調整する。紙飛行機がまっすぐ飛ばないのは、必ず機体のどこかが曲が

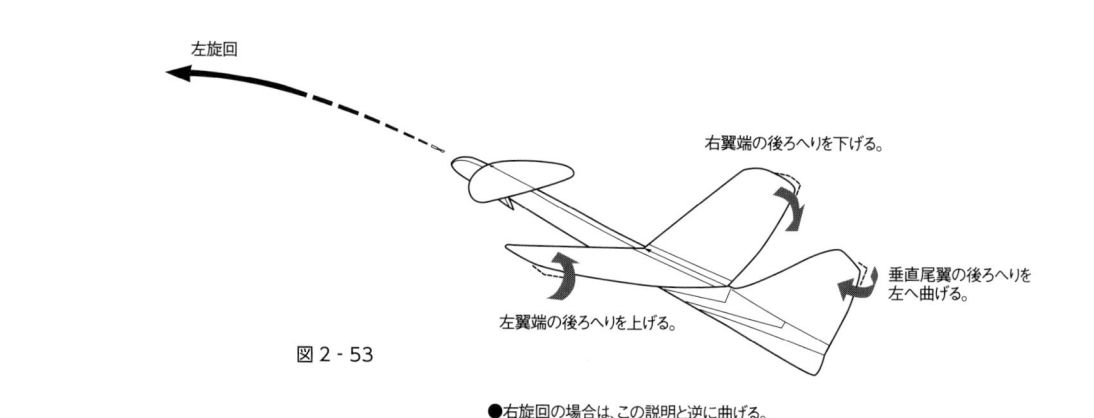

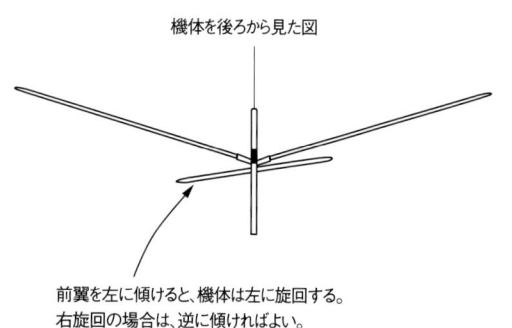

図2 - 53

● 右旋回の場合は、この説明と逆に曲げる。

図2 - 54

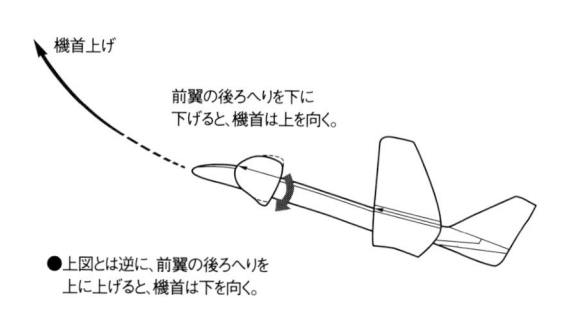

図2 - 55

● 上図とは逆に、前翼の後ろへりを上に上げると、機首は下を向く。

ったり、ねじれたりしているのが原因だから、機体をよく調べて注意深く直す。それでも左右のどちらかに曲がるなら、図2-57の説明にしたがって、飛行機がまっすぐ飛ぶように修正する。

試験飛行の**第2段目**は、飛行機が機首を上げて失速したり、逆に機首を下げてつっこんだりせずに滑らかに滑空するように、図2-58の説明にしたがって、前翼を調整することである。

必ず**第1段目**の調整が完全にできてから、**第2段目**に進むこと。この順序をまもらないと、正しい調整はできない。

試験飛行の調整が完了したら、あとは翼には手をふれてはいけない。機体を持つときは一番丈夫な機首を持つこと（図2-59）。

滑らかに滑空するように投げる。

図2-56

第1段目

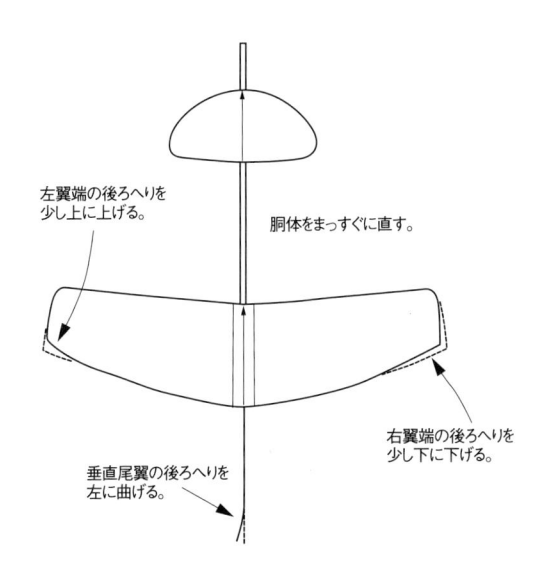

左翼端の後ろへりを少し上に上げる。
胴体をまっすぐに直す。
右翼端の後ろへりを少し下に下げる。
垂直尾翼の後ろへりを左に曲げる。

図2-57　飛行機が右に曲がるときの直し方（左に曲がるときには逆にする）

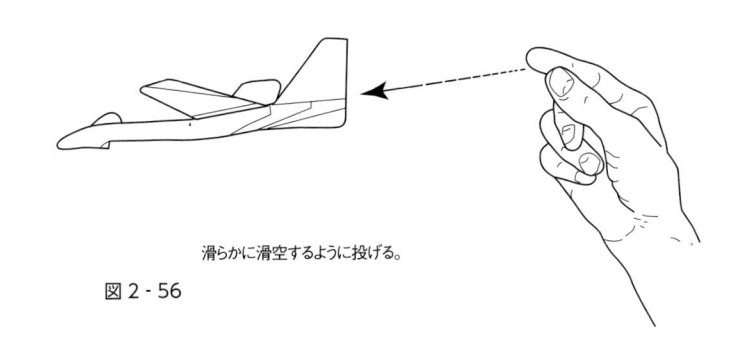

第2段目

a……前翼の後ろへりを少し上に上げる。
b……適正。
c……前翼の後ろへりを少し下に下げる。

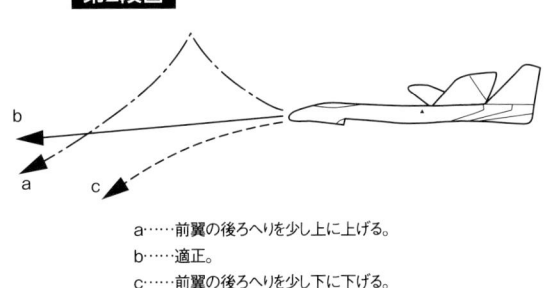

図2-58　機首の上向き、下向きの調整

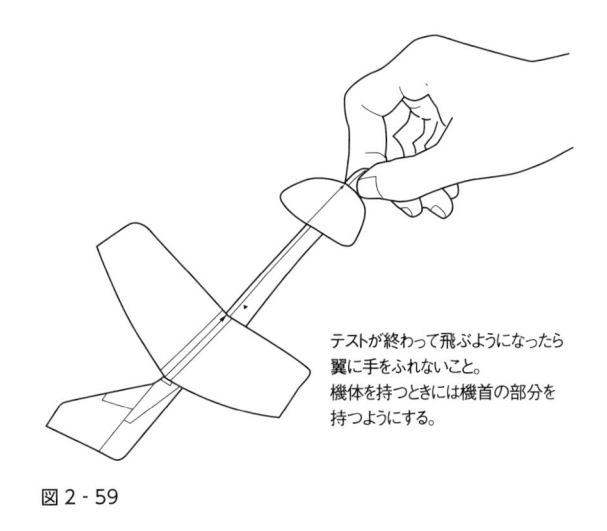

テストが終わって飛ぶようになったら翼に手をふれないこと。
機体を持つときには機首の部分を持つようにする。

図2-59

無尾翼機の操縦法

- 旋回

　無尾翼の紙飛行機を旋回させる場合、図2-60のように主翼の後ろへりと、垂直尾翼の後ろへりを曲げてやればよい。

- 機首の上、下

　機首の上、下は、図2-61のように主翼の後ろへりの上げ方を、左右とも同じ量だけふやし、または、へらして操縦する。

左旋回

垂直尾翼の後ろへりを左へ曲げる。

右翼端の後ろへりの上げ方をへらす。

●右旋回の場合は、この説明と逆に曲げる。

左翼端の後ろへりの上げ方をふやす。

垂直尾翼の後ろへりを左へ曲げる。

図2-60

機首上げ

主翼の後ろへりの上げ方を左、右とも同じ量だけふやす。

●図とは逆に、主翼の後ろへりの上げ方を左、右とも同じ量だけへらすと、機首は下を向く。

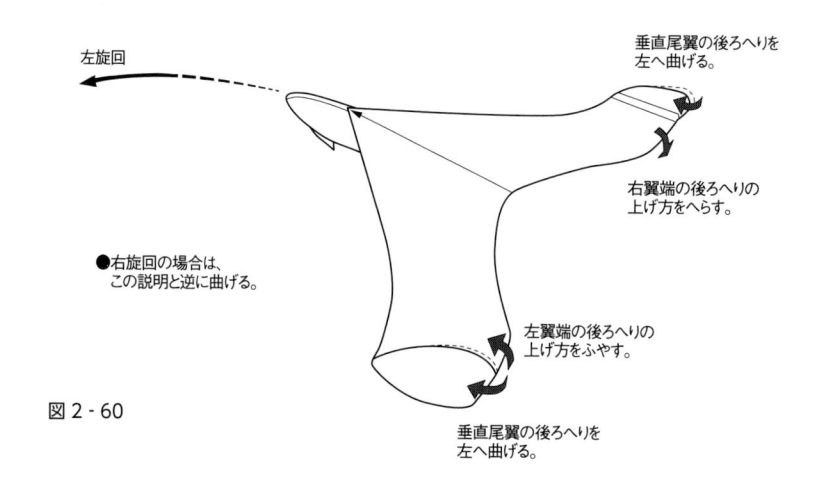

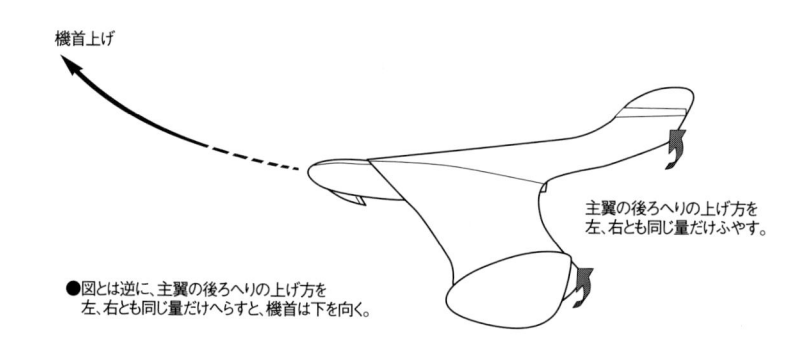

図2-61

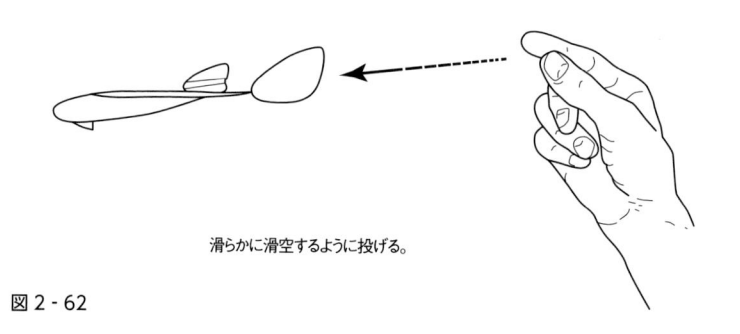

滑らかに滑空するように投げる。

図2-62

無尾翼機の試験飛行

　試験飛行は、風の静かなときを選んでする。もし、少しでも風があれば、正しく風に向かって投げるようにする。室内でテストするときは、カーテンに向かって投げるのがよい。

　試験飛行では、飛行機を上に向けて投げずに、普通に滑空するときと同じように、水平か、わずかに下に向けて、前方にそっと投げて滑空させて（図2-62）、その飛び方をよく観察して、機体を調整する。

　試験飛行の際の機体の調整法は、紙飛行機の操縦法を基礎としたものであるから、前ページの操縦法を十分に理解した上で試験飛行にとりかかるのがよい。

　実際の試験飛行では、**第1段目**に、飛行機が左右に曲がらずに飛ぶかどうかをテストして、まっすぐに飛ぶように調整する。紙飛行機がまっすぐ飛ばないのは、必ず機体のどこかが曲がったり、ねじれたりしているのが原因だから、機体をよく調べて注意深く直す。それでも左右のどちらかに曲がるなら、図2-63の説明にしたがって、飛行機がまっすぐ飛ぶように修正する。

　試験飛行の**第2段目**は、飛行機が機首を上げて失速したり、逆に機首を下げてつっこんだりせずに滑らかに滑空するように、図2-64の説明にしたがって、主翼の翼端の後ろへりを調整することである。

　必ず**第1段目**の調整が完全にできてから、**第2段目**に進むこと。この順序をまもらないと、正しい調整はできない。

　なおこの無尾翼機の操縦法と試験飛行の方法はデルタ翼機にもそのまま適用できる。

　試験飛行の調整が完了したら、あとは翼には手を触れてはいけない。機体を持つときは一番丈夫な機首を持つこと（図2-65）。

第1段目

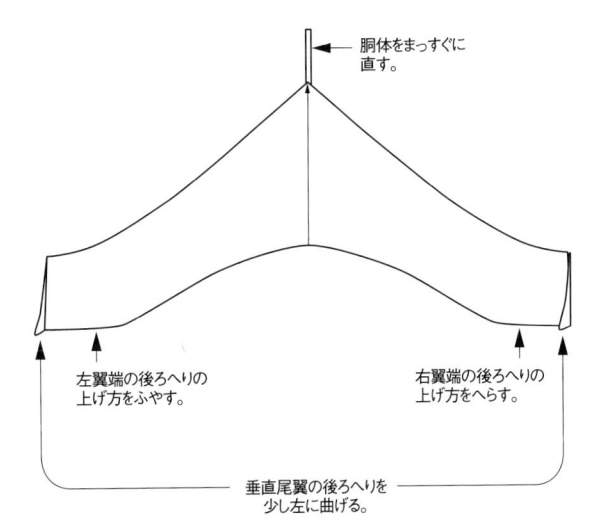

図2-63　飛行機が右に曲がるときの直し方（左に曲がるときには逆にする）

第2段目

a……主翼の翼端の後ろへりの上げ方を両翼端とも同じ量だけへらす。
b……適正。
c……主翼の翼端の後ろへりの上げ方を両翼端とも同じ量だけふやす。

図2-64　機首の上向き、下向きの調整

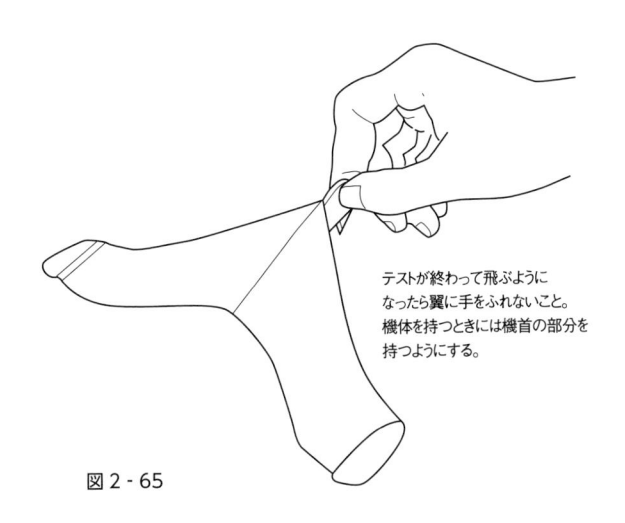

図2-65

2-3 飛ばし方

　試験飛行が終わったら、広い場所で飛ばそう。機体がこわれないように、硬い地面やコンクリート舗装の場所ではなく、できれば短い草の生えた広場が好都合。広場に着いたら、まず、風の方向を調べる。顔に当たる風の方向あるいは草を少しちぎって投げてみるか、近くの旗、煙突の煙の方向を見るとよい（図2-66）。

　紙飛行機は風に流されながら飛ぶので、広場の外へ飛び出さないように、広場の風上の位置から飛ばすようにする（図2-67）。1回飛ばしたら、必ずもとの風上の位置にもどって飛ばすように、いつも気をつけること。

　風の強いときは、飛行に適さない。強風の場合、ビルや校舎などの大きな建物の付近では、乱気流が発生しやすく、紙飛行機はうまく飛ばないので、風の弱い日を選ぶようにする（図2-68）。

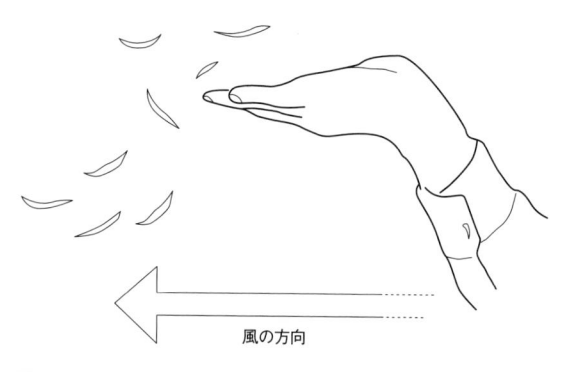

図2-66　風の方向を見る

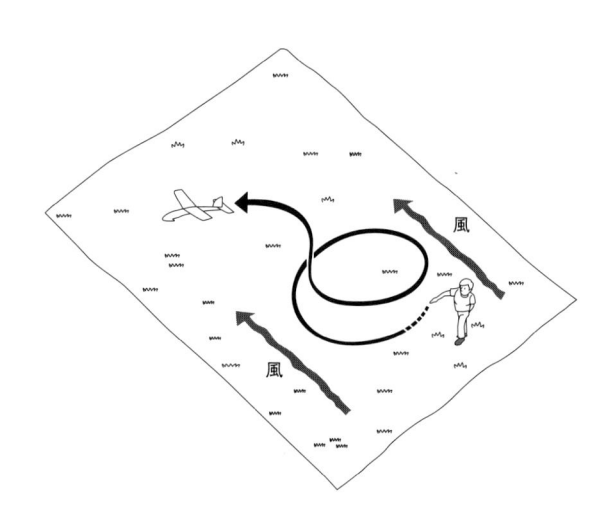

図2-67　出発点は広場の風上から

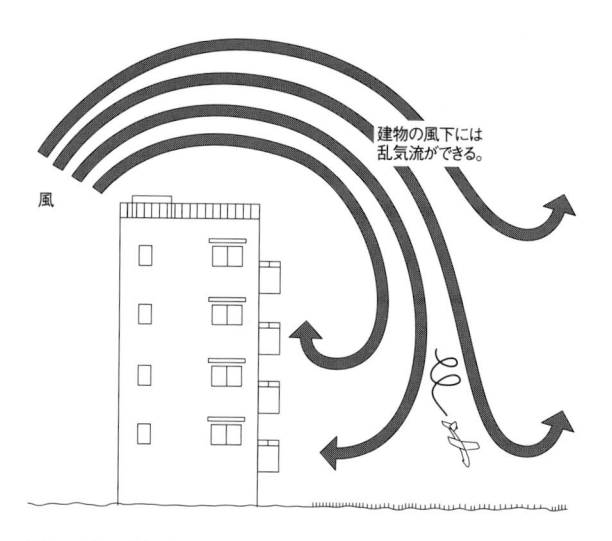

図2-68　乱気流は避ける

手投げ（ハンドランチ）

　高く投げ上げるときの機体の持ち方は、図2-69（a）のように胴体を持ってもよいし、また、同図（b）のように2本の指を主翼の後ろへりにかけて持つこともできる。飛ばす人にもよるが、1本の指を主翼の根元の後ろへりにかける方が、力が入りやすいという人も少なくない。ハンドランチのベテランは指1本（ひとさしゆび）を主翼付け根の後縁にかけるやり方をする人が多い。どれでも自分の飛ばしやすい方法を選ぶこと。

　飛行機を水平に持って、まっすぐ前上に投げ上げると、宙返りをしてまた地上に降りてくるので、高度をとって滑空させることはむずかしい。

　このため、投げるときに、図2-70のように機体を60～90°くらい横に傾けて持って投げ上げるようにする。そうすると、飛行機は旋回しながら高度をとり、しだいに水平になってうまく滑空に入る。それでも飛行機が宙返りしやすいときは、水平尾翼の後ろへりをわずかに下げてやれば、この傾向を少なくすることができる。

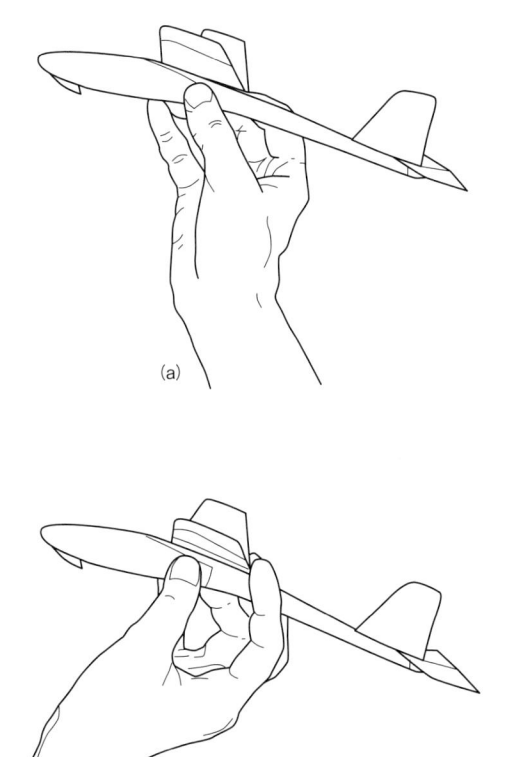

図2-69　ハンドランチの持ち方

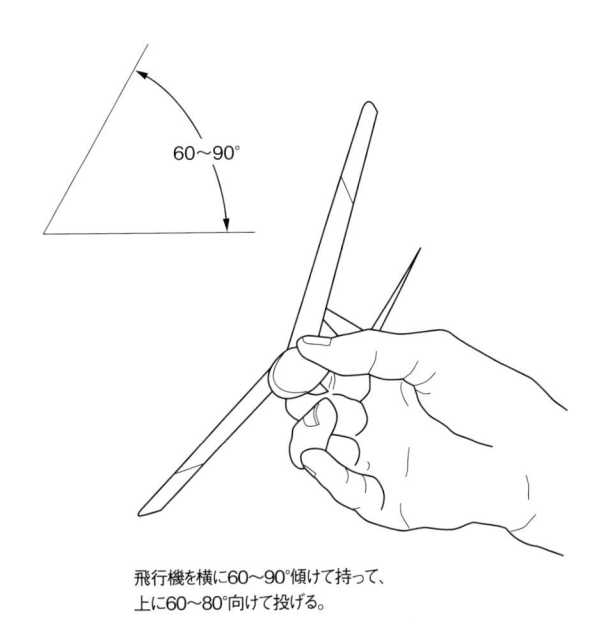

飛行機を横に60～90°傾けて持って、上に60～80°向けて投げる。

図2-70

ゴムカタパルトで飛ばす

　ゴムカタパルトを使えば、高く長く紙飛行機を飛ばすことができる。ゴムカタパルトのよい点は、手投げよりも発進時の機体の姿勢を正しく保つことができる点である。また、腕力の弱い低年齢の子供あるいは高齢の方にも向いている。ゴムカタパルトは、**図2-71**のように10〜12cmの木の棒か、あるいは鉛筆の端に浅い溝をつけて、ゴム動力模型飛行機用の約1.3mm角（20番）の糸ゴム約1mを2重の輪にしてくくりつけて作る。飛ばす場所が十分に広くないとか、近くに人がいて危険のおそれがある場合には、ゴムを弱く、長さ0.5mの輪1つにとどめること。

　ゴムカタパルトによる射出では、まず、フックにゴムをかけ、胴体を指の先端でしっかりとつまむ。指の中ほどまで使って深くつかむと、無意識に胴体を曲げてしまったり、射出のときに指が水平尾翼にぶつかって機体をこわしてしまったりするおそれがあるので、あくまでも指の先端でつまむこと。

　原っぱで紙飛行機のフックにゴムをかけるのに手間どっている方を見かける。私はいつも**図2-72**の方法をとっているのでご参考までに説明する。すなわち**同図（a）**に見られるように、ゴム輪の先端に直径1〜2cmくらいの輪を作って（このときはカタパルト棒は手から離しておく）、この輪をフックにかける。つぎに**同図（b）**のようにフックからゴムがはずれないように、ある程度引っぱり（テンション）をかけながら手をすべらせて、ゴムカタパルト棒をしっかりつかむというやり方である。

　つぎにゴムを弱めに引いて、飛行機の飛び方をよく観察し、調整と飛行を繰り返して、次第にゴムの引き方を強くしていき、順調に飛行するようにする。この順序を踏まないで、調整のできていない飛行機を最初から強くゴムを引いて飛ばすと、予想しない方向に飛んで人に当たることもあり危険である。

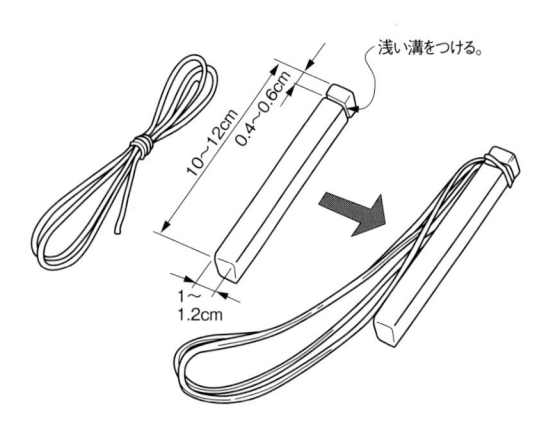

図2-71　ゴムカタパルト

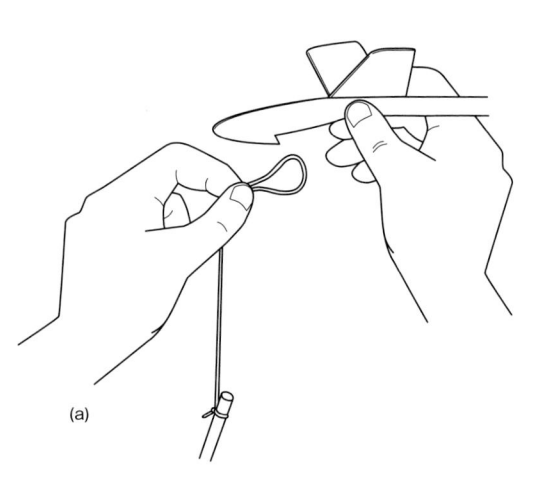

図2-72　カタパルトのゴムをフックにかける

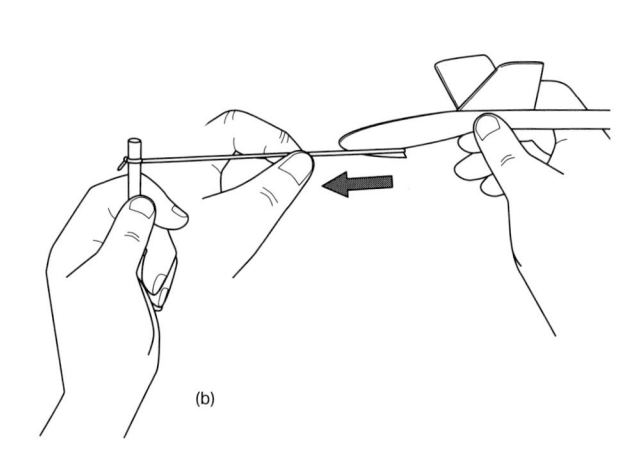

調整ができてからでも、ゴムを強く引きすぎると機体が高速になりすぎて、翼が「ブルッ」と振動する音が出ることがある。これは、「フラッター（flutter）」と言い、実物飛行機では空中分解寸前の状態であるから、このときはゴムをややゆるめて発進させるようにする。

ゴムカタパルトで飛ばす際の腕ののばし方は、図2-73のように左右の両腕をまっすぐ前にのばして、ゴムを十分に引いてからななめ上に飛ばす。弓を引くときのように片方の腕を曲げると、ゴムがのびないので飛行機はあまり飛ばない。

ゴムカタパルトで機体を射出した直後の宙返りを防ぐためには、図2-74のように機体を60～90°くらい横に傾けて発進させるようにする。また、水平尾翼の後ろへりをわずかに下げてやることも宙返りを防ぐ効果がある。このようにして、機体を上に60～80°向けて射出する。

繰り返しの説明になるが、ハンドランチ、ゴムカタパルト射出の何れの場合も、空に向けて発進させる場合には、機体を右、左、何れかに60～90°横に傾けて発進させること。これが宙返りを防ぶ飛ばし方である。

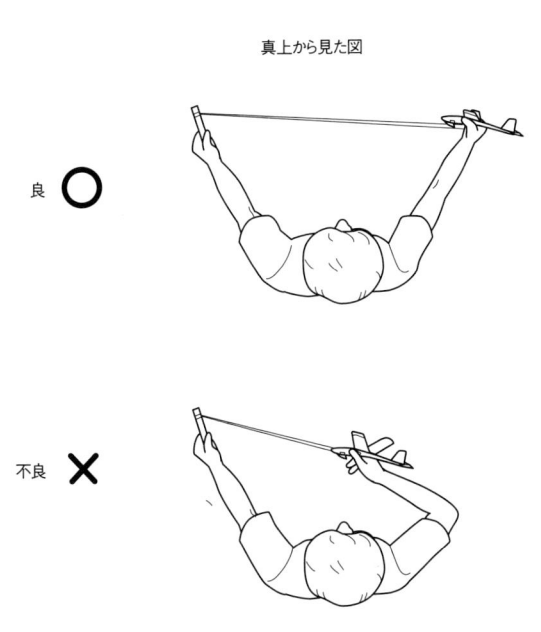

図2-73　機体の持ち方

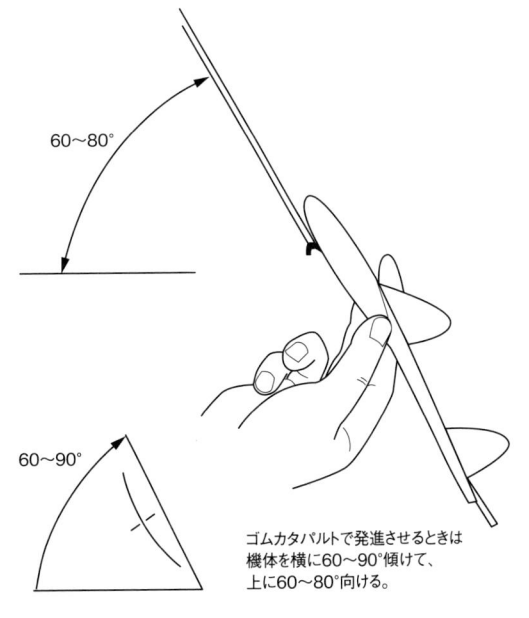

図2-74　機体を傾けて発進させる

風の弱い場合　風　　　　　　　　　風の強い場合　　　　　　風

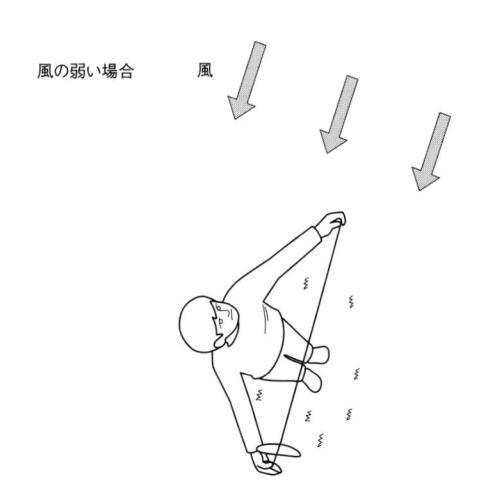

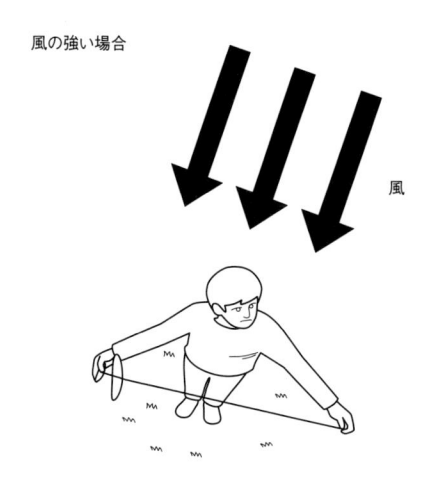

図2-75　強風時には風を背中から受けるように射出する。

　手投げの場合も、ゴムカタパルト発進の場合も、一般に、機体を風に向かって発進させた方が高く上昇させることができるので、風が弱い場合（秒速3m以下）は、機体を風上に向けて発進させるのがよい。しかし、ゴムカタパルト発進の場合は、風が強い（秒速3m以上）と、機体が風に押されてゴムカタパルトの棒や手に当たって怪我をすることがあるので、強風時に飛ばすときは、風を背中から受けるような方向（すなわち主翼の下面から風が当たるように）に飛ばすのが安全である（図2-75）。

　飛行機を横に傾けて射出するときに、たとえば右旋回しやすい機体を右の翼が下になるように持って（図2-76（a））発進させると、機体がますます傾いて地面につっこんでしまうことがある。このようなときは、正しくは主翼のエルロンと垂直尾翼のラダーの部分を少し曲げて修正すればよい。ただし簡単な方法としては、機体を修正せずに逆に左の翼が下になるように機体とゴムカタパルトを同図（b）のように持ち替えて飛ばしてみるとよい。多くの場合よい結果が得られる。

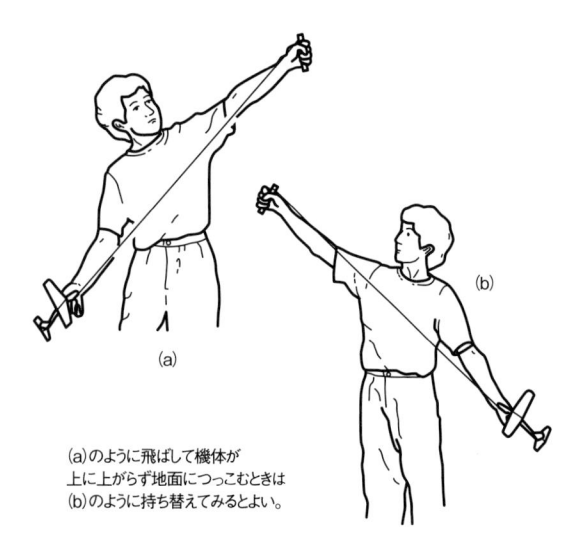

(a)のように飛ばして機体が
上に上がらず地面につっこむときは
(b)のように持ち替えてみるとよい。

図2-76　機体を持ち替えてみる

広い場所があれば、**図2-77**のように飛ばす。すなわち、あらかじめ機体を少し左旋回するように主翼と尾翼を調整しておき、つぎに右手で機体を右に傾けて持って投げ上げる（ゴム射出をする）。そうすると、機体は右に旋回しながら上昇して、高度をとり、つぎにゆるく左旋回しながら滑空に入る。調整がよければ、15～20秒以上滑空させることができる（左利きの方は機体の持ち方、旋回方向は上記の逆にする）。

上述のように、重さの軽い（翼面荷重の小さい）紙飛行機では、長時間飛ばすには、右旋回上昇から左旋回滑空（あるいはこの逆でもよい）という風に、上昇と滑空で逆方向の旋回をさせるのが普通である。しかし、実物をモデルにした機体によくあるように、機体が重たい（翼面荷重の大きい）紙飛行機では、右から左へ旋回方向が変わる時点で速度が落ちて失速すると、大きく高度を失うので、**図2-78**のように、右旋回上昇から右旋回滑空（あるいはこの逆）という風に、上昇と滑空を同じ方向で飛ばすようにすると順調に飛行させることができる。

特に、ジェット機などの後退翼の機体は、翼端失速を起こして、キリモミに入りやすい。上記の説明にしたがって、機体の発進から着陸までの全経路にわたって、失速しないように飛行させることが上手に飛ばす方法である（後退翼機が翼端失速を起こしやすいのは、後退翼の特性であって、機体が悪いわけではない）。

上述のように紙飛行機の飛ばし方は特別の場合を除いて右旋回上昇、左旋回滑空（この逆もある）が基本であるが、競技会などでは、高く上昇させるために垂直上昇が多く行なわれている。この方法を最初に発見されたのは私の知る限り黒田保氏（1947～）で、1984年頃に同氏から公表された。また1996年には高崎浩一氏（1970～）が垂直直線上昇と、その後の定常滑

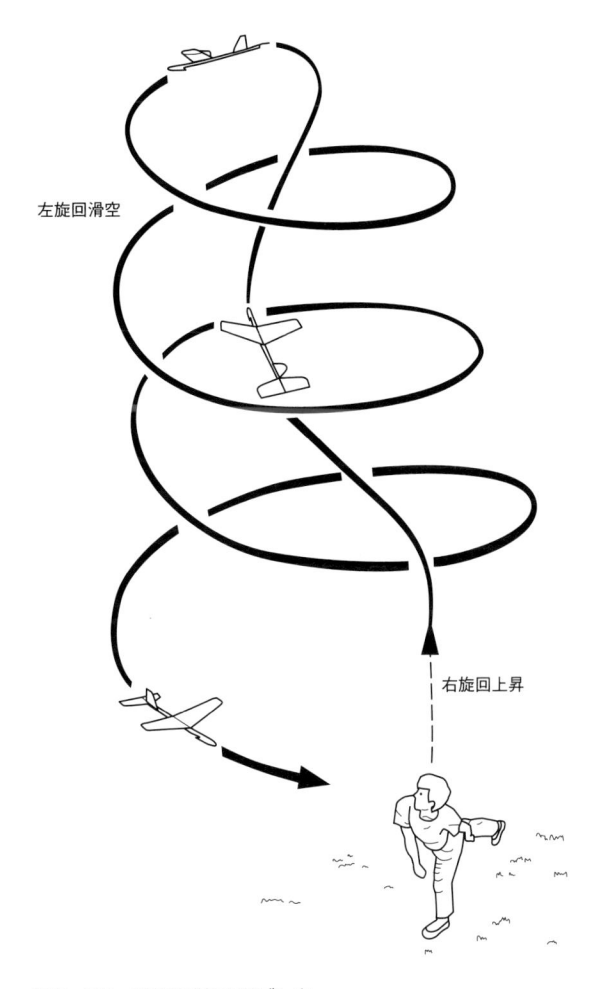

図2-77 普通の機体の飛ばし方

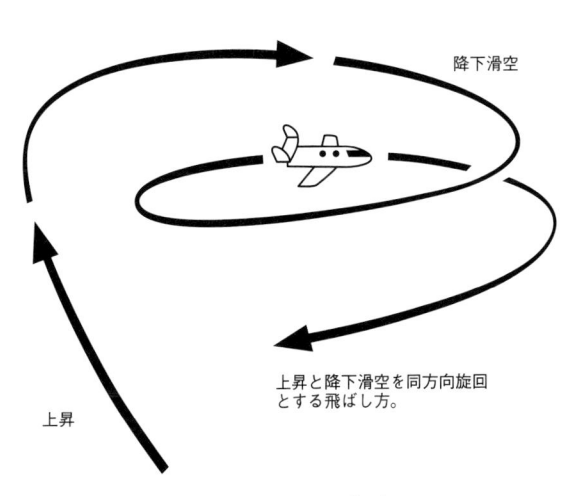

図2-78 翼面荷重の大きい機体の飛ばし方

空が飛行中に水平尾翼を調整することなしに両立することを、前述の岡本正人氏の風洞実験結果にもとづいて理論的に説明しておられる[5]。

以上説明したようにペーパーグライダーの飛ばし方にはつぎの3つの方法がある。
① 上昇旋回と滑空旋回を同じ方向にする。
② 上昇旋回と滑空旋回を逆方向にする。
③ 上昇旋回させずに垂直上昇させて滑空旋回に入れる。

初めての機種の機体を飛ばす場合、①が最も飛ばしやすい方法で、多分どの機体でも成功するが、高く上昇させるのはあまり期待できない場合が多い。②は翼面荷重の小さい競技用機などに適している。③は高く上昇させることができるけれども、頂点で滑空に入ることなく落下する機種も少なくない。

従って初めて飛ばす機種では、まず①から始めて、つぎに②の方法で飛ばし、③の方法も試してみる。それで成功すればよいが、③に適さない場合には②あるいは①にもどってその方法で最高の滞空性能が得られるように努力することをおすすめする。垂直上昇用という表示のない一般の紙飛行機を最初に③から試す人を見かけるが、あまり適切な順序とは思えない。

またゴムカタパルトを引く強さについても若干変えてみて、自分の機体に適した強さを見出すことも大切と私は思う。

上昇気流にのせるには

多くの紙飛行機では、30～40秒以上滞空させるには、上昇気流を利用しなければならな

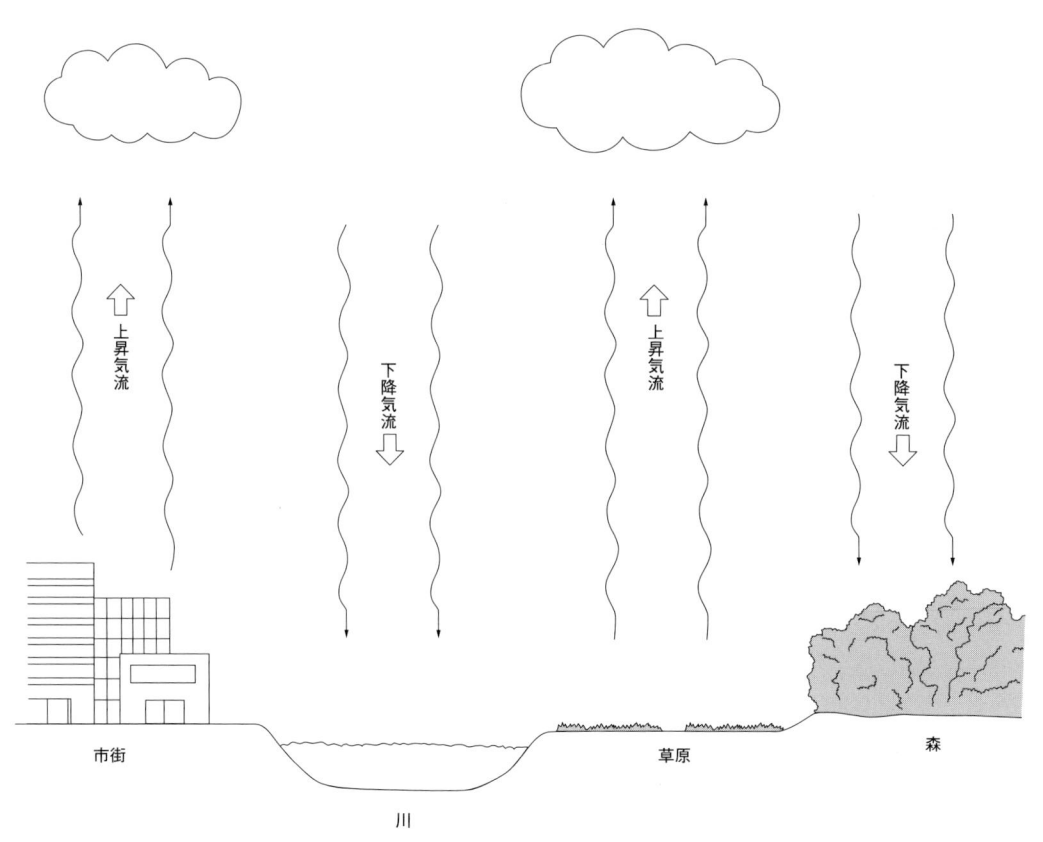

図2-79 サーマルの強い場所

い。上昇気流には斜面上昇気流と、熱上昇気流（サーマルthermal）とがあるが、紙飛行機には後者が利用しやすい。熱上昇気流は、太陽熱で地面が熱せられて発生する上昇気流で、市街地・砂原・短い草が生えている草原に発生しやすいが、湖・川・森などは熱せられにくく、むしろ下降気流ができる（図2-79）。したがって紙飛行機では、草原やコンクリート舗装された広場などの熱上昇気流を利用するのがよい。

紙飛行機をうまく熱上昇気流にのせるには、できるだけ高く投げ上げ、旋回しながら滑空するように調整する。熱上昇気流は、熱せられた地面から、眼には見えないが、図2-80のように気泡になって上昇していくと言われている。したがって飛行機を高く投げ上げて旋回させると、この気泡の中に入って、しかも、その中に長く入っていられるチャンスが増すのである。翼面荷重の小さい競技用機は上手に調整し、上昇気流にのせれば、すべて1分以上飛ばすことも期待できる。

紙飛行機にとって、熱上昇気流を利用するのに一番よい時間帯は、風の弱い晴天の日の午前9時～12時の間である。熱上昇気流は日中、太陽が照って地面の温度が高くなる午前9時～午後3時の間に強くなるが、一番強くなる午後になると、地表面にそって吹く風も強くなり、紙飛行機の飛行には不適当になる場合が多い（図2-81）。ただし、気圧配置によっては、必ずしもこの説明通りにいかないことも多いので、あきらめずに機会をねらうこと。

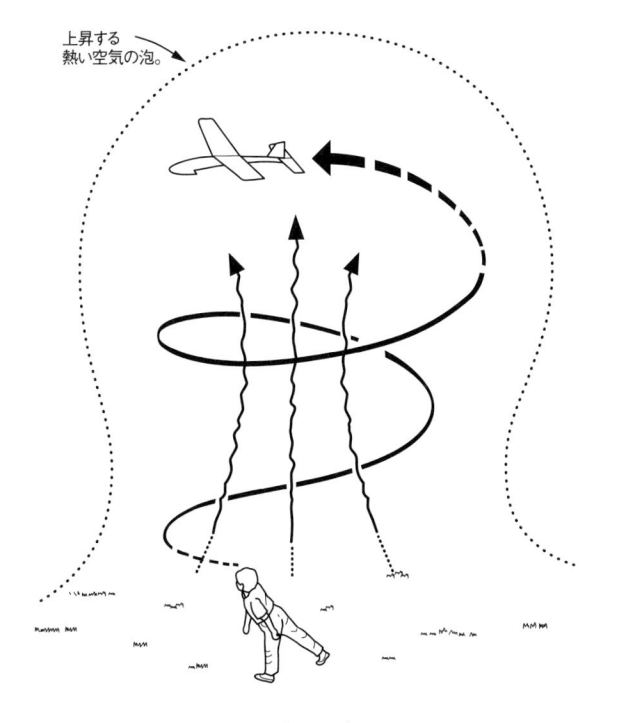

図2-80 サーマルの気泡の中で飛ぶ

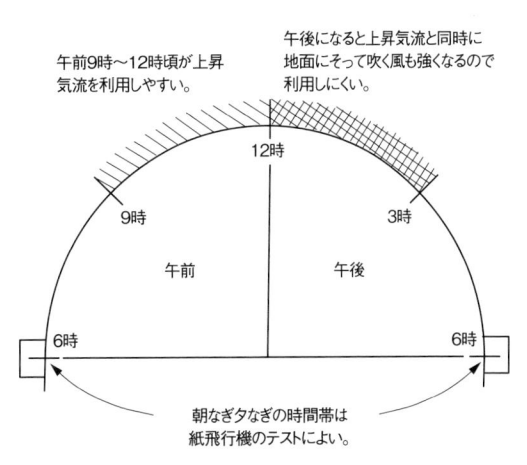

図2-81 サーマルの発生しやすい時間帯

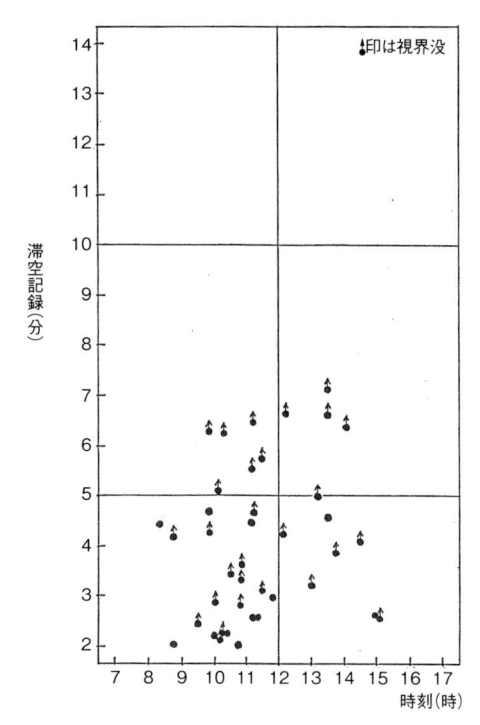

図2-82　春期（3、4、5月）記録

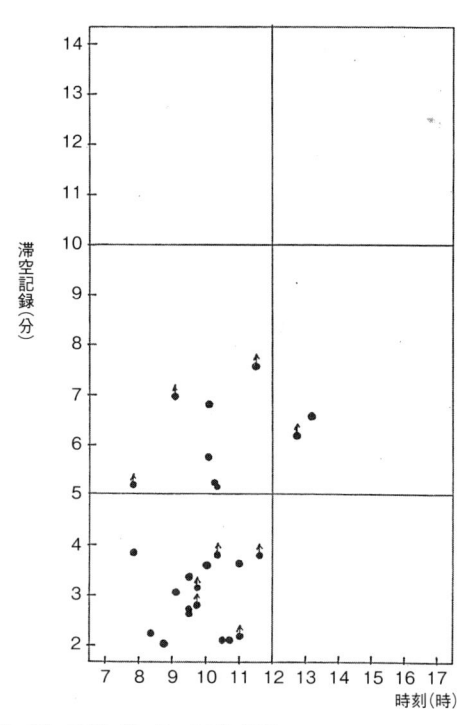

図2-83　夏期（6、7、8月）記録

■ 滞空記録の例 [12]

私は昭和50（1975）年から2年間ほどイランの電気通信研究センターの顧問としてテヘランに滞在したが、休日などに郊外の砂漠に出て、よく紙飛行機を飛ばした。ある日、砂漠の熱上昇気流にのって、紙飛行機がどんどん上昇して行ったことがあった。旋回するたびに強い太陽光を反射して紙の翼が7〜8秒ごとにキラリキラリと輝くさまは大変印象的に眺められた。この機体は7分20秒ほどで砂漠の空にとけこむように視界を去って行った。

ケント紙など、曲げ強度の高い厚手の紙を材料として、これらを切って貼り合わせる形式のペーパーグライダーは翼面荷重にもよるが通常0.5〜1m/s程度の沈下率であり、熱上昇気流により滞空時間をのばすことができる。上記はイランの砂漠での記録であるが、日本でも季節と時間帯と場所を選べば、比較的強い熱上昇気流が発生し、良い滞空記録を得ることができる。つぎにその一例を示そう。

東京都立武蔵野中央公園には約300m弱四方の平坦な草地があり、ここで年間を通じて多数の愛好者により紙飛行機の飛行が行なわれている。この公園で1995年の1年間に報告された紙飛行機の2分間以上の滞空記録は127回であった。これらの発進方法は、ゴムカタパルトおよびハンドランチの両方を含む。また機体は全紙製のものと、翼だけ紙製で胴体は木製のものがある。滞空時間の観測方法は、地上から目視によるものである。機体の発進から着陸あるいは地上の物体に衝突するまで、または機体が見えなくなる（視界没*）までを目視により観測して、時間を計測した。

---

* 機体が高空に上昇するとか、遠方に飛んで目視できなくなることを言う。

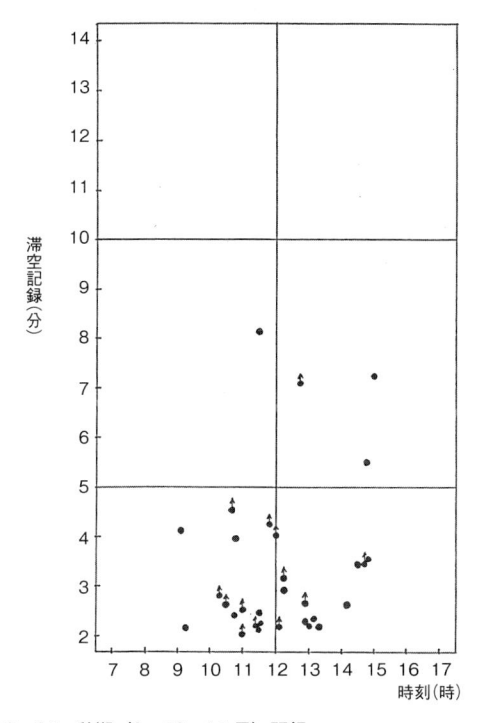

図2-84 秋期（9、10、11月）記録

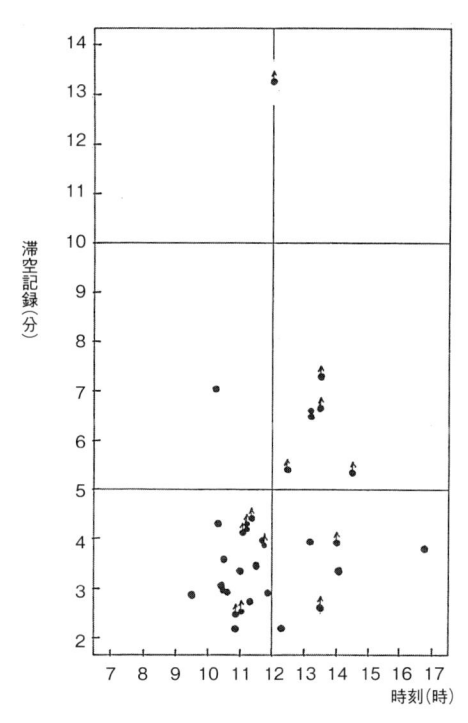

図2-85 冬期（12、1、2月）記録

つぎに上記の127回の滞空記録の季節による特徴について述べよう。

- 春（3、4、5月）**図2-82**参照（図中↕印は視界没機の記録、他の図も同じ）

この時期の記録回数は39回で、年間の30.7％と比較的多い。また記録飛行の大部分（74.4％）が視界没となっており、特に3月は80.0％が視界没で、回収率は極めて悪い。また視界没となるまでの時間が比較的短い。これらはこの時期は熱上昇風の発生が多く、かつ強いことによるものと考えられる。

- 夏（6、7、8月）**図2-83**参照

夏は朝8時前の早い時刻から2分間以上の記録が出る。午後は地表に平行な風が強くなって、紙飛行機を飛ばしにくくなるので、記録は少ない。春にくらべて午前中の視界没が少ないのは、地面の草地に朝露が多くて温度が上がりにくく、午前中は熱上昇風の発生が弱いためと考えられる。

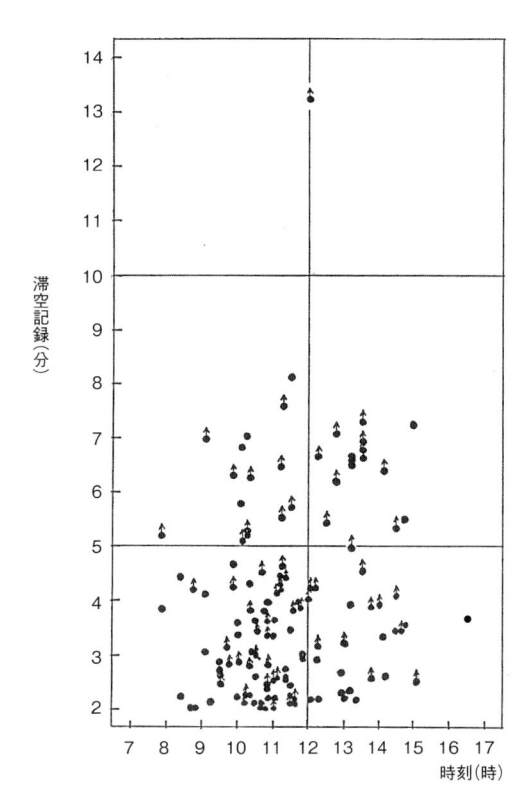

図2-86 年間記録

- 秋（9、10、11月）図2-84参照

　2分間以上の滞空記録の出る時刻は主として10時以降とおそくなる。視界没の率は比較的小さく、49.1％となる。

- 冬（12、1、2月）図2-85参照

　秋と同じく記録の出る時間帯は10時以降。視界没の率は42.4％である。秋、冬は熱上昇気流の強さが弱く、紙飛行機の沈下率を少し上まわる程度なので、視界没になることは少なく、その状態が続けば好記録が出る。特に高気圧の中心から後面に入った、晴れて地表風のおだやかな日には、10分間以上の大記録が出る。年間最高の13分15秒は冬に得られている。

- 年間　図2-86および表2-5参照

　年間を通じて10～14時の間が2分間以上の好記録が多く出る時間帯である。年間平均の視界没の率は51.2％である。

　春は記録の回数が多く、また視界没の率が高い。冬には条件が良ければ10分間以上の大記録が出る。

表2-5　年間記録

季節	記録回数	視界没数	同左（％）	最高滞空記録*
春	39	29	74.4	7分07秒↑
夏	24	9	37.5	7分34秒↑
秋	31	13	41.9	8分07秒
冬	33	14	42.4	13分15秒↑
年間	127	65	51.2	13分15秒↑

*↑は視界没

■ 屋内／屋外のペーパーグライダー競技会滞空記録の比較 [21]

日本紙飛行機協会主催の「全日本紙飛行機選手権大会」（通称「紙飛行機ジャパンカップ」）が毎年開催されており、第8回（2001年）は東京都立武蔵野中央公園（屋外）で、また第9回（2002年）は名古屋ドーム（屋内）で開かれた。競技は各人5回のフライトを行ないその滞空時間の合計値で優勝を競うが、両大会で得られた各競技の記録は屋外と屋内とで、そのバラッキなどで明確な相違が認められ、また各競技者の技量についての差にも明らかな違いが見られた。

「全日本紙飛行機選手権大会」の概要

(1) 参加者

参加者の大会進出は地区予選会の成績をもとに決定される（全国上位記録および地区代表）。

(2) 競技クラス

Ａクラス：14歳以上　Ｂクラス：14歳未満

(3) 滞空時間競技

自由機種ゴムカタパルト　Ａクラス／Ｂクラス

自由機種ハンドランチ　Ａクラス／Ｂクラス

規定機種Ⅰ　Ａクラス／Ｂクラス

規定機種Ⅱ　Ａクラス／Ｂクラス

など。

本稿ではこのうち代表的な自由機種ゴムカタパルトＡクラスおよび規定機種Ⅰ（ゴムカタパルト）Ａクラスについての滞空記録の比較を述べる。

(4) 滞空競技の計測

・順番に5ラウンド計測。

・滞空時間60秒以上は一律MAX60秒とする。

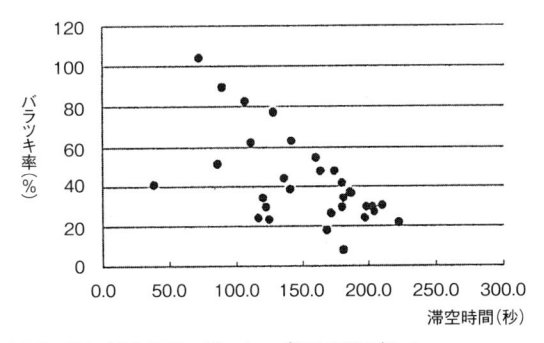

図2-87　第8回ジャパンカップ自由機種ゴムＡ

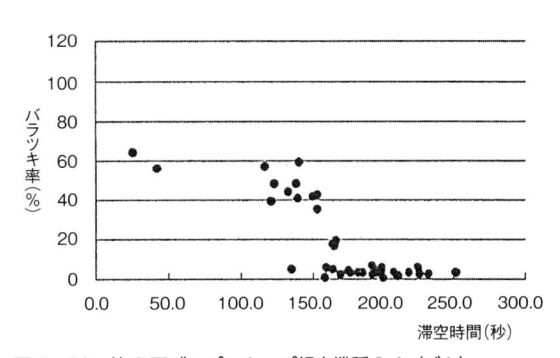

図2-89　第8回ジャパンカップ規定機種ⅠＡ（ゴム）

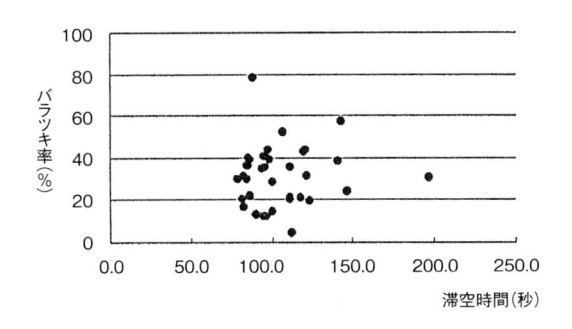

図2-88　第9回ジャパンカップ自由機種ゴムＡ

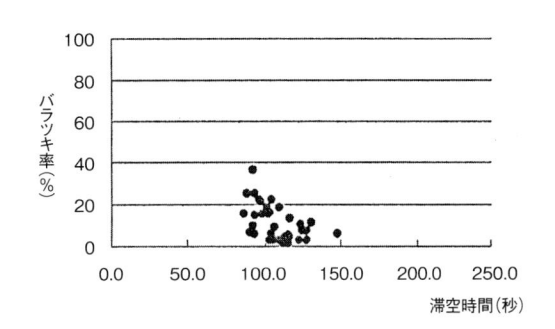

図2-90　第9回ジャパンカップ規定機種ⅠＡ（ゴム）

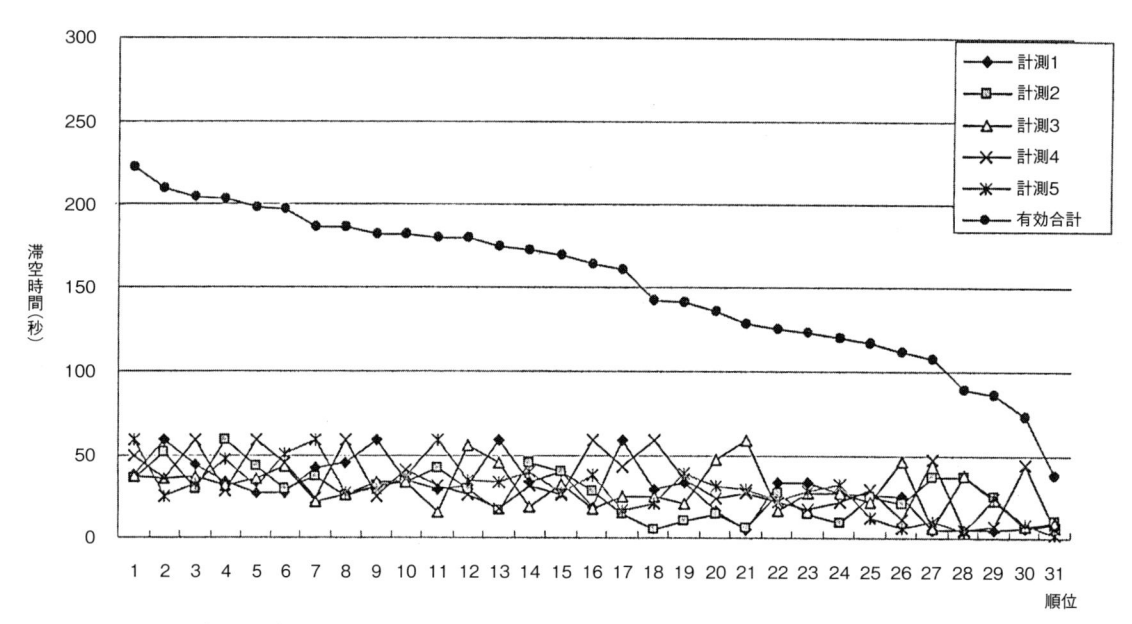

図 2-91　第 8 回ジャパンカップ自由機種ゴム A

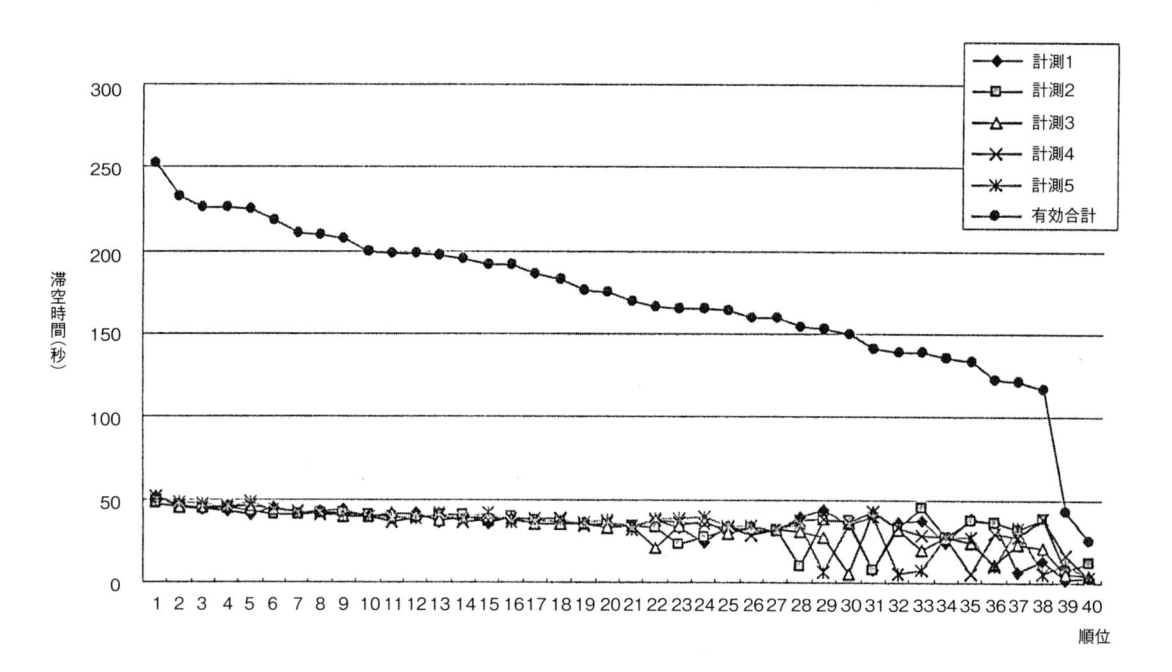

図 2-92　第 9 回ジャパンカップ自由機種ゴム A

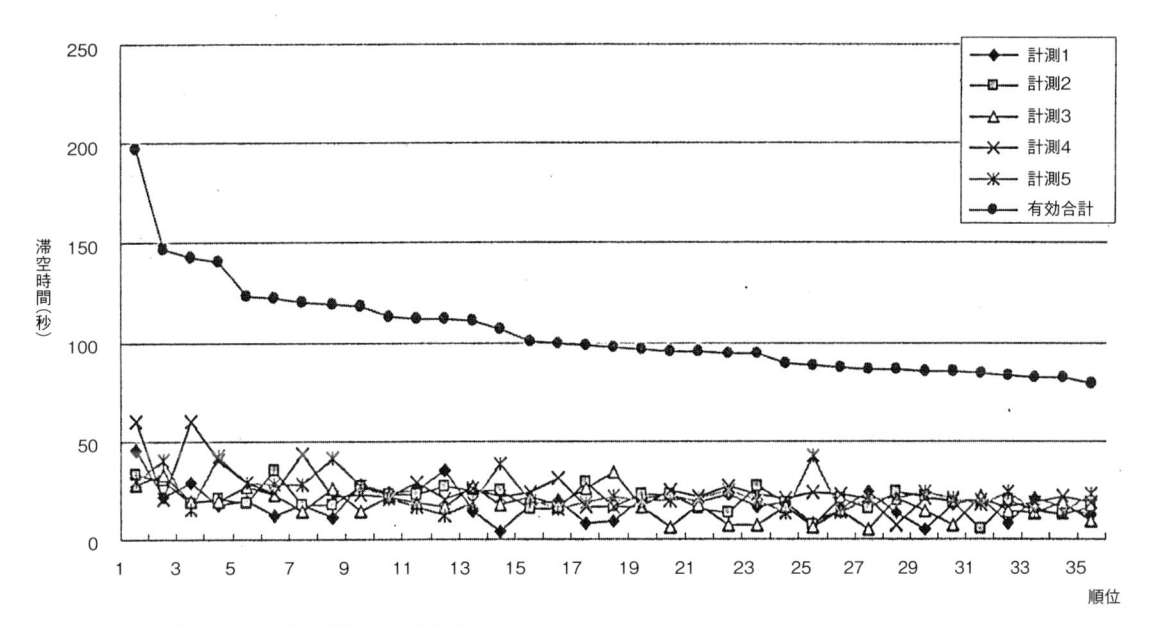

図2-93 第8回ジャパンカップ規定機種ⅠA（ゴム）

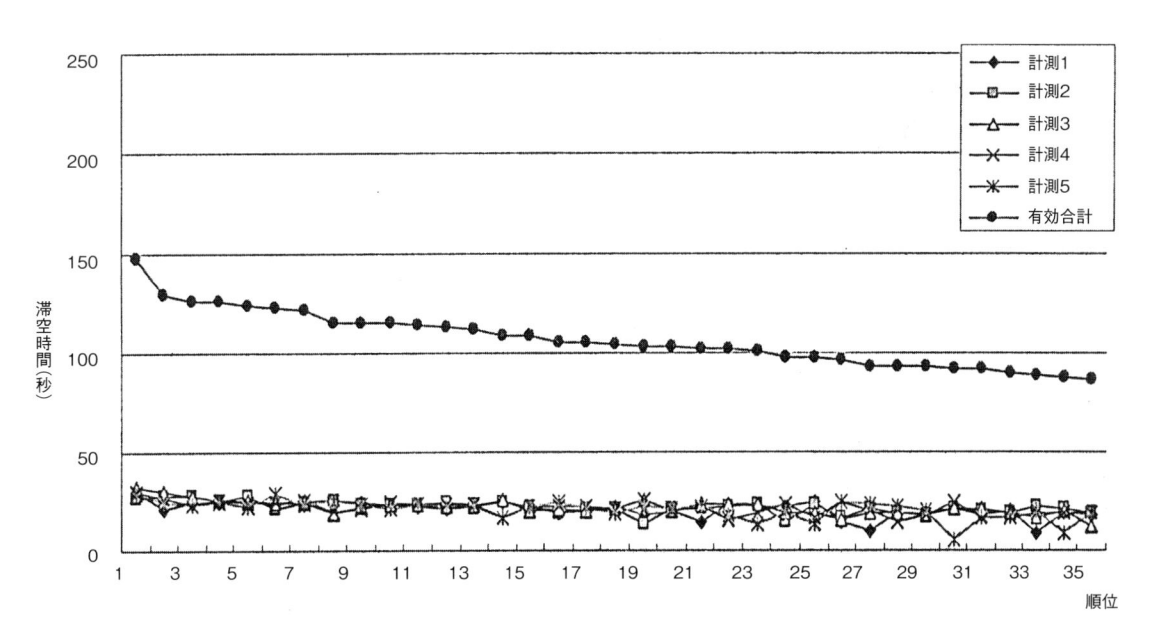

図2-94 第9回ジャパンカップ規定機種ⅠA（ゴム）

滞空競技種目毎の機体

(1) 自由機種ゴムカタパルト

主翼幅165mm以上、胴体および翼すべてが紙であることを条件に、参加者が自由に設計したものである。参加者は上級者が主体であり、最大高度を獲得するために、機体重量は3g前後と軽量化が図られているものが多い。

(2) 規定機種Ⅰ

比較的初級層の参加が多く、市販のキットであるWhitewings SkycubⅢ（N-1600）を無改造で製作し、競技する。機体重量約6g。

計測結果と考察

滞空記録のバラツキ

競技参加者のフライトごとの滞空記録のバラツキはどの競技種目においても屋外（第8回）が大きく、屋内（第9回）が小さい（図2-87〜図2-90）。

これは競技空間内の空気の乱れ（上昇・下降気流など）が屋外では大きく、屋内では殆どないことの影響によるものと考える。

ここで用いたバラツキ率とは、5回のフライトのバラツキの程度を示す便宜的な指標であり、5回のフライト記録の標準偏差／平均値の比率（％）で表現したものである。

屋内（第9回）の記録では、自由機種種目Aの1位から21位まで、規定機種ⅠAでは1位から18位まで、5回の記録のバラツキは小さい（図2-91〜図2-94）。

これは競技参加者の機体の調整、飛ばし方が毎回同じで、極めて安定していることによるものと考えられる。特に、自由機種の上位のバラツキの小ささは見事というほかにない。

屋外（第8回）の記録のバラツキは参加者ごとに大体同程度であり、特定の参加者が不利という点は認められない。従って、競技規定の各人順番の5回のフライトは大体妥当な回数と見られる。

2-4　飛ばす場所

　ペーパーグライダーを手軽に楽しむには都市内あるいは近郊の便利な場所に広い原っぱがあれば大変好都合である。これについては、第4部の「原っぱ公園の実現」（168ページ）を参照されたい。

　全国的に紙飛行機を楽しむ広い場所としては、今まで開かれてきた「紙飛行機ジャパンカップ」に先だって国内30箇所以上で行なわれた予選会場などが参考となる[19]。これらの場所はおおよそ現状では図2-95の通りである。今後も継続して利用できることを私は願っている。

　これらの場所で紙飛行機を長く楽しむために、留意すべき点を別項の2-7項「安全」（113ページ）と重複する内容もあるが、極めて重要

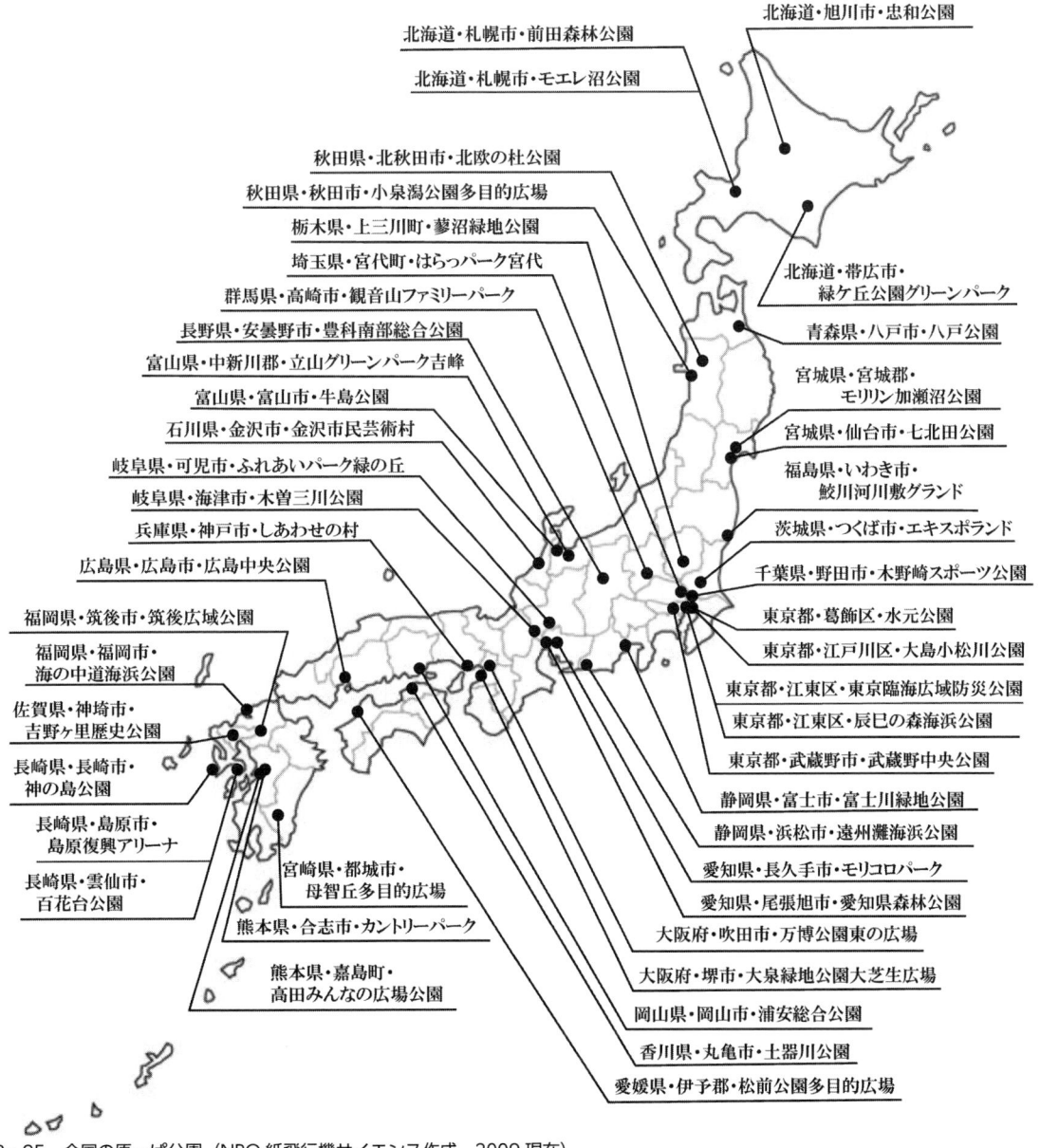

図2-95　全国の原っぱ公園（NPO紙飛行機サイエンス作成、2009現在）

な事柄であるから敢えてここでも述べたい。

① 安全を継続することが最も大切である。紙飛行機のフライト全般にわたって気をつけなければいけないが、特にゴムカタパルトや手投げによる機体の発進直後は、非常に高速であるから人に当たらないように注意しなければいけない。傷害保険に入っているから大丈夫という考えは間違っている。保険は身体的な傷の補償になるかも知れないが、紙飛行機は危険であるという心の傷には対応できない。場合によってはその公園は飛行禁止になって、皆の人が飛ばせなくなる。事故を起こさないことが第一である。

② 現在は紙飛行機専用飛行場は存在していないので、公園などで、一般の利用者の方々と共存しなければならない。紙飛行機を飛ばすことに夢中になると、自分だけ、あるいは自分たちの仲間だけの世界になってしまって、一般の利用者の方々と仲良く公園を利用するという気持ちがおろそかになり、トラブル発生の原因となる。何かの際にはたとえ、自分に正当な理由があっても、まず頭を低くして謝ることが大切である。

2-5 競技会および競技種目

昭和60（1985）年に我が国初めての紙飛行機全国大会が開かれた。これは「日本紙飛行機協会」、日本航空（株）（JAL）と共催で「第1回JALカップ紙飛行機大会」として神戸市で行なわれた。しかし1週間後に起きた日航123便の大事故があって第2回が開かれることはなかった。

その後続けて全国大会を要望する声が高まり、平成5（1993）年からは日本紙飛行機協会が主催して第1回「全日本紙飛行機選手権大会」（通称「紙飛行機ジャパンカップ」）が大阪の万博公園で開かれた。それ以降、原則として毎年催され第16回（2009年）まで継続されたが、諸般の事情により、一時中断し、平成23（2011）年からはルールを変更し、第17回「二宮康明杯・全日本紙飛行機選手権大会」として再出発されることとなった。これらの大会が開かれる前には、毎年春からほぼ半年近くにわたり国内30～40箇所で、各地の「紙飛行機を飛ばす会」などの愛好者団体が中心となって、それぞれ複数回の予選が実施されてきている。

また日本大学理工学部航空研究会が主催する「木村秀政杯紙飛行機競技会」は昭和57（1982）年から継続して毎年春秋2回開催され、平成25（2013）年春で59回を数えている。これ以外にも全国各地で愛好者グループが独自に主催する競技会も多数継続して開かれ、盛んになっている。

一般に紙飛行機の競技種目には滞空時間と飛行距離がある。後者については、巻尺による計測の労力、あるいは三角測量、レーザー測距などの設備費などの難点。また機体の空力性能の良さによるものではなく、矢の原理の機体を排除する機体規定のむずかしさなどの問題があり、殆ど行なわれない。

滞空競技は、ストップウォッチだけで計測できるので大部分の競技はこれで行なわれる。また通常5回飛ばして5回の記録合計あるいは10回飛ばして良い方の記録5回合計で競われる。なお1回の滞空1分間以上の記録は1分以上を切り捨て60秒として記録される。また参加者の飛ばす順序は参加者が気象条件などを考慮して自分で申告して計測してもらう方式と、あらかじめ決められた順序で呼び出されて飛ばす呼出方式とがある。この呼出方式を嫌う参加者もあるが99ページの「屋内／屋外のペーパーグライダー競技会滞空記録の比較」に見られるように各自5回飛ばせば気象の影響はランダムとなり、有利、不利の差はほぼないと考えられる。

公式滞空競技用の機体の規格例

つぎに、日本紙飛行機協会主催の公式滞空競技の際の機体規格を略記する（2009年現在）。

(1) 滞空競技部門の機体の大きさは、完成時の主翼の長さ（全幅）が180mm以上であること。

(2) 重心調整のための錘以外は、すべて紙製であること。ただし、特別に機種を規定した競技種目では、木製胴や金属製フックの使用も認める。

(3) 接着剤を紙の接着以外の目的（胴体や主翼の強度を高めるなど）で使用してはならない。ただし、紙の折り目を固定する目的で接着剤（瞬間接着剤は不可）を使用することは可とする。

(4) 機体の塗装は防湿を目的とし、強化の為厚く塗装することは不可。塗料は、ニトロセルロース系アクリルラッカー、または、アルキドラッカーのみとし、紙を補強する効果のあるウレタン系、エポキシ系などの塗装は禁ずる。

(5) 危険防止のため、主翼前縁を鋭く加工したナイフエッジを禁止する。

(6) 安全のために機首にはスポンジをつけること（113ページ参照）。

以上は広く行なわれる一般的な競技に関するものであるが、次項では特別な目的をもって今まで実行された競技について紹介しよう。

■ 紙飛行機インストラクター競技(16)

　本来、紙飛行機については、貼り合わせの接着剤を十分に乾かして、完成後は時間をかけて、ていねいに飛行のための調整をするのが望ましい。しかし子供らのための紙飛行機教室ではそのような時間的余裕がない場合が多い。たいてい1～2時間内に機体の接着、組み立てから飛行までを終了させなければならない。そこで紙飛行機教室の先生自身としては、限られた時間内に機体を確実に接着して丈夫に組み立て、完成後はできるだけ短時間に正しく飛行するように調整を収斂させて行く能力が、受講者を教えるために必要と考えられる。この「紙飛行機インストラクター競技」はその能力の向上をねらうものである。

【競技内容】
　教材機「ホワイトウイングス・スカイカブⅢ」(N-1600)を製作し、調整したのち滞空競技を行なう。この機体は**写真2-3および2-4**に示すように、胴体はバルサ材で、部品の紙部分は打ち抜いてあり（プレカット）、ハサミは必要ない。

(1)　製作競技――――完成までの製作時間の点数は下記の通り。

　　開始より　5分以内で製作した人――70点
　　　　　　　7分　　　〃　　　――60点
　　　　　　　9分　　　〃　　　――50点
　　　　　　　11分　　 〃　　　――40点
　　　　　　　13分　　 〃　　　――20点
　　　　　　　15分　　 〃　　　――10点
　　　　　　15分以上の人　　　――　0点

　完成した機体は所定の場所に置き、手をふれないこと。終了は開始より30分。
　つぎの10分間は調整し、飛行テスト。

(2)　フライト競技――――5回フライトし合計タイム（秒）で競う。ただし滞空競技中に接着不良などの原因により機体を修理した場合には1回につき10点を減点する。

　(1) + (2) = 総合得点とし順位を決定する。

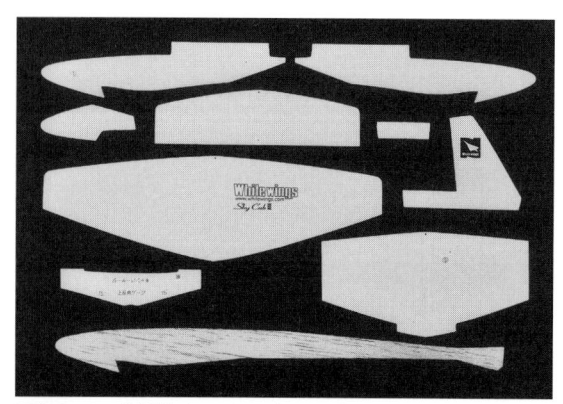

写真2-3　教材機（スカイカブⅢ）の部品

写真2-4　完成機

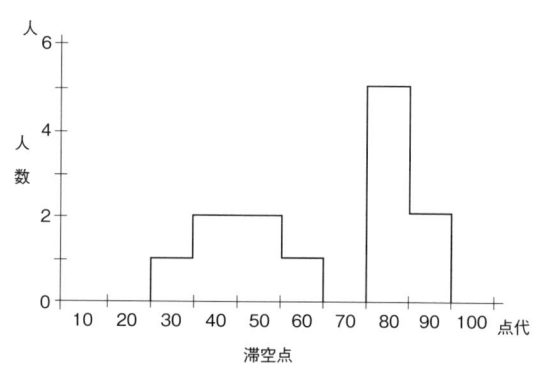

図2-96　製作点60～70点の参加者の滞空点

【競技結果について】

　前記ルールに従って実際の競技は今までに2回行ない、第1回は2001年2月、第2回は同年6月であった。第1回では強風のため滞空競技を3回までとしたので、ルール通り実施できた第2回の結果（参加者37名）を以下に示す。

[1]　この競技について誰でもが最も懸念するであろうことは短時間に急いで作った機体が、滞空競技に好成績を収められるかどうかということであろう。図2-96は製作点60～70点（製作時間5および7分以内）の参加者の滞空時間（秒＝得点）の分布を示すもので、製作時間と滞空時間の高得点が両立する参加者と、滞空時間の結果が思わしくない参加者に2極化している結果となっていて興味深い。

[2]　総合点上位の1／3については図2-97に示すように滞空点、製作点ともに上位にある（図2-97の黒ぬり部分）。従って総合点の上位についてはインストラクターとしての技術能力が高いと言うことができ、この競技はインストラクターの技術能力の判定手段として有効と考えられる。

　ただしインストラクターとしての能力は技術能力と併せて指導能力が必要であることは勿論である。なお、競技ルールを簡略化して製作時間に点数を与えるのではなく、製作＋乾燥時間を30分間に限定して、滞空時間だけで競う方法もある。この場合、参加者が考えなければならないのは、上記の30分を製作と乾燥にどのように配分するのが最適かということであろう。

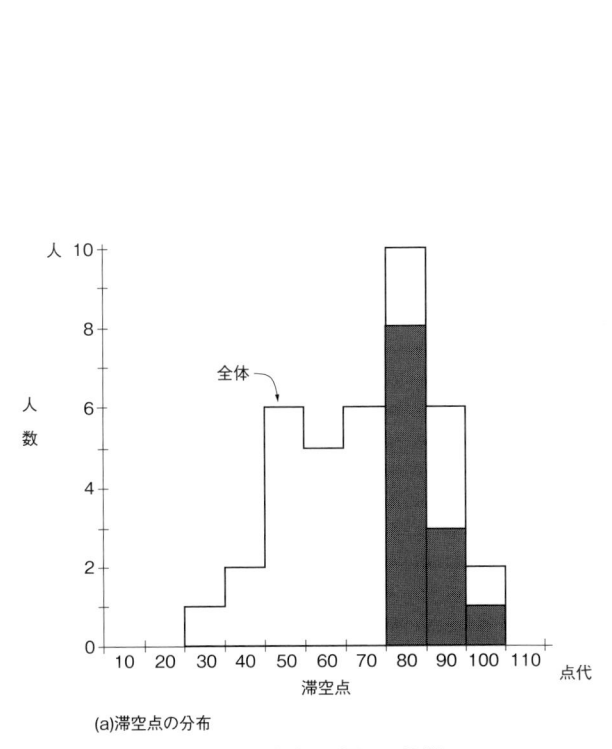

(a)滞空点の分布　　　(b)製作点の分布

図2-97　総合点の上位1/3の得点内訳（黒ぬり部分）

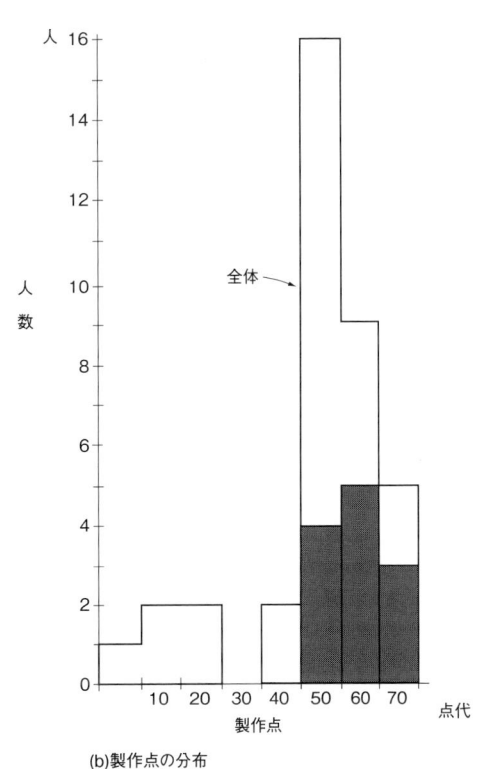

■ パイロン競技[13]

紙飛行機を積極的に自分の思うままに操縦する技術を追求する一環としてパイロン（塔）のまわりを旋回させ、かつ競技途中で旋回方向を逆に切りかえて、その調整（操縦）を限られた時間内に適確に行なえる技術を競うものである。また実際に1998年7月に東京・武蔵野市の施設の室内で行なったこの競技の結果についても紹介する。

【旋回の維持】

一般に旋回の操作は2段階の操作が必要である。すなわち第1段階は、右旋回の場合、右エルロンを上げ、左エルロンを下げ、ラダーを右に曲げて機体を水平飛行から所定のバンク角（横の傾き角）の旋回に入れる。つぎに第2段階ではバンク角が増大するのを防ぐためにエルロンとラダーの操作角を若干もどし（あて舵）、また主翼の揚力垂直成分の減少をエレベータを上げて補う操作をして、所定のバンク角の旋回を継続する。第1段階は旋回に入れる舵面操作であり、第2段階は旋回を維持する操作である。紙飛行機では飛行中に舵面を動かすことはできないので、上記の2段階の操作はできないが、機体の発進時からバンク角を与え、第2段階の舵面の状態にしておけば旋回を維持させることができる。つぎに述べるパイロン競技は機体を旋回維持の状態にして飛行させる競技である。なお特に紙飛行機の上反角を小さく、垂直尾翼面積を大きくしてらせん不安定に近く設計してやれば旋回維持のためのエルロンとラダーの操作量は極く少なくてすむ。

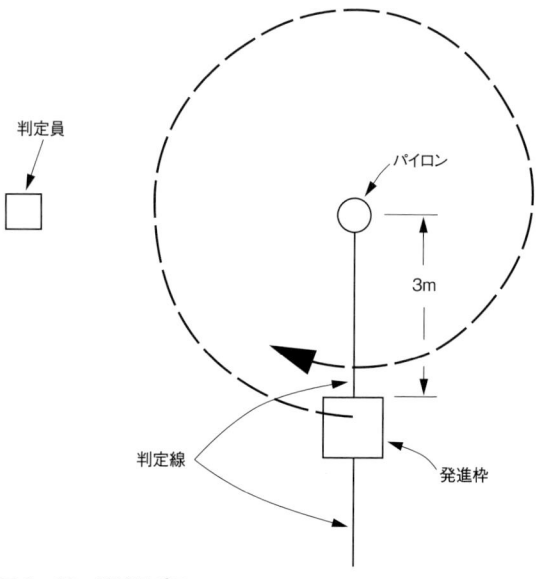

【パイロン競技のルール案】

- 図2-98「競技場パターン」に示す発進枠に参加者が入り、紙飛行機を発進させ、パイロンのまわりを旋回させて判定線を通過させる。合

図2-98　競技場パターン

表2-6　パイロン競技得点成績

参加者No.	右まわりの回・得点					左まわりの回・得点					合計点	順位
	1	2	3	4	5	1	2	3	4	5		
1	1	1	1	1	1	1	1	1	1	1	10	1
2	1	1	1		1						4	5
3	1	1		1				1	1		5	4
4						1	1	1	1	1	5	4
5	1	1	1	1							4	5
6	1				1		1	1	1		5	4
7												
8												
9												
10		1	1		1						3	
11	1		1		1	1		1	1		8	2
12		1					1			1	3	
13		1		1	1		1	1	1		6	3
14												
15			1	1	1						3	
16												
17	1	1									3	
18	1						1				2	
19									1		1	
20				1							1	
21												
22				1	1						2	
23			1	1	1						4	5
24	1	1	1				1		1	1	6	3

計10回発進させ、前半の5回は右まわり、後半の5回は左まわりとし、成功回数をもとにつぎのように計算してその合計点で競う。

機体がパイロンの外側を廻らないか、廻っても判定線を通過しない場合	0点
機体がパイロンのまわりを1回廻って判定線を通過した場合	1点
機体がパイロンのまわりを2回廻って判定線を通過した場合	3点
機体がパイロンのまわりを3回廻って判定線を通過した場合	5点
以下同様	

- 競技は無風の室内で行なう。

　1人が同方向の旋回で連続5回飛ばし、同様にして参加者全員が飛ばしたあと、機体調整のために練習時間を20～30分程度おく。つぎに逆方向の旋回競技を行なう。このように競技の前半と後半の旋回方向を変えるのは、限られた時間内の機体調整能力を判定するためである。

- 参加者は各人1機のみとし、修理は認めるが、代替機は不可。
- 発進はゴムカタパルト、ハンドランチどちらでもよい。
- 競技場の天井の高さは2.5～3m程度が適当と考える。パイロンあるいは棒の高さは天井までとどくものが判定上都合がよい。
- 飛行中、地面（床）、壁、人物等に触れた場合、機体の停止点が判定線を通過していれば合格とする。
- 機体がパイロンの外側を廻ったかどうか、および判定線を通過したかどうかを判定員が判定する。

【実施例】

　1998年武蔵野市施設のホール（室内）で、パイロン競技を上記のルールに従って行なった。以下に競技進行に関するデータ、競技結果などについて箇条書きで述べる。

- 競技を実施したホールの大きさは縦10m強×横10m強×高さ2.2mであり、これが競技のできる最小限のサイズであろう。
- 競技1人に必要な時間は、同方向に5回連続に飛ばして1人1分強。同方向の旋回を順次参加者全員について行ない、24人の参加者で約30分を要した。従って競技進行の時間配分としては、前半競技に30分、調整・練習のために30分、後半競技に30分、得点計算と結果発表に20分で、これに最初の競技受付を含めて約2時間30分で終了した。
- 競技中の飛行機は人の顔の高さくらいを高速で飛ぶので危険防止にも重点を置き、参加者各人に注意を呼びかけた。
- 判定員は図示の場所に位置して、機体がパイロンの外側を廻ったかどうかの目視判定は容易であった。
- 参加機体は翼が紙製であることだけを条件とした。限られた空間で旋回させるので、翼面荷重の適切な範囲がある。またこの競技は機体が床や壁に激突しやすいので、胴体は曲がりにくいように紙製ではなくバルサ、檜がよいと見られた。
- 表2-6は競技の得点表である。各回に1回の旋回を失敗なく行ない10点を獲得した参加者が優勝した。一方では翼面荷重の大きな機体で参加し0点の人もいた。機体の適切な選択と旋回調整に習熟すれば高得点が得られる筈である。

　実施したパイロン競技は、参加者も興味をもってくれ、得点も初回としては妥当ではなかろうかと思う。戸外で行なう場合、風の影響を受けるので、それを考慮した競技場パターン、および参加者の順序によって極端に有利、不利が生じないような発進順序の決め方などの検討が必要と考える。

■ 時間目標競技

競技会というと、毎回すぐれた技術をもつベテランばかりが上位入賞の可能性が高い。しかしこの競技は中級あるいは場合によっては初級の人でも優勝できる機会があるように考えられたものであり、発案者は私の知る限り菅野知規君（1963〜1997）である。

競技は、まず初心者でも飛ばすことのできる「目標時間」を競技開始前に15秒あるいは20秒に設定する。その上で各人がこの目標時間に近づけるように飛ばして、その実際の滞空時間と、目標時間との差を計測し、その差が小さいほど優位という競技である。これを10回繰り返して、その差の合計値が最も小さい人が優勝というわけである。

その一例を**表2-7**に示す。A、Bの両名がそれぞれ10回ずつ飛ばし、目標値20秒との差の合計が21秒と28秒となり、A氏がB氏に勝ったということになる。

表2-7

参加者	記録	競技（目標値20秒）										差合計
		第1回	第2回	第3回	第4回	第5回	第6回	第7回	第8回	第9回	第10回	
A氏	滞空時間（秒）	23	19	17	25	18	22	21	20	19	17	21秒
	目標との差	3	1	3	5	2	2	1	0	1	3	
B氏	滞空時間（秒）	16	25	18	17	23	21	19	24	22	23	28秒
	目標との差	4	5	2	3	3	1	1	4	2	3	

2-6　修理・保存・運搬

修理

　機体がこわれても、修理をすれば、ふたたび何回でも飛ばすことができる。

　紙飛行機が地面や壁にぶつかると、まず、機首がこわれやすい。機首に食いこんだ土や小石を小刀かピンセットの先で取り出し、機首の紙を図2-99のように層ごとに開いて、その間に接着剤を流しこんで、外側から押さえつけ、余分な接着剤を押し出してから、十分に乾燥させる。

　翼や胴体が折れたり破れたりしたときは、図2-100のように小さく切った紙を外側から接着して補強する。このとき使う小さい紙は、機体を作った残りの紙を利用すればよい。ただし、紙には漉いた方向によって、曲げに強い方向があるので、この方向を間違わないように注意して使用する（31ページ「紙飛行機用紙」の項参照）。修理乾燥後は重心チェックをする。

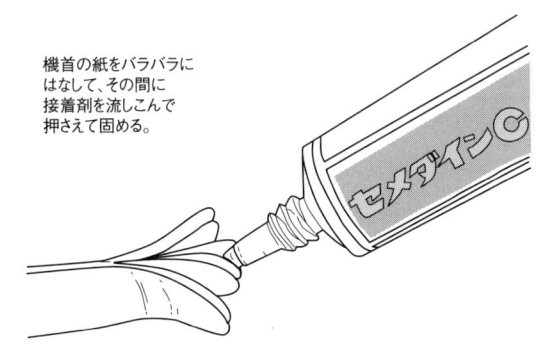

機首の紙をバラバラにはなして、その間に接着剤を流しこんで押さえて固める。

図2-99　機首の修理

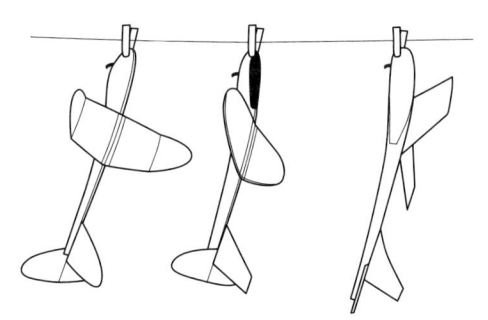

天井に針金を張って洗たくバサミで機体をぶらさげる。

図2-101

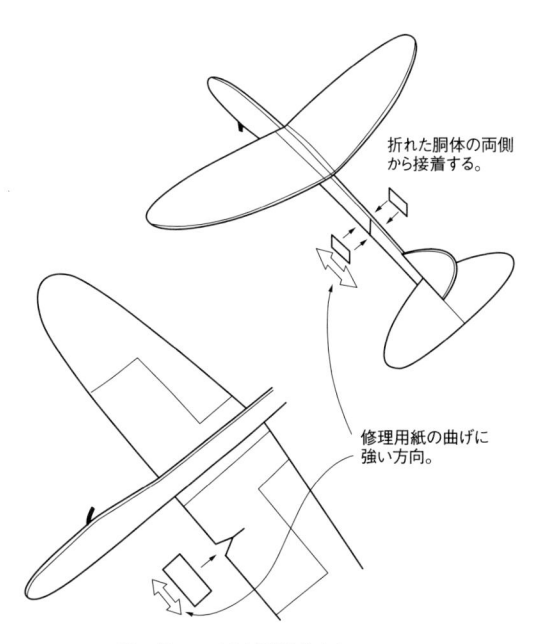

折れた胴体の両側から接着する。

修理用紙の曲げに強い方向。

翼の破れには小さな紙を接着する。

図2-100　胴体、翼の修理

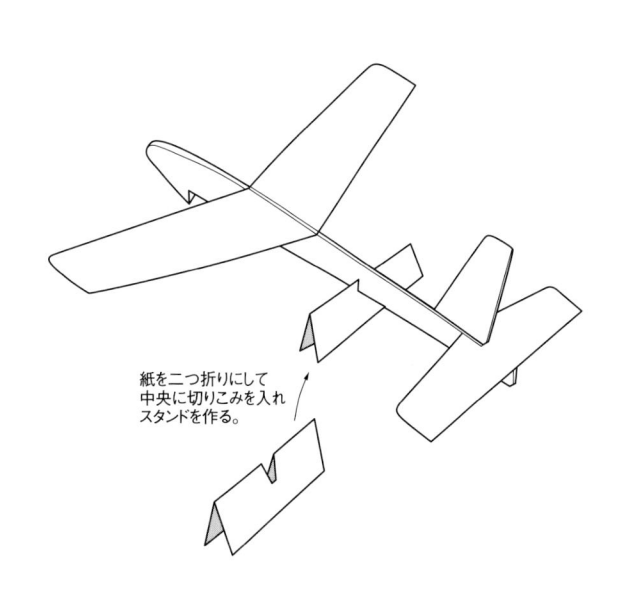

紙を二つ折りにして中央に切りこみを入れスタンドを作る。

図2-102

保存

　紙飛行機はしっかり作ってあれば、保存しておいて、何年でも飛ばすことができる。たくさんの機体を保存するには、図2-101のように、天井に針金を張って、洗たくバサミなどで紙飛行機を垂直に吊るしておく方法をおすすめする。これは場所もとらないし、翼の上面にほこりがつきにくい利点がある。

　紙飛行機を飛ばして楽しむばかりでなく、インテリア・アートとして机や棚の上に置いて眺めると、プラスチックモデルにはない軽快な美しさが感じられる。このようなときは、紙飛行機を傾けて置いたのではあまり見映えがよくないので、紙で手軽なスタンドを作るとよい。型紙の残りを6～7cmくらいの四角に切り、図2-102のように二つ折りにして、真ん中に胴体の幅の切りこみを入れれば、スタンドができあがる。この切りこみに紙飛行機の胴体をはさんで、机の上に置けばよい（73ページ「簡易スタンド」参照）。

キャリング・ケース

　紙飛行機を家から広場へ運ぶとき、機体が変形するのを防ぐために、キャリング・ケースを利用することをおすすめする。身近にある段ボール箱や軽量の木箱を利用して、機体どうしが重ならないように、各自工夫して作れば、紙飛行機はわずかな調整だけでよく飛ぶ。図2-103に筆者が使用しているキャリング・ケースを一例として紹介する。

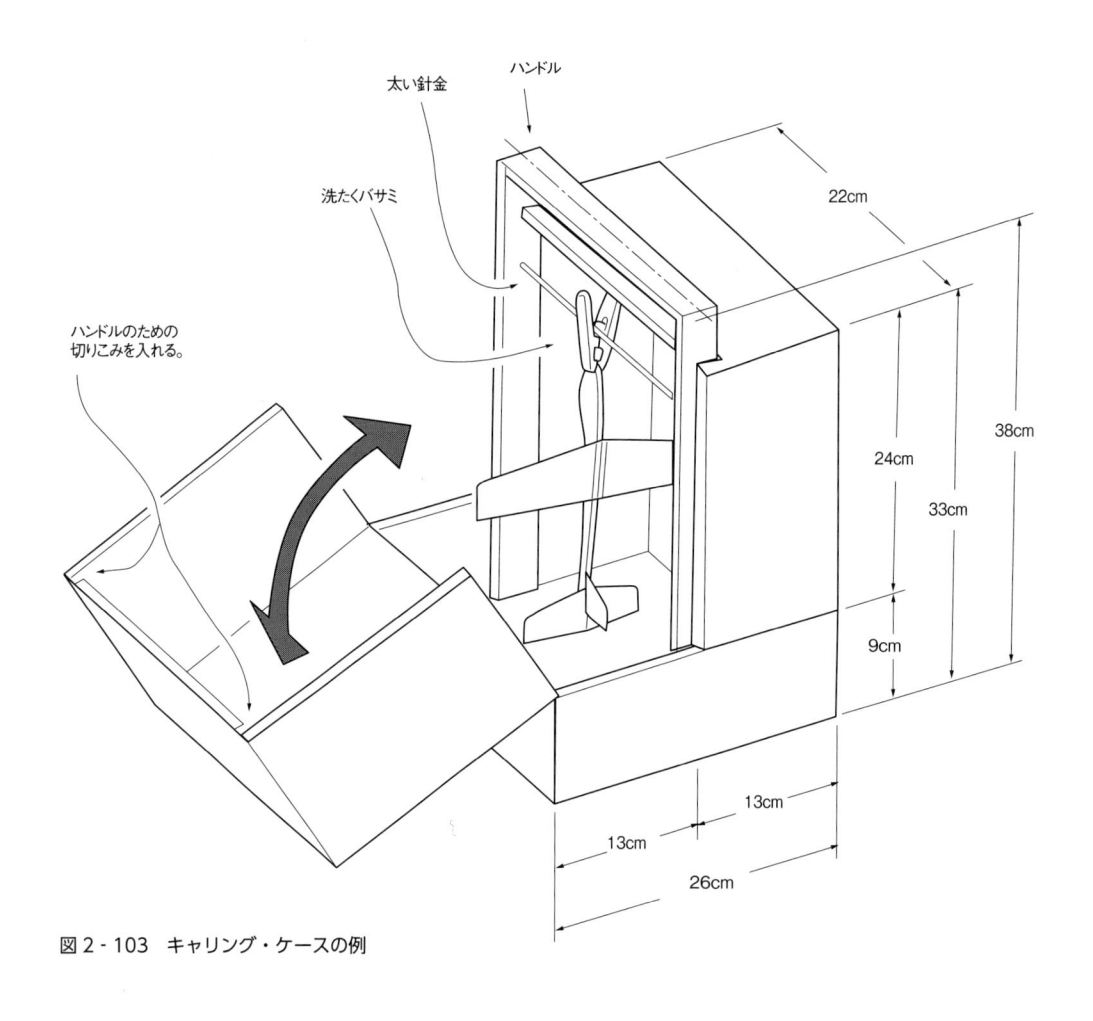

図2-103　キャリング・ケースの例

2-7 安全

ほかの人に対して

　紙飛行機を飛ばす際には安全のために、まず第一に、ほかの人に機体が当たらないようにしなければならない。機体を飛ばす場所に着いたら、まず人々のいる所から離れた場所を選ぶ。ただしこの際、風の方向も考慮に入れる必要がある。紙飛行機は動力をもたないから、殆どの場合、風下方向に流されて飛んで行く。従って、人のいる場所、風の方向、それと、自分の機体の飛ぶ経路の傾向、これらを考慮に入れて安全に飛ばすように心懸ける。紙飛行機の飛行は実物に例えればいわば有視界飛行（VFR）である。パイロットは操縦と同じくらい、あるいはそれ以上の注意をほかの飛行中の機体、高い建物、山、雲などの見張りに払う。安全の責任はすべてパイロットにかかっている。紙飛行機も同じである。自分の機体だけに夢中になって、ほかへの配慮に欠けることは許されない。

　調整のできていない機体を、ゴムを強く引いて飛ばすことは絶対やってはいけない。調整がすんでいないと、どこに飛んで行くかわからない。もし低空で高速の旋回や宙返りなどをすると周囲の人に当たって大変に危険である。飛行機を最初に飛ばす際には、はじめは手投げで水平に飛ばしてみて、機体に異状がないかを確かめた上で、つぎにゴムカタパルトを弱めに引いて飛ばし、正常に飛ぶことを確認しながら回を追うごとに次第にゴムを強く引くという風に段階をふみながらだんだんに空高く飛ばすようにする。テストもしていない機体を、周囲に人がいるのにもかかわらず、最初からゴムを強く引いて飛ばす人を時折見かけるが、これは大変危険なことである。

　万一人に当たった場合でも、できるだけ被害をへらすために日本紙飛行機協会が競技会の出場機に課している条件がある。

　すなわち
- 主翼前縁を鋭く加工したナイフエッジを禁止する。

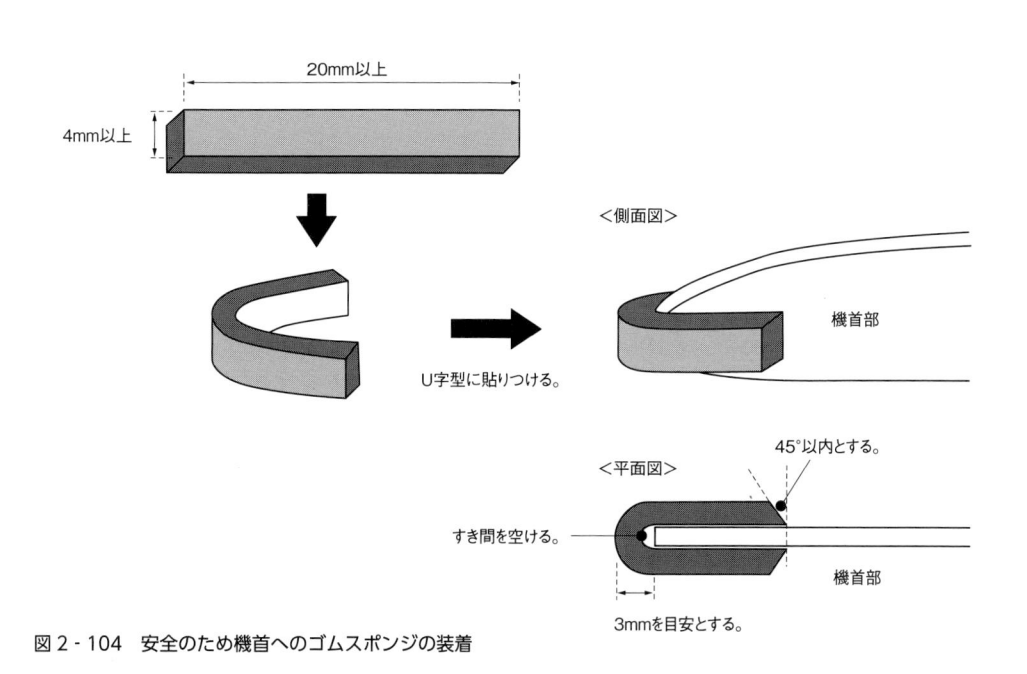

図2-104　安全のため機首へのゴムスポンジの装着

- 機首部分には厚さ2.5mm以上で、寸法4×20mm以上のゴムスポンジを図2‐104のように装着する（ゴムスポンジは日曜大工店などで"防音戸当りテープ"として販売している）。また特に大きく重い機体には安全性を高めるためにゴムスポンジを大きく、厚くするか複数個装着するなどの配慮をすることが必要である。

　対人事故保険（レクリエーション保険など）に入っているから安心だと思うのは間違いである。事故の場合、これによって若干の金銭的な補償が出るだろう。しかし原っぱあるいは広場で大事故が発生すると、現在の我が国の状況では多分、紙飛行機の飛行全面禁止となり、自分の楽しみばかりでなく、そこで飛ばしている多くの仲間の楽しみも奪ってしまうことになる。これは保険ではカバーできない。私は保険を全く否定するものではないが最良の対策は事故を起こさないことしかないと考える。

　また"安全"に関連して、公園の一般利用者との間についても良好な関係を保つことに、十分留意が必要である。

自分に対して

　紙飛行機をゴムカタパルトで飛ばす際には、弓で矢を引くときのように機体を頬に近づけることは危険である。翼端などが頬に当たって傷つけることがある。機体を身体から離して持って飛ばすように気をつけること。

　ゴムカタパルトで飛ばすときの、フックの形が悪いと（図2‐105参照）、機体がゴムから離れずに手許にもどって来て、指や顔を怪我する例がある。これはフックの奥の形を、ゴムがはさまらない形にすれば事故は解消できる。

　風が強いとき（秒速3m以上）に、翼面荷重の小さい機体をゴムカタパルトで飛ばす際には、機体の下面（裏面）から風を受けるように注意すること。上面から風を受けると、射出する際に機体が風に流されて、機体がカタパルトの棒や指に当たって事故になることがある（92ページ・図2‐75参照）。

　樹木や建物の近くで飛ばさないこと。機体が樹木にひっかかったり屋根にのったりするおそれがある。回収しようとして高いはしごに昇り、それが倒れて落ちて救急車で運ばれた実例もある。また遠くへ飛んだ機体を追いかけるときは、車、自転車、人に十分に気をつけること。

　全般的に、広場あるいは原っぱのどこで、どの方向に飛ばしているかを見れば、その人の注意力、ひいては飛ばす技術の程度もわかると私は思っている。

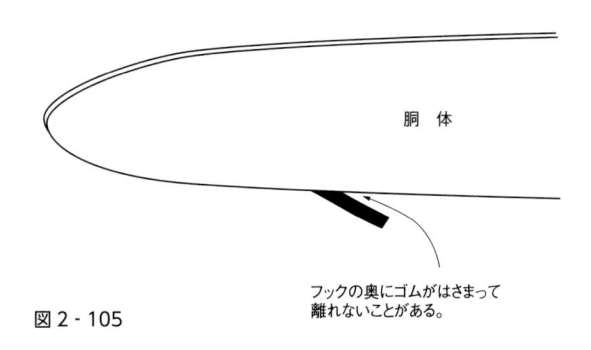

胴体

フックの奥にゴムがはさまって離れないことがある。

図2‐105

操縦教官殿の教え

　昭和40年（1965年）頃、私は東京の調布飛行場で、操縦訓練を受けていた。この時期、何人かの教官に教わったが、その中に大変温厚な方がおられた。その宮間明教官（1923～）は逓信省の航空機乗員養成所の出身で、第二次大戦中は輸送機のパイロットをしておられたとのこと。

　通常、飛行場の滑走路を使用するとき、地方の小さい空港ではコントロール・タワーに管制官が居らず、単なる通信対応の「Radio」だけである。この場合は滑走路の使用はパイロットの責任で行なわれる。セスナ172型などでは離陸距離が500mもあれば離陸可能であるから、1800mや2500mの滑走路では途中から入ってそのまま離陸することができる。しかし間宮教官に、離陸滑走中何が起きるかわからないので、ほかの飛行機の運行にめいわくでない限り、めんどうがらずに滑走路のできるだけ端まで行って十分に滑走距離の余裕をもって離陸を始めるようにということを教わった。

　私は今でもこの教えを紙飛行機を飛ばす際にもひろげてまもっている。すなわち紙飛行機は動力がないので、風下に流されながら飛行する。したがって飛ばす際にはおっくうがらずに遠くまで風上側に歩いて行って、できるだけ原っぱを広く使うよう心懸けている。このようにすれば紙飛行機が原っぱからとび出したり、周辺の樹木にひっかかることは少ない。私は週に4～5日は原っぱに通っているが、このような注意によって実験中の大切な機体を失うことは殆どない。

第3部
変形機ほか

3-1　先尾翼機

　機体の運動は重心を中心に行なわれる。図3-1の機体が飛ぶ場合、機首の左右向きの偏ゆれ（ヨー、Z軸まわり）と機体の横ゆれ運動（ロール、X軸まわり）については、多くの機体がZ軸とX軸に対して対称の構造になっていて釣り合いがとれているから乱気流などが無い限り、普通は回転は生じない。何等かの原因で回転（傾き）が発生しても、前者は垂直尾翼の「風見鶏効果」によって、また後者は上反角の効果によって復元し、安定が得られる。

　しかしY軸まわりについては対称になっていないから、重心を通る機首の上下方向（ピッチ、Y軸まわり）に回転が生じないように、「釣り合い」をとってやらなければならない。

　一般に回転力は図3-2に示すように力Fの大きさと、この力の作動点と回転の中心との距離l（モーメント・アーム）との積、すなわち

　　回転力（モーメント）＝$F \times l$

である。釣り合いをとって回転を止めるには、これと逆方向の回転力を作って回転の中心点（重心）で両方を打ち消し合わせればよい。この考えを飛行機に適用すれば、機体の重心まわりの釣り合いをとる方法は図3-3のように、水平尾翼の揚力L_Hを利用する普通型（同図(a)、(b)）と前翼の揚力L_Fを用いる先尾翼型（同図(c)）とがある。前者の普通型は第1部で説明してあるので、ここでは後者の先尾翼型についてふれる。後者の実例は、ライト・フライヤー号、サントスデュモン14bis号のほかに最近ではビーチクラフト・スターシップなどがある。

　ちなみに、主翼の揚力L_Mの作動点を機体の重心点を通るようにすれば、常に釣り合いがとれて重心まわりの回転が生じないのではないかとも考えられるが、L_Mの作動点は主翼の迎え角の変化につれて移動するので、これを常に重心と一致させることはできない。

　話を釣り合いにもどして、外部の突風などによって、機首の上下の姿勢が変化した場合に、もとの釣り合いの状態にもどす機能を機体にもたせなければいけない。これが縦の静安定である。そのために機体の重心位置と翼の取付角をつぎのように決める。すなわち図3-4(a)において前翼、主翼の面積をそれぞれS_F、S_Mとし、各空力中心を作図により決める（方法は23ページ参照）。これらの間隔をlとし、lの上でS_F、S_Mの反比例点Cを求める（このC点を

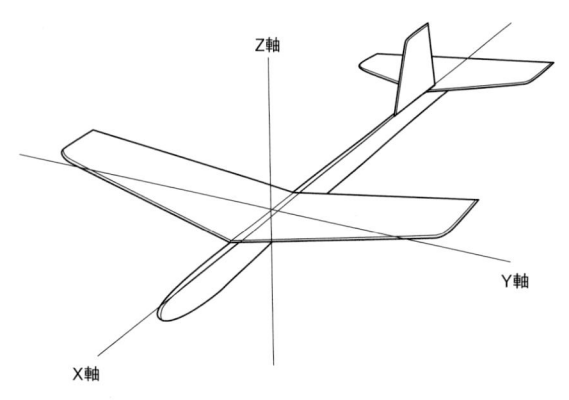

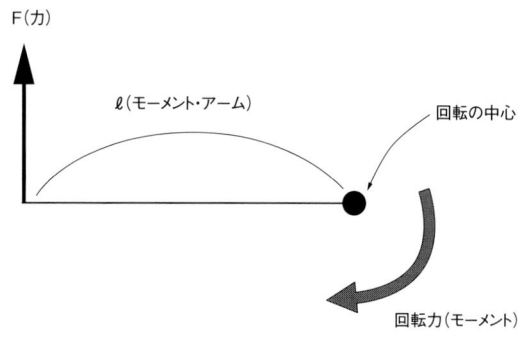

図3-1

図3-2

全機空力中心と呼ぶことにする)。この点からさらにlの10％前に重心 (CG) を置く。また主翼の取付角を0°とし、これに対して前翼の取付角を+3°とする (**図3-4 (b)** 参照)。上記の10％と3°は絶対のものではなく、最終的には54ページの試験飛行の方法により若干の修正をする必要がある。

主翼上反角は24ページを参考にする。垂直尾翼面積は53ページの試験飛行によって決める。

先尾翼機の機体構造については紙飛行機の場合、壁や地面に衝突することが多いので、前翼の形は**図3-4**では長方形としたが、実際には機体が地面に斜めに突っこんでも破損しないよ

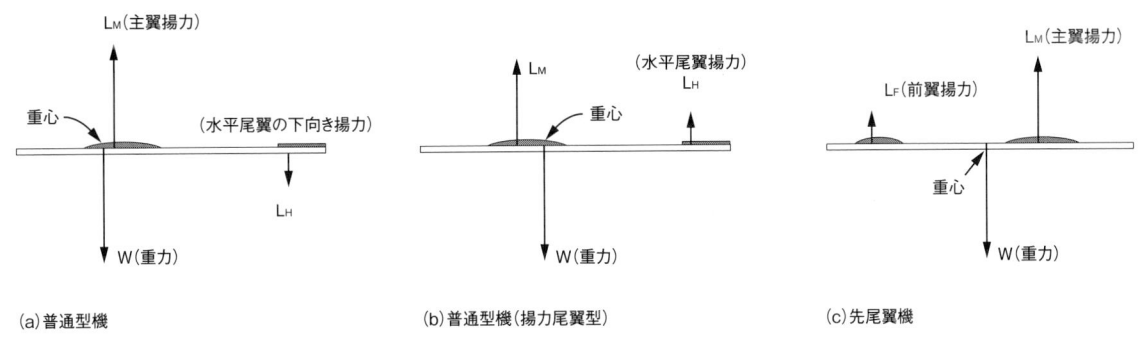

(a) 普通型機

(b) 普通型機(揚力尾翼型)

(c) 先尾翼機

図3-3

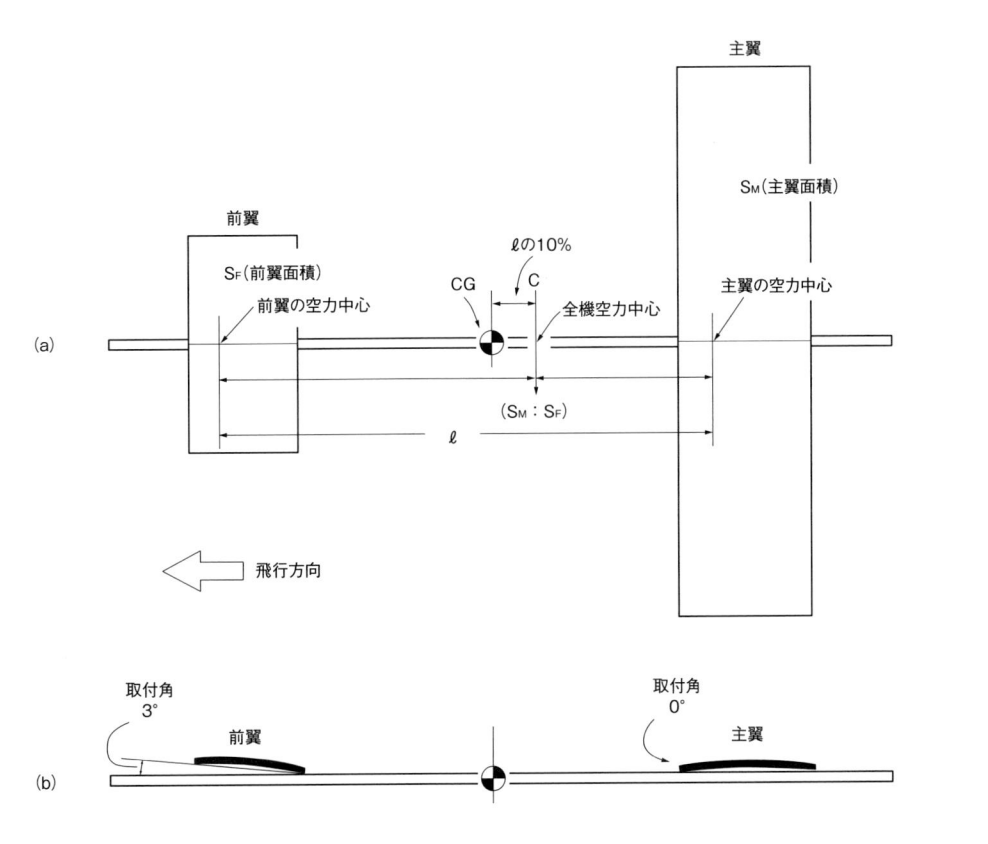

図3-4

うに前縁に丸みをもたせ（**図3-5**参照）、かつ補強のために紙を2枚以上貼り合わせる。

また先尾翼機は、主翼を含めて機体重量の多くの部分が後部に集中しているので、機体が地面に衝突した際には胴体前部、特に前翼のすぐ後ろの部分が折れやすい。したがってこの部分の胴体貼り合わせ枚数をふやして十分な曲げ強度を与えておくことが必要である。

写真3-1は作品例（N-2614）。

機体後部が重い。
胴体を丈夫にする。
折れやすい。
前縁に丸みをもたせる。
地面

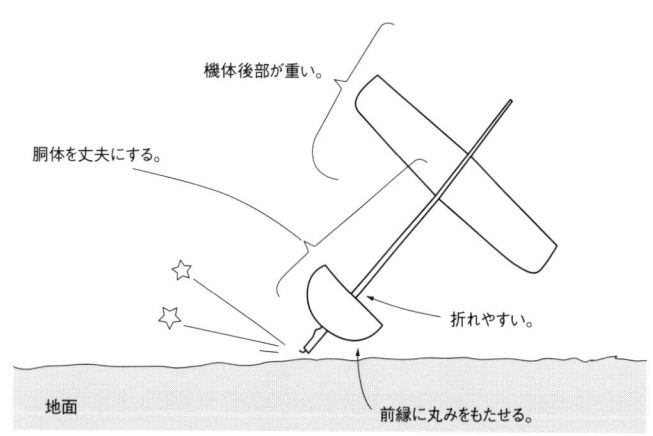

図3-5

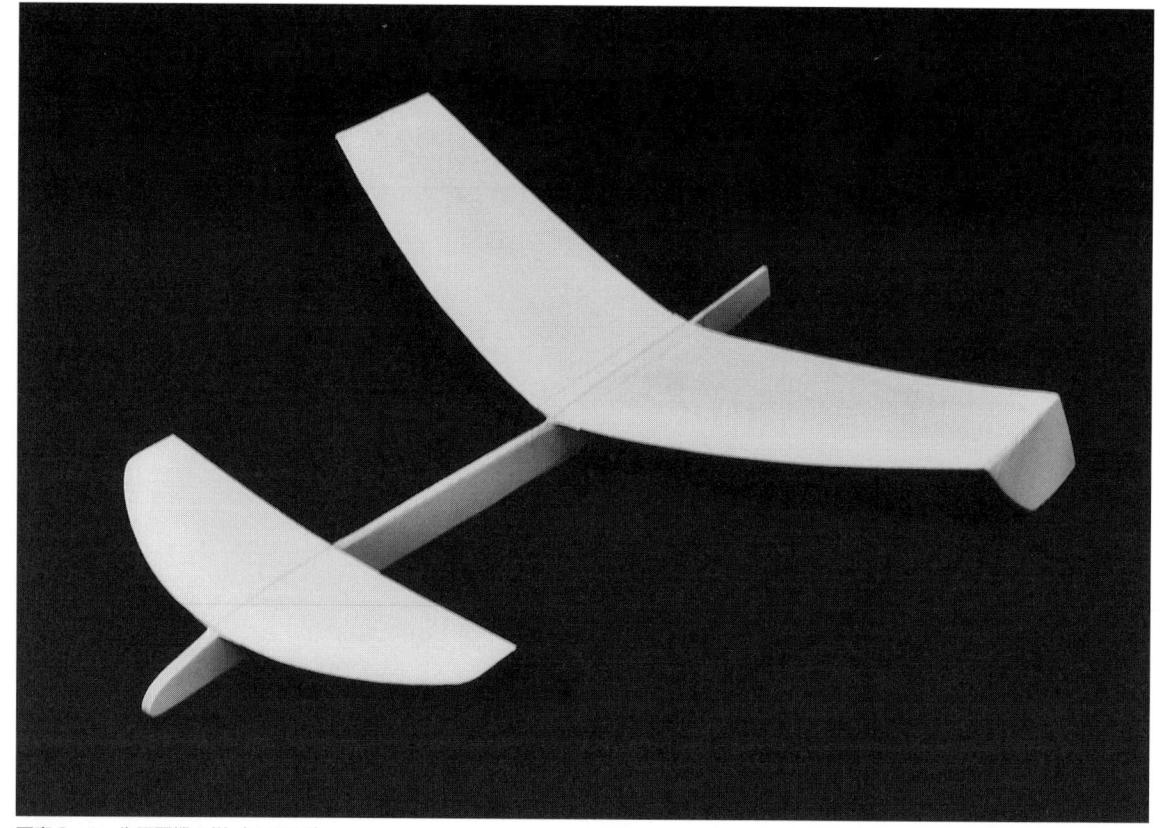

写真3-1　先尾翼機の例（N-2614）

3-2　無尾翼機

　水平尾翼または前翼を持たない機体を無尾翼機と呼ぶ。無尾翼機において縦安定を得る方法は2つに大別される。その1つは主翼に後退角をもたせて、その後部翼端部分に水平尾翼の機能をさせて縦安定を保つ方法である。またほかの1つは主翼の翼断面自体が縦安定を有するもの、例えば翼断面の後端が上に反り上がったレフレックス型を使用する方法である。まず前者について説明し、つぎに後者のレフレックス翼断面について述べよう。

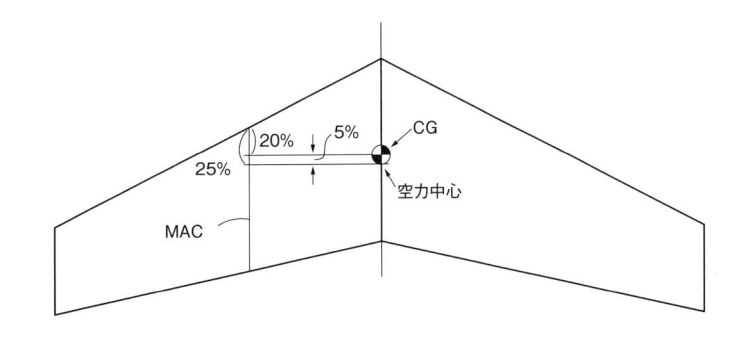

図3-6　無尾翼機の重心（CG）位置

　無尾翼機では縦安定を保つための設計が大切である。そのためには重心（CG）を適切な位置に置くこと。および後退角をもたせた主翼の翼幅方向の翼断面に変化をつけることが必要である。まず重心位置はつぎのようにして決める。翼の平面形を図3-6のような後退翼として23ページの図1-19「空力平均翼弦（MAC）の求め方」に従ってMACを作図する。そのMACの前縁から25％の点が空力中心であり、その5％前の20％点を重心（CG）位置とする。ただしこの20％は絶対的なものではない。具体的には、安定した飛ばしやすさをねらう場合には、これより少し前に、また滞空性能をねらう場合には少し後ろ寄りに重心を置く。最終的には53ページの「開発機のための試験飛行」により決める。

　翼については後退翼の左右の後ろの翼端部分が水平尾翼の役目をするので、主翼の中央部には通常の上にふくらんだキャンバーをつけるが、翼端の部分は図3-7（a）のように後ろをねじり上げたような形にする（航空工学では「ねじり下げ」と呼ぶべきものと思う）。また同図（b）は、この機体を正面から見たものである。主翼の両翼端附近の後ろへりを図のようにねじり上げて、前から見た場合に主翼両端の上面が見えるようにする。また主翼中央から図中の翼部分のA、Bくらいまでの範囲は、主翼の前縁と後縁とを結んだ線（翼弦線）が前から見て、そろうように形をととのえることが、翼の抵抗を減らす上で重要である。後退翼のねじり上げられた水平尾翼に相当する翼端部分は、ねじり上げ量を左右を差動的に増減すれば86ページの無尾翼機の操縦法に見られるように、補

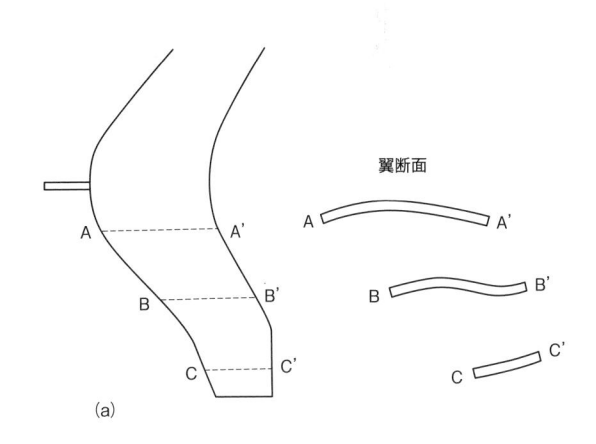

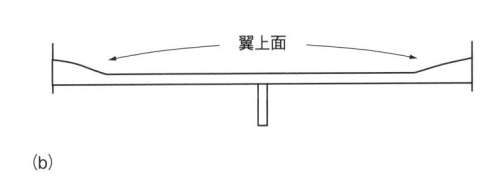

図3-7　無尾翼機のキャンバーのつけ方

(a) 前　　　　　　後　　通常の翼断面

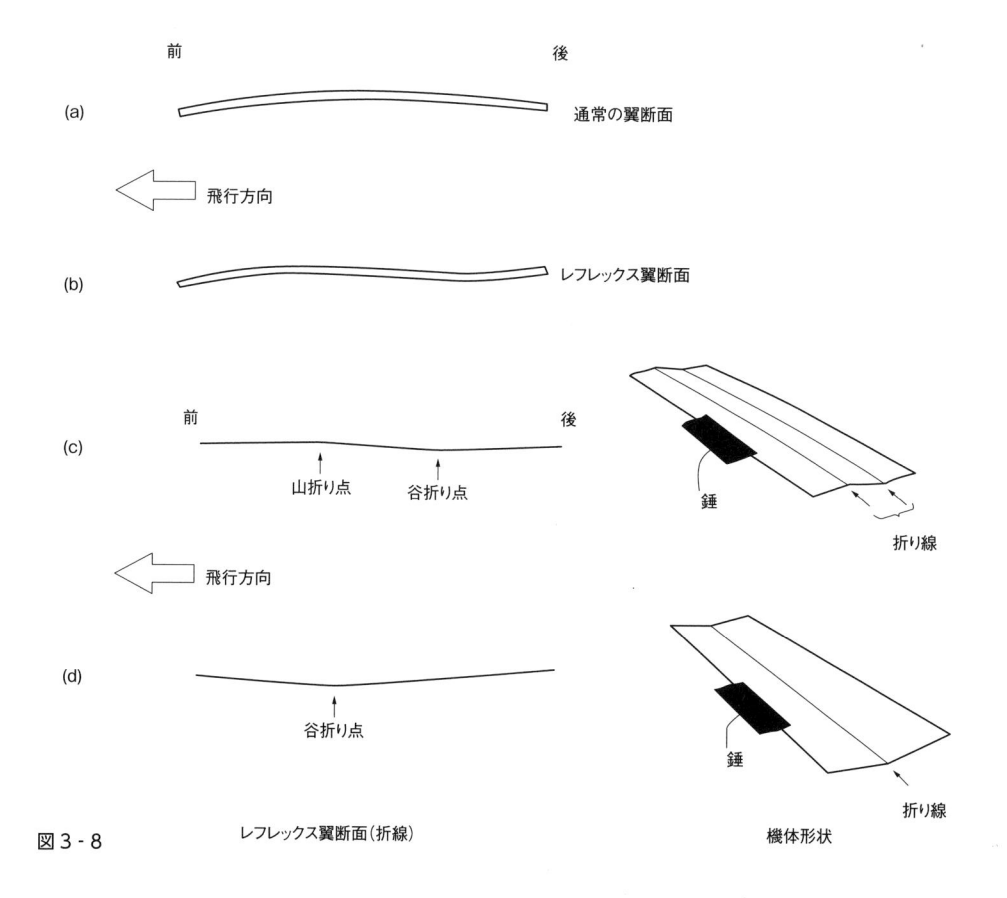

← 飛行方向

(b) レフレックス翼断面

(c) 前　　　　　　後
　　　山折り点　谷折り点
　　　　　　　　　　　　　錘
　　　　　　　　　　　　　折り線

← 飛行方向

(d) 谷折り点
　　　　　　　　　　　　　錘
　　　　　　　　　　　　　折り線

図3-8　　レフレックス翼断面(折線)　　　機体形状

助翼（エルロン）としても利用できることを付け加えておく。

　レフレックス翼断面を使う方法について。普通の翼断面は図3-8（a）のように上にふくらんだだけの形である。これに対してレフレックス翼断面は同図（b）のように後ろの部分が上に反り上がった形になっている。レフレックスとは反射という意味。この翼断面は単独で縦安定を保つ性質がある。したがってこの翼断面で無尾翼機を作ることができる。紙飛行機の場合は必ずしも曲線でなく同図（c）、（d）のように折り曲げても飛ばすことができる。この場合も重心位置はMACの前縁から20％付近に置く。レフレックス翼断面は縦安定を保つことができるが、揚抗比の点で劣ると言われている。

■ 後退翼無尾翼機の翼の平面形[18]

　無尾翼ペーパーグライダーの工作を容易にし、かつ滞空性能を改善するには後退翼の主翼平面形としてどのような形が理想的かを追求する過程での、一つの提案あるいは試みを紹介しよう。図3-9は主翼平面形の変化を示すもので同図（0）は最も普通な形で、翼根から後退角がつけられた形である。ただし左右の翼端部は翼端失速を極力防ぐために後退角を減らしてあり、他の平面形についても同様である。図（＋1）は平面形の変化を求めて主翼中央部を前に三角形にはり出したものである。フライトテストの結果、図（0）の翼よりも揚抗比が劣化することが判明した。これは当然のことながら前部のはり出し部分はアスペクト比が極めて小さく、揚抗比の小さい翼であり、これを付加

すれば翼全体としても揚抗比が低下することは避けられないものと考えられる。このことはまた最近の実物戦闘機では大迎角時の操縦性を確保するために翼根部の前部のはり出し（ストレーキ strake）を設けた機体が多いが、他方揚抗比の良いことを最優先する長距離輸送機や高性能グライダーでは巡航性能を劣化させると思われるストレーキを附加したものが見られないことでも首肯できよう。

　つぎに上記の結果を勘案して、逆に翼中央の前方へのはり出しを削る方向で考えてみた。これが図（－1）から図（－3）である。これらについて説明しよう。前述したように多くの無尾翼機では主翼に後退角をもたせて翼端部分に水平尾翼の役目をさせている。またこの後退翼は横安定を保つにも役立つ。そうしてこれら2つの効果は重心位置から遠い部分、すなわちモーメント・アームの長い部分で大きいので、主翼のうち重心に近い中央部分には後退角は必ずしも必要なく、主翼中央部分は直線翼でもよい。この考えに忠実に従ったのが図（－3）であり、これを図3-10に示す。この形状は縦、横の安定を損なうことなく、中央部分に空力特性上問題の少ない直線翼を配したことで翼全体として良好な機能が得られると考えられる。図3-9（－1）、図（－2）は図（0）と図（－3）との中間的な形状である。

　紙の工作上の観点から考えてみよう。図3-9（0）の翼の中央部のキャンバーをつけた曲面は左右2つの円筒（あるいは円錐）が交わった形となっている。一般に紙は金属にくらべて展性が殆どないので、1軸の円筒は容易に形成できるが、2つ以上の円筒軸が交わった曲面を形成するのは極めてむずかしい（紙コップのような曲げやすい紙では可能であるが、ペーパーグライダー用の曲げ強度の高い紙では困難）。ペーパーグライダーでは翼の紙に切りこみを入れると曲げ強度が下がるので、できるだけ左右

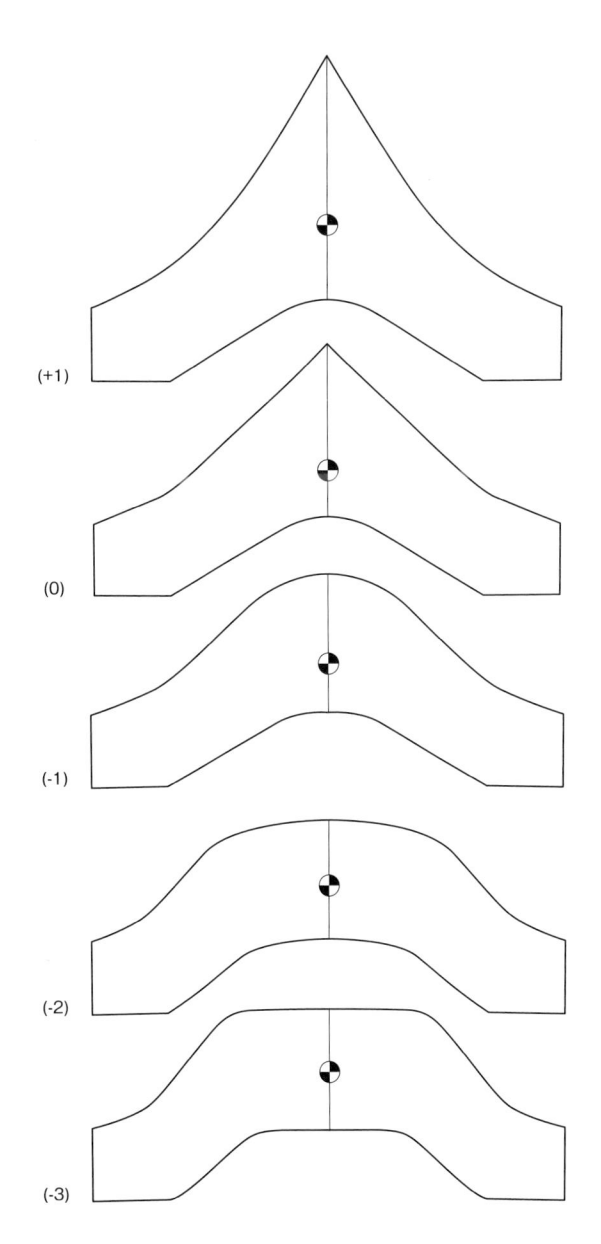

図3-9　無尾翼機の翼平面形の変化

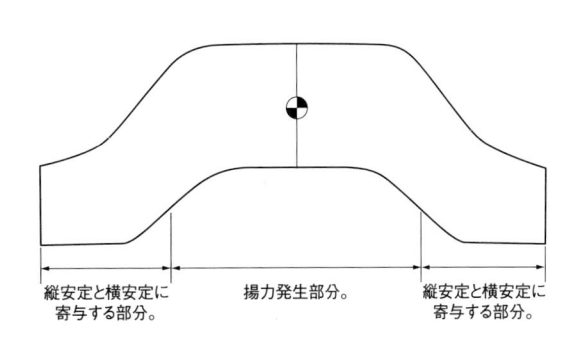

図3-10　無尾翼機の翼機能

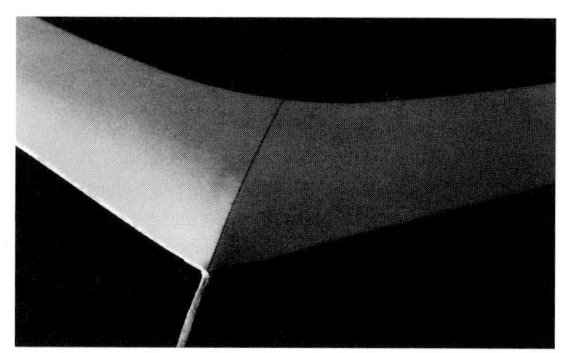

写真3-2　2軸曲面

の翼を1枚の紙で構成する。図（0）の機体を製作する場合には、紙のわずかな展性を利用して、指の力で無理に2軸の曲面を作っているのが実状である（**写真3-2参照**———中心線で左右の異なる曲面が不連続に接しているのが見られる）。これにくらべて図（－3）の機体では中央部の曲面は1軸の円筒ですむ。

　以上説明したように、図（－2）および（－3）の翼は
① 主翼中央部を直線翼とすることにより良好な空力特性をもたせることができる。
② 左、右翼端部の後退角を残すことにより、従来通り縦安定、横安定が確保できる。
③ 工作上は翼中央部が1軸の円筒状となるので整形が容易となる。

等の利点があるので図（－1）～図（－3）を理想に一歩近づいた無尾翼ペーパーグライダーの翼として提案するものである。なお、**写真3-3**は図（－2）翼機のフライトモデル（N-2351）、また**図3-11**は同機の実際のフライトテストの際の滞空記録（機体重量7.0g、主翼幅203mm、射出カタパルトのゴムは太さ1/20インチ角、長さ1mの二重輪。記録は若干のサーマルの影響が考えられる）である。

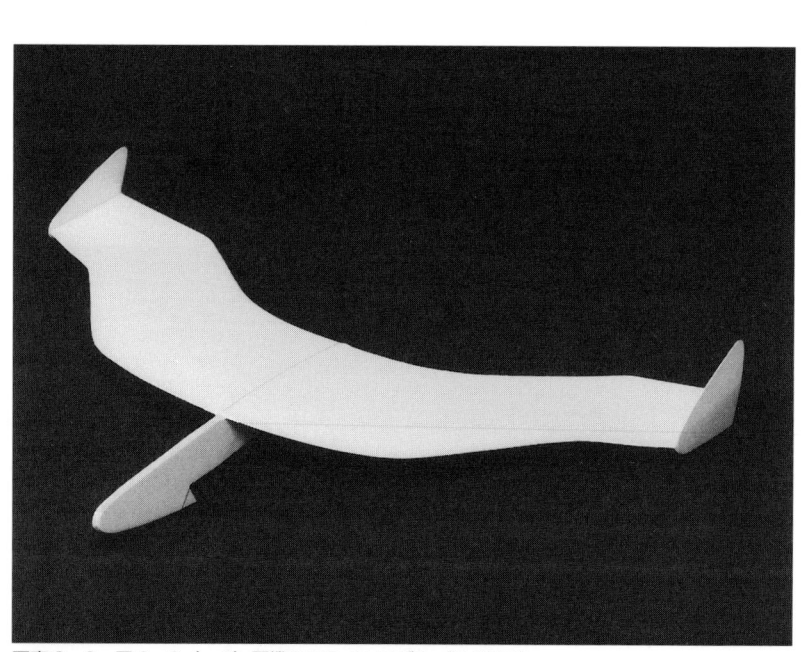

写真3-3　図3-9（－2）翼機のフライトモデル（N-2351）

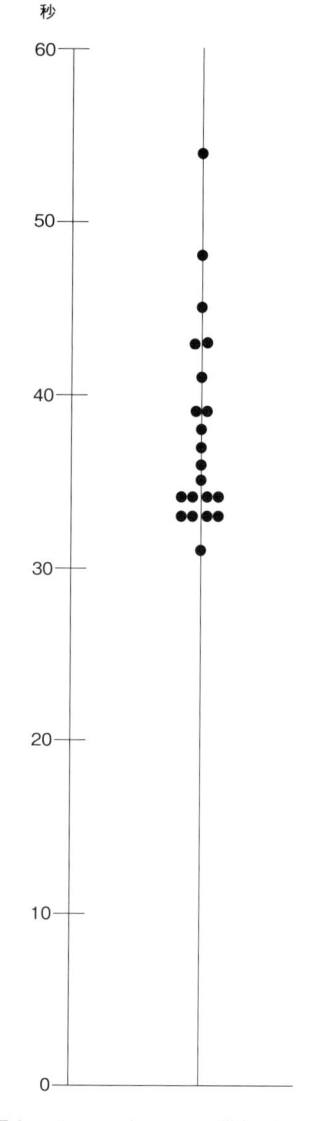

図3-11　テストフライト滞空記録例

第3部 変形機ほか　3-2 無尾翼機

■ 境界層隔離板の効果 [15]

　無尾翼機では縦安定の確保を容易にするために多くの場合、後退翼が採用されるが、後退翼の欠点として翼端失速がある。無尾翼ペーパーグライダーでは上昇から滑空に移る際、あるいは突風による翼端失速からスピンまたはタンブリング (tumbling) と呼ばれる非正常落下の状態におちいり、大きく高度を落として長時間滞空に支障を来すことが少なくない。すなわち全般的にペーパーグライダーの場合は実物機よりも極端な姿勢になるケースが多く、特に後退翼無尾翼機では、翼端失速から単に横転とかスピンにとどまらず、さらに図3-12のように翼幅方向軸を中心とした回転に移行して落下することがある（タンブリング）。これは無尾翼機では翼幅方向軸まわりの回転が最も慣性能率が小さく、従って運動の自由度が高いためと考えられる。翼幅方向軸の回転では、翼の揚力が発生しないので縦安定による回復は望めず、落下途中で乱気流などに起因する機体姿勢の変化

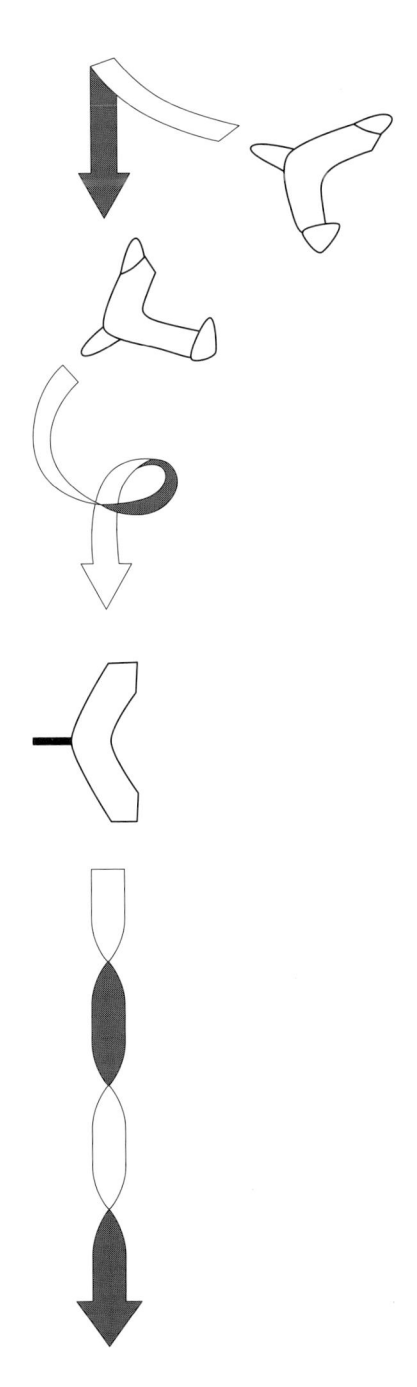

図3-12　失速後の落下

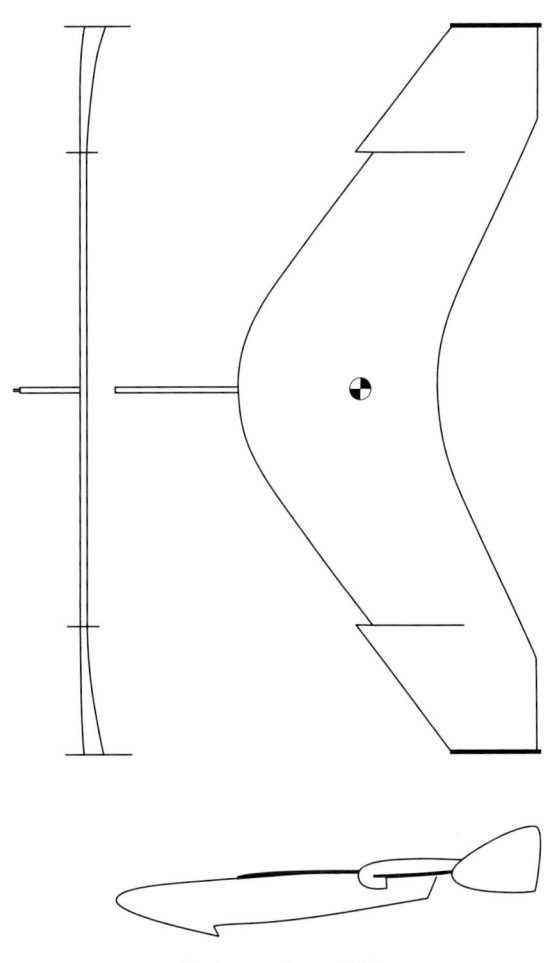

図3-13　テスト用機（N-1802）の三面図

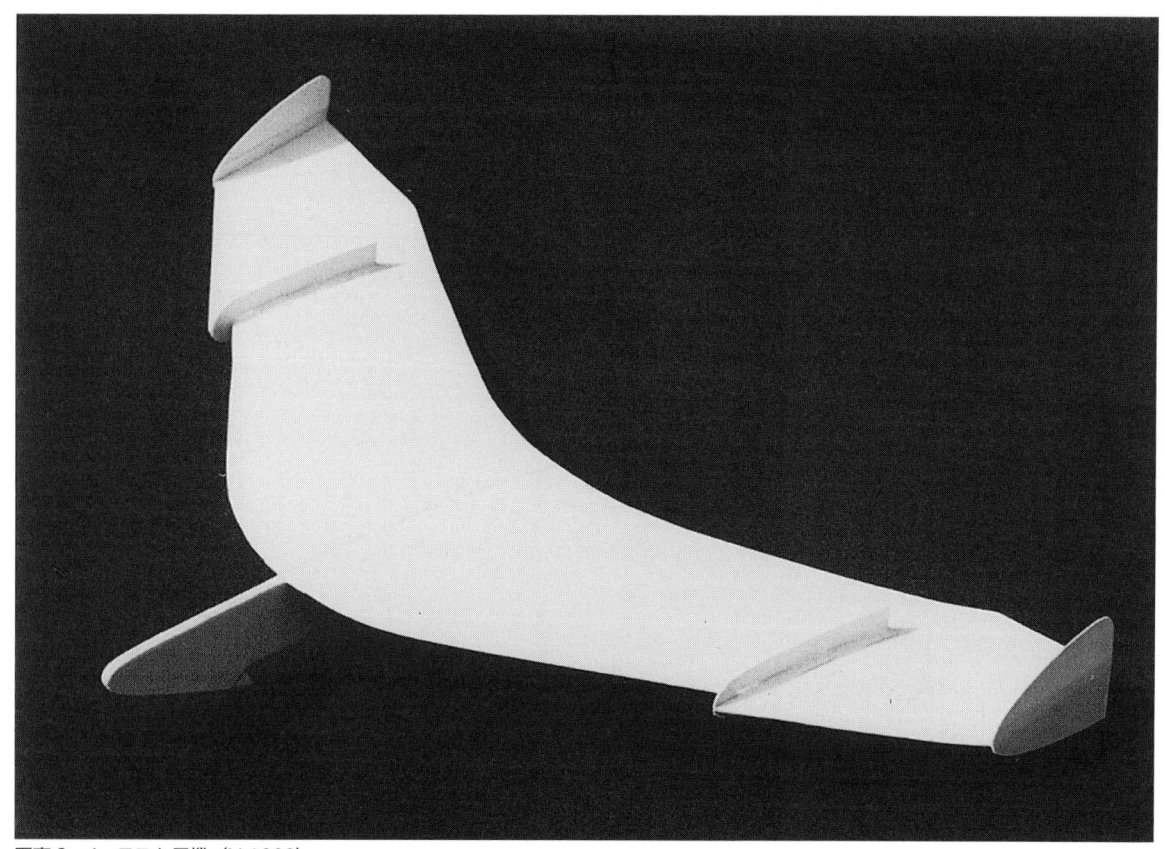

写真 3 - 4 テスト用機 (N-1802)

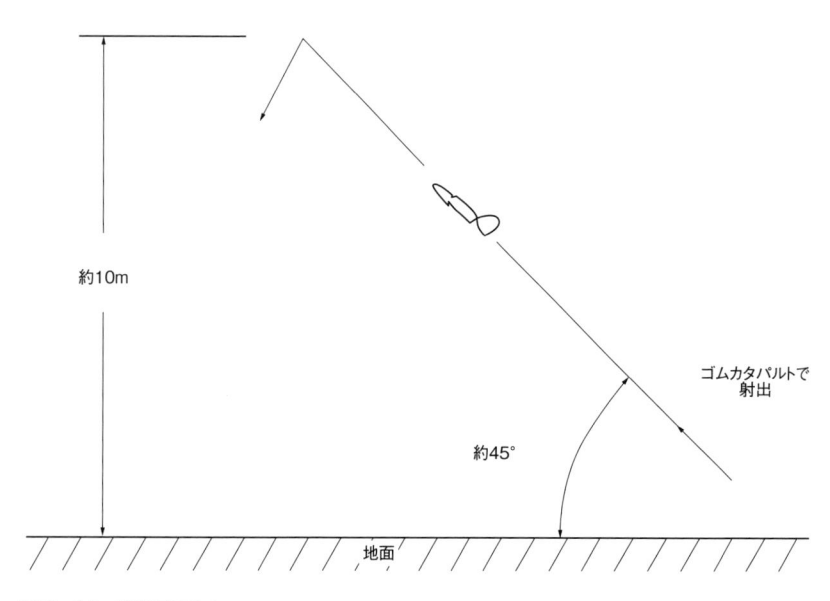

約10m

ゴムカタパルトで射出

約45°

地面

図 3 - 14 失速テスト

をきっかけとしてやっと正常な飛行に回復する。この間、機体は数～10m以上も落下して大きく高度を失う。無尾翼ペーパーグライダーの場合には特にこのような現象の発端となる翼端失速の防止が重要である。この対策の1つとして境界層隔離板（Boundary-Layer Fence、以下境界層フェンスあるいは単にフェンスと呼ぶ）の有効性を調べることとした。なおレイノルズ数10^4程度で飛行するペーパーグライダーでは迎え角10～12付近から失速が始まる。これに対して最小沈下率で飛行する際の迎え角は7～8°程度と推定されるから、失速までの余裕は小さい。

実物機ではMiG-15、MiG-17など境界層フェンスを装着している機種が少なくない。ここでは無尾翼ペーパーグライダーの境界層フェンスの有効性を検証しよう。この場合使用した無尾翼機（N-1802）を**図3‐13**および**写真3‐4**に示す。この機体の翼幅は約24cm、翼面荷重は$7.8g/dm^2$、境界層フェンスの高さは4mmである。翼前縁のソー・トゥースは境界層制御が目的ではなく、主として境界層フェンスの翼前縁からのはり出し部分を強固に保持するために設けてある。この機体をテスト用機として、つぎの説明のように強制的に失速に入れて、フェンスのある場合と、ない場合のスピンに入る率を比較した。失速してもスピンに入らず単に機首を下げるだけの場合は回復が早いので良しとした。実験は**図3‐14**のように機体を約45°の角度で上に向けて高度約10mまで上昇させ頂点でほぼ失速速度になるようにゴムカタパルトで射出し、これを20回繰り返してそのうち失速後スピンに入る回数を観察した。この実験の結果を**表3‐1**に示す。この実験結果から、境界層フェンスは有効と判断できるものと思う。

表3‐1　失速テスト結果

実験	テスト回数	フェンスあり		フェンスなし	
		スピンに入った回数	%	スピンに入った回数	%
第1回	20	6	30	11	55
第2回	20	7	35	12	60
平均			32.5		57.5

3-3 非対称機[11]

コンピュータシミュレーションの進歩した今日ではあるが、実験的確認の必要性は少なくない。紙飛行機は手軽に製作できること、およびこれを用いて実験による検討が可能なことによって、基本的な確認のための機材として、研究対象によっては極めて有効である。その例として「非対称機」の可能性について検討してみよう。

非対称型の実物機の例として、1938年ドイツ国で、パイロットあるいは偵察員の視界をよくする目的で、ブローム・ウント・フォスBV141型機が造られている（図3-15）。また試作あるいは計画として4～5例がある（航空朝日、昭和19年7月号、37～38ページ所載）。図3-16はそのうちの一例（スイス国ブルハルトによる、1918年）である。上述の例はすべて左右を通した1つの主翼に対して胴体またはエンジンが左右非対称にとりつけられている。しかしここでは飛行方向に対して、左右の翼の形状およびその取付位置を非対称とした、従来にはなかった形状の非対称機を提案しようとするものである。

一般に飛行機あるいは滑空機では、揚力を主として負担する主翼と、縦安定を保つための水平尾翼（あるいは前翼など）と重心位置の関係からつぎのように分類される。(A) 普通型（主翼が前にあり、尾翼が機尾にある最も普通の型）。(B) 揚力尾翼の普通型（模型飛行機によく使われる配置で、揚力を主翼だけではなく水平尾翼にも持たせた型）。(C) 串型（主翼と水平尾翼の大きさがほぼ等しい型）。(D) 先尾翼型、(E) 無尾翼型などで、これらを図3-17に示す。

このうち (A) の普通型を例にとって見ると、この型の縦安定の良否の指標は水平尾翼容積比 k_H で、次式で表示される。

$$k_H = \frac{S_H \times l}{S_M \times t_M} \quad \cdots\cdots\cdots\cdots (3-1)$$

ここに

S_M：主翼面積
S_H：水平尾翼面積
l：機体の重心から水平尾翼までの距離
t_M：主翼の翼弦長

また通常の左右対称の飛行機では重心位置は胴体の前後方向の中心線上にある。いまこの機体を中心線に沿って図3-18のように縦に切って左、右に2分したとすると、上式で $S_M \to \dfrac{S_M}{2}$、$S_H \to \dfrac{S_H}{2}$ となり、水平尾翼容積比

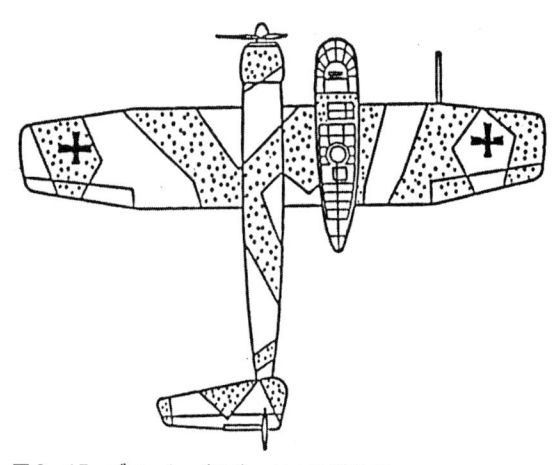

図3-15　ブローム・ウント・フォスBV141

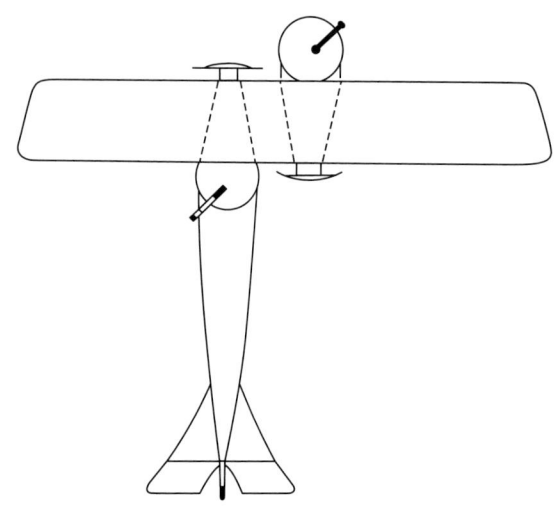

図3-16　非対称機の例

(A)型　(B)型　(C)型　(D)型　(E)型

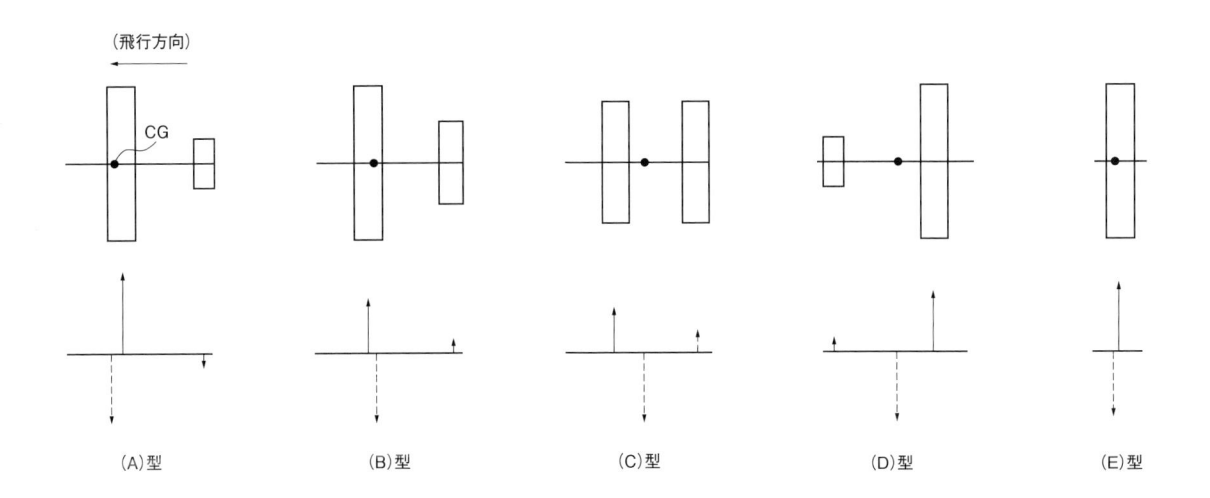

図3-17　飛行機の形式と重心位置

k_Hの値は同一であって、釣り合いと縦安定に関しては変化はないと言える（図3-18）。他の型（B）〜（E）についても同様と考えられる。

つぎに主翼および水平尾翼などの配置および形状が異なる対称型の機体で、縦安定の十分に大きいものを2つをとり、その一方の機体の左半分と、他の機体の右半分とを用意し、両者の重心の位置が一致するように結合すると、この飛行機は当然左右非対称となり、しかも左右とも釣り合いがとれ、縦安定は十分に大きいから安定した飛行を行なうことができると予想される。これらは図3-17の各型を相互に組み合わせることができ、その種類は表3-2のごとくになる。表の中で例えばAB型とあるのは図3-17に示す（A）型の左半分と、（B）型の右半分を結合させたものであり、以下同様である。これらの具体的形状を図3-19に示す。

これらの機体を実際に飛行させるためには上

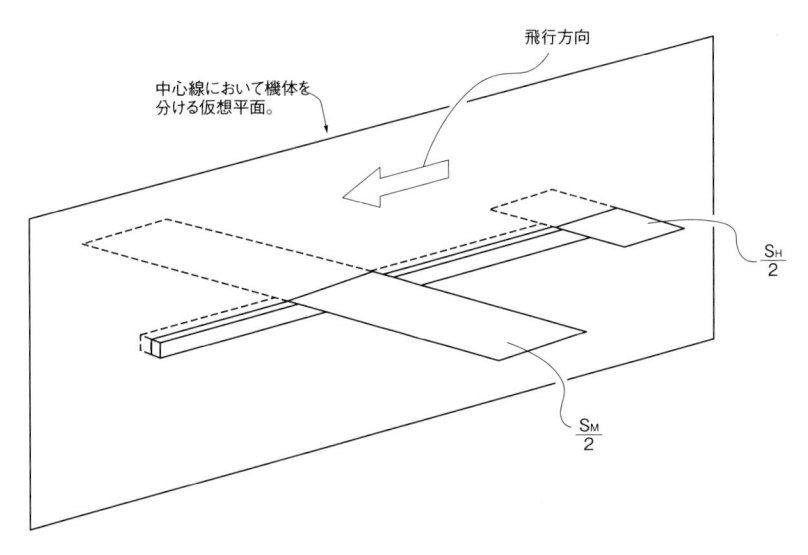

図3-18　飛行機を縦に半分に切った状態

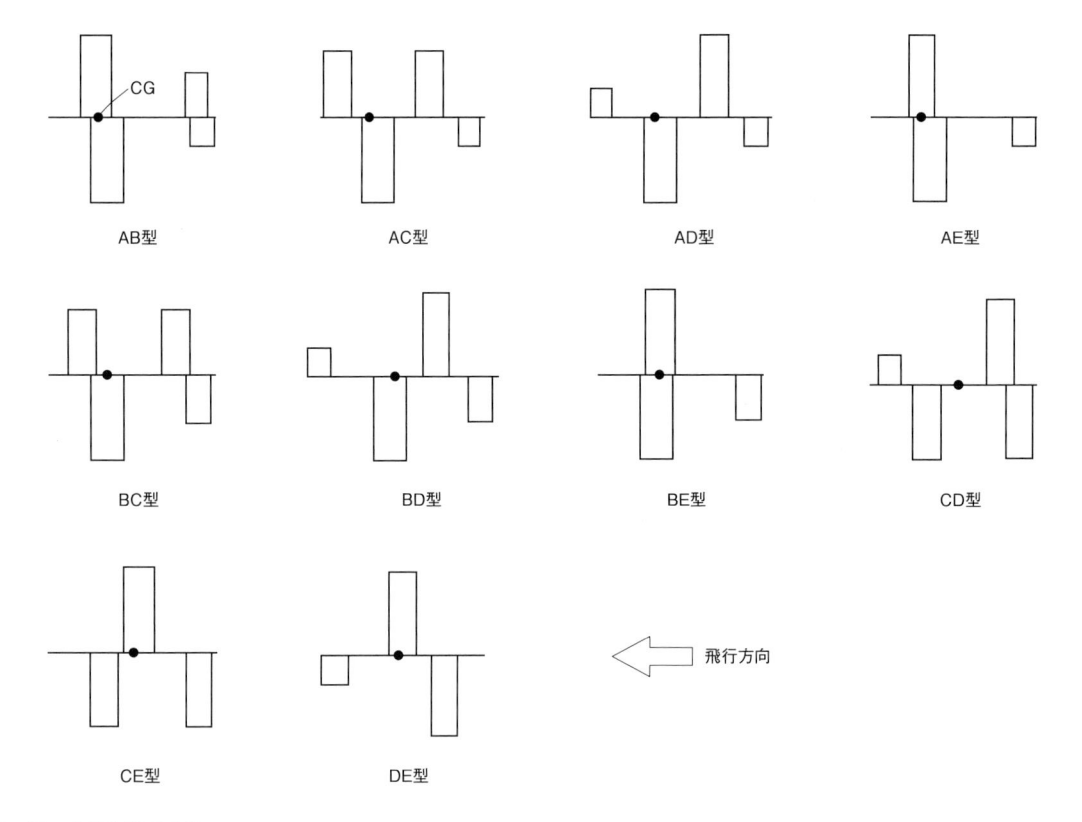

図 3 - 19 非対称機の形式

表 3 - 2 非対称機の組み合わせ

	A	B	C	D	E
A		AB	AC	AD	AE
B	*		BC	BD	BE
C	*	*		CD	CE
D	*	*	*		DE
E	*	*	*	*	

＊印は AB と BA、AC と CA などは同じものであるから省略したことを示す。

述の縦安定のほかに、横安定および方向安定を保つためにそれぞれ主翼上反角と垂直尾翼が必要であることは勿論である。また当然のことながら図3‐17に示す対称型の機体の翼面積、その取付角などを適切に選定して、各型の飛行速度、例えば定常滑空速度を等しくした上で、図3‐19の非対称型の組み合わせを作るものとする。

これらの非対称機の実現の妥当性を検証するために、図3‐19の各型の紙飛行機を作り、手投げで定常滑空させたところ、いずれも正常に滑空することが確認できた。

またつぎのようなことも明らかになった。すなわち図3‐19のうちAB型（図3‐20）とDE型（図3‐21）を取り上げて比較してみよう。AB型は類似した普通型（A）および（B）（ただし後者は揚力尾翼型）の組み合わせなので、問題は少ないように思われるが、飛行速度を定常滑空速度よりも増加させた場合、（A）は機首が上を向く傾向が強く、水平尾翼の取付角を変えて機首下げにトリムしない限り、速度の大幅な増加につれて宙返りにつながって行く。これに対し（B）はこの傾向が少なく速度を増加させても機首上げの傾向は小さい。従ってこの2つの型を左右に組み合わせて非対称機ABを構成した場合、速度変化により横転が発生する。これに対して一見極端な組み合わせの

第3部 変形機ほか　3-3 非対称機

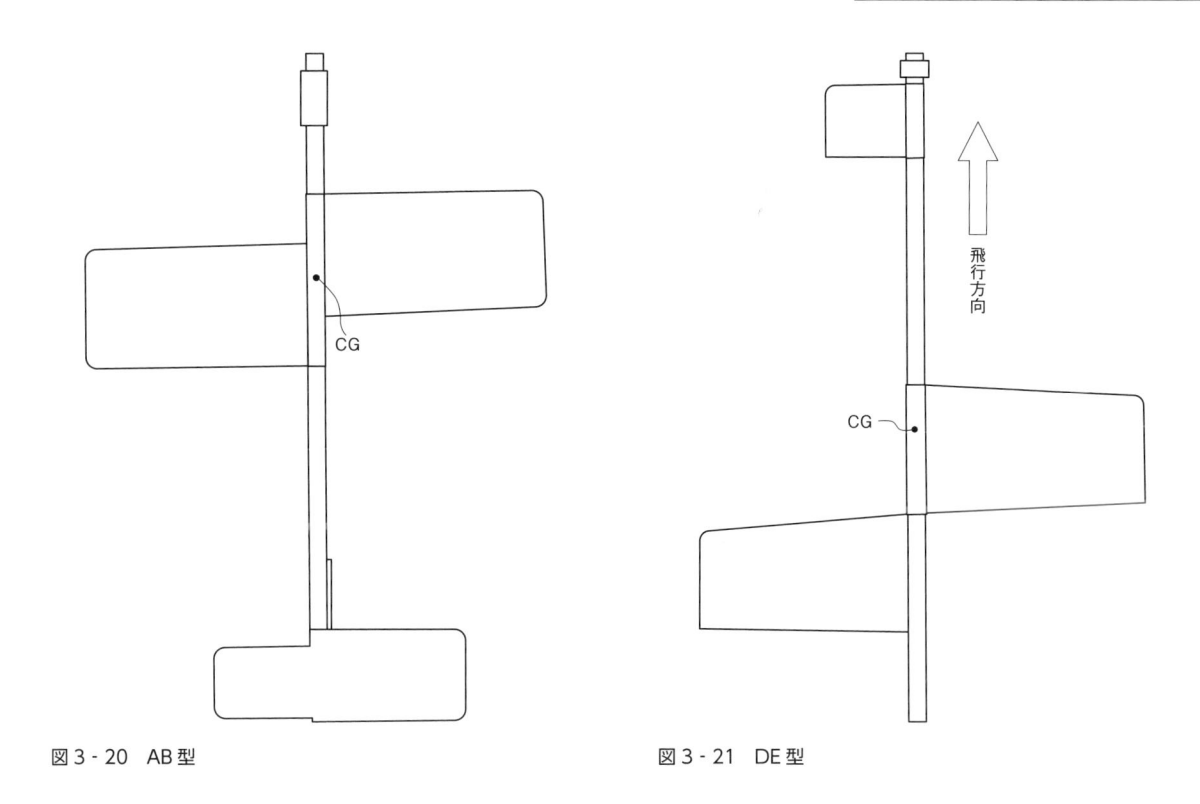

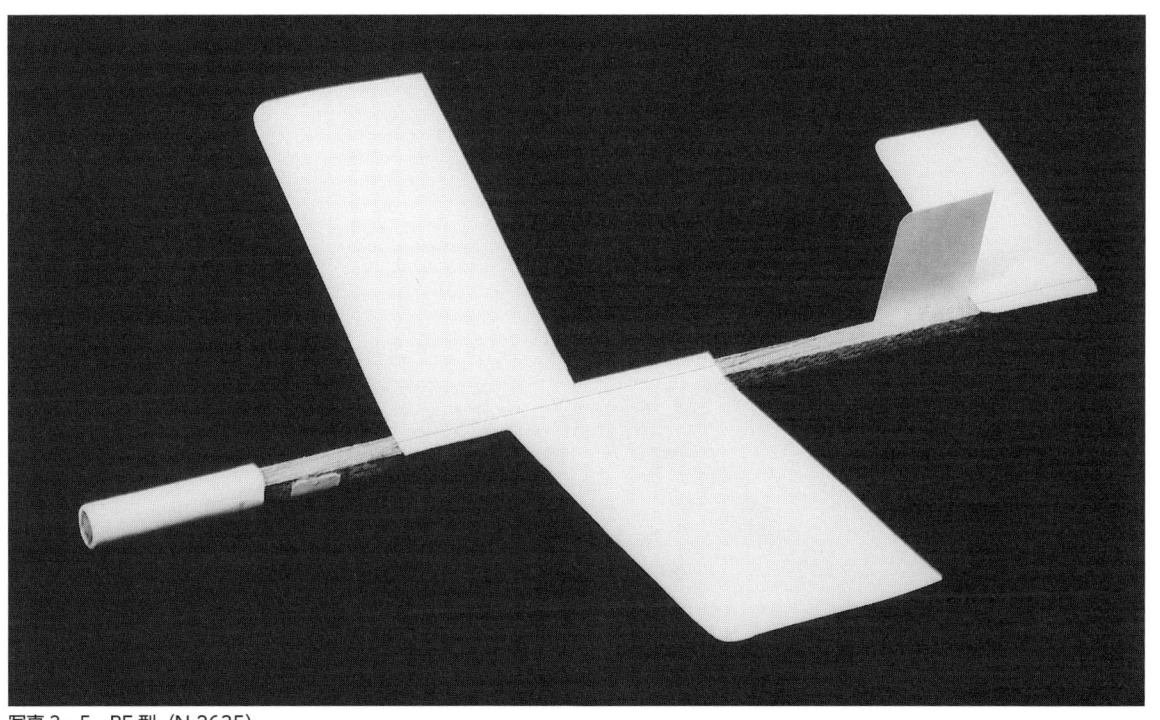

図3-20　AB型

図3-21　DE型

飛行方向

写真3-5　BE型（N-2635）

131

非対称型に思われる**図3-21**のDE型は飛行速度が大幅に増加した場合にも横転の傾向は殆ど現れない。

写真3-5はBE型を実際に戸外で飛ばすために設計した紙飛行機の例である。この機体も前記の**図3-21**と同様の利点を持っている。ゴムカタパルトで発進させて15～20mほどの高さに上昇させて頂点近くで定常滑空に入れる。発進時の速度は定常滑空速度の数倍以上に達するが、速度の変化に伴う横転など生ずることなく急速に上昇し、つぎにゆるやかな定常滑空に入り滑空する。滞空時間は10～15秒程度である。

上述のように**図3-19**の組み合わせの中にも飛行特性に関して優劣があるので、実際に飛ばす場合には組み合わせを選ぶ必要がある。紙飛行機の場合は無理であるが、それよりも大型の実物機を含めて考えればコンピュータ制御の自動トリムも可能である。しかし、トリム抵抗は少ない方がよいので、やはり組み合わせの優劣を比較の上、目的に応じた非対称機の型を選ばなければならないのであろう。

上に説明したように、課題にもよるが、ある発想に対して、その基本的な合理性を手軽に検証するための機材として紙飛行機は有効である。

3-4 ホチキス・ペグ──ステープラーで組み立てる紙飛行機

「ホチキス・ペグ」というのは紙綴り器（ステープラー、別名ホチキス）を使用して組み立てる私が設計したペーパーグライダーに命名した名前である。機体を組み立てる方法として、乾燥時間を必要としないステープラーを用いることは、簡易な機体を短時間に製作する方法として有効な手段である。写真3-6にホチキス・ペグの一例（N-2214）を示す。この種の機体を開発する際に私が経験的に得た設計指針について以下に列挙しよう。

- 主翼、水平尾翼は別々の部品とせずに図3-22に見られるようにできるだけ一体とした構造とすること。その理由はゴムカタパルトによって高速で射出し、かつ長時間の滑空をねらって製作する機体は、主翼と水平尾翼の相互の取付角を正確に保って組み立てなければならない。短い時間内に簡易に組み立てられる、あまり丈夫でない胴体に主翼、水平尾翼を別々にとりつける方法では、どうしても相互の取付角の誤差が生じやすい。これに対して図3-22のように幅広の中央胴体部分を介して主翼と水平尾翼を一体として繋ぎ、かつ中心線に沿って折り曲げて、前後方向の曲げ強度を上げる構造とすれば、この問題に対応できる。さらにこの折り曲げ角度は主翼上反角を兼ねている。
- 主翼、水平尾翼は左右が直接繋がった構成とする。これは両者を、胴体部から左右別々に折り曲げた構造とすると、曲げ角度が不正確な場

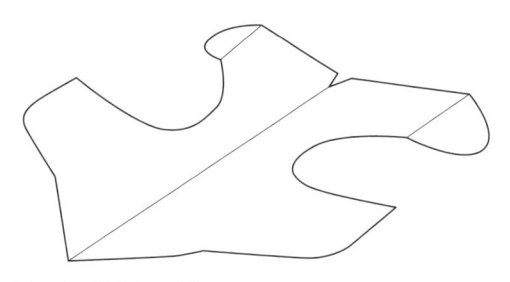

図3-22　N-2214の翼

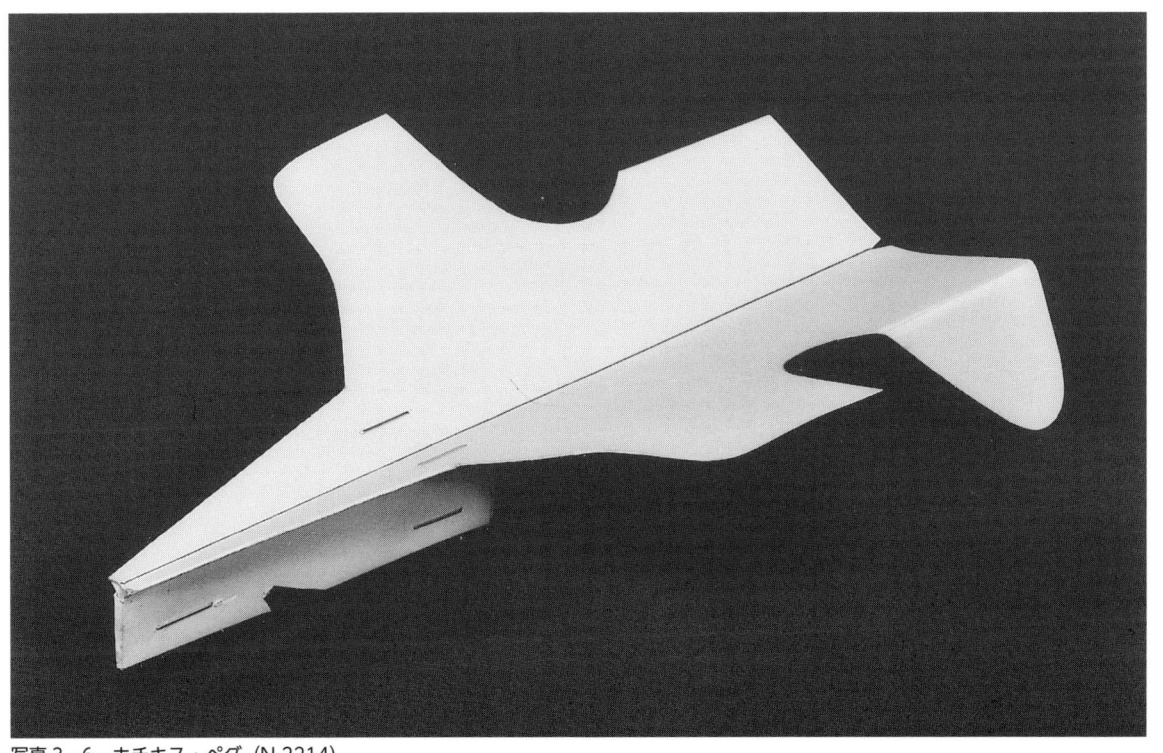

写真3-6　ホチキス・ペグ（N-2214）

合には左右の取付角の違いによって機体の横転（ロール）を生ずる。上記はこれをできるだけ防ぐためである。

- 垂直尾翼は下につける。ホチキス・ペグでは多くの場合、主翼と尾翼の間隔がせまいケースが少なくないので垂直尾翼を上につけると主翼の乱れた後流に入りやすい。

これら上記の諸条件をとり入れて図3-22に示すように翼部として一体構成とする。

- 胴体前部は重心を適切な位置に置くための錘の役目と、飛行機を飛ばす際に機体を持ちやすくする役目がある。このため図3-23のように機首の左右に展開した部分を機首の下に折りこみ、ステープラーで固定して垂直部分を作り、指先ではさみやすくする（図3-24参照）。この際、機首のはり出し部分（図3-23のPおよび図3-24のP）を、機首をカバーするように横に反対側に折ってステープラーでとめる。これは機体が地面などに衝突したときに、機首の折りこみの間に土砂が入りこむのを防ぐためである。

このようにしてできあがったのが写真3-6と図3-24（c）の機体（N-2214）である。これは全長約17cm、全幅約13cm、重量約5gで、使用材料はケント紙210g/m²。この機体の滞空データを図3-25に示す。使用したカタパルトのゴムは1/20インチ角、長さ0.4m、輪1つ。

胴体に関しては上記の説明とは異なり、翼部と分離した構造とすれば設計の自由度は増す。図3-26[23]はその一例で、折って作った胴体のすき間に、翼部の先端をさしこんで機体を組み立てる。機首の胴体部分が翼部と一体の図3-23の場合には胴体の後端を重心位置までのばすことはむずかしいが、胴体を別部品とすれば重心位置までのばすことができ、機体を飛ばす際に図3-27のように指先で重心の下を持

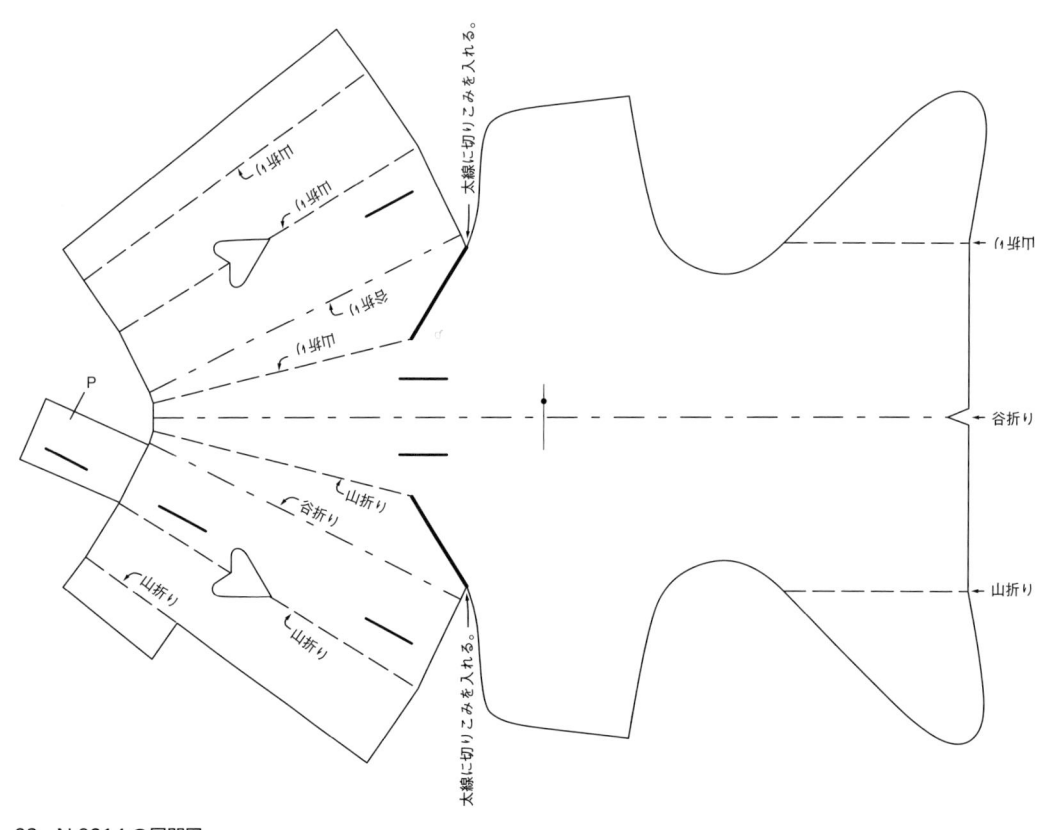

図3-23　N-2214の展開図

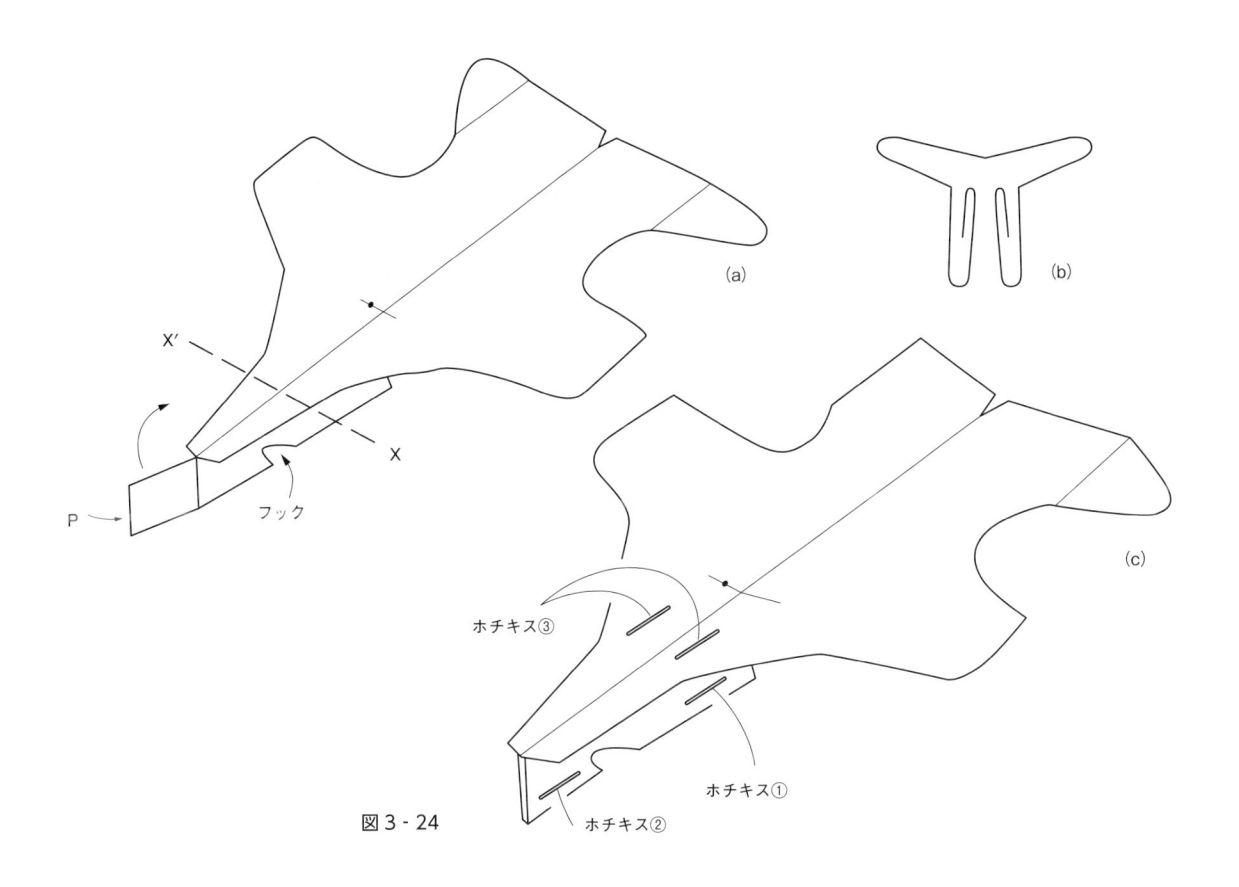

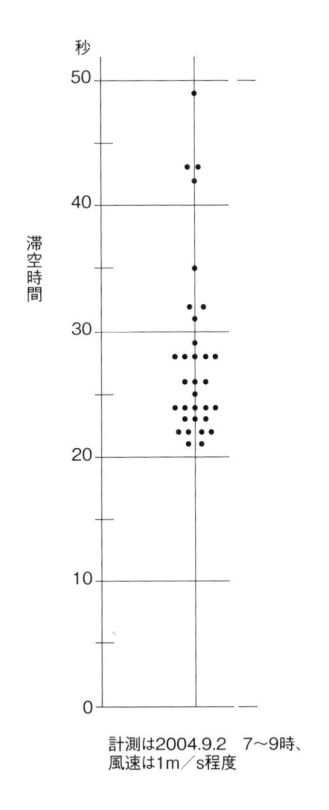

第3部 変形機ほか　　3-4 ホチキス・ペグ——ステープラーで組み立てる紙飛行機

(a)
(b)
(c)

X′
X
P
フック

ホチキス③
ホチキス②
ホチキス①

図3-24

秒
50
40
30
20
10
0
滞空時間

計測は2004.9.2　7〜9時、
風速は1m／s程度

図3-25

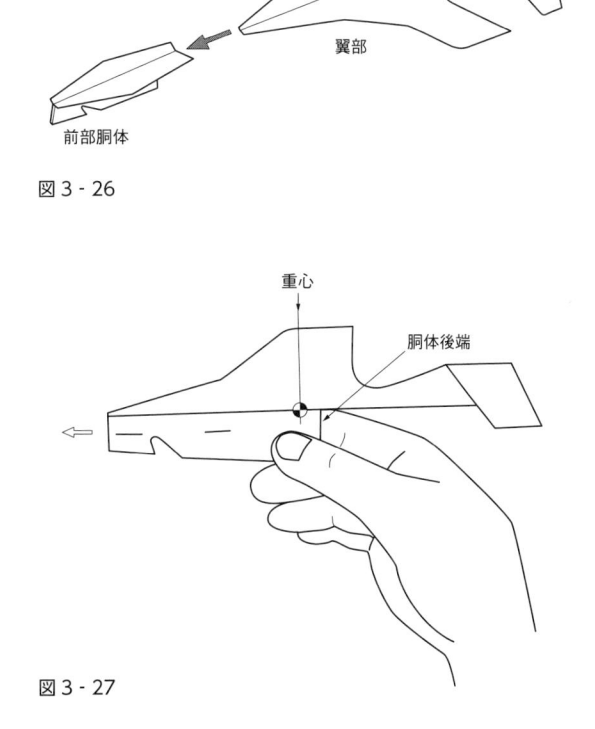

翼部
前部胴体

図3-26

重心
胴体後端

図3-27

つことができ、保持し易い利点がある。

なおいずれの場合も機体を指で持つ部分のステープラー針は怪我をしないように針先をつぶしておくか、あるいは粘着テープなどでカバーしておくと安全である。

以上はステープラーを使用して組み立てる紙飛行機の説明であるが、類似の構造でステープラーを使用しない方法についても紹介しよう。これは機首部の**図3-28（a）**のシャドーをつけた部分の裏面にあらかじめ粘着のりを塗布しておき、**同図（b）**のように、まず胴体の右側を折って接着し、つぎにこれにかぶせるように左側を折り曲げて接着して胴体部を手軽に完成させることができる。この方法によればのりは裏面だけにぬっておけばよく、両面の必要はない。また上記のようにあらかじめ粘着のりを塗布しておくのではなく、機体を折って組み立てる際に普通の接着剤（いわゆるスティックのり）をぬる方法をとることもできる。

シャドーをつけた部分の裏側に粘着のりをぬっておき、折って接着する。またはスティックのりで接着する。

(a)

(b)

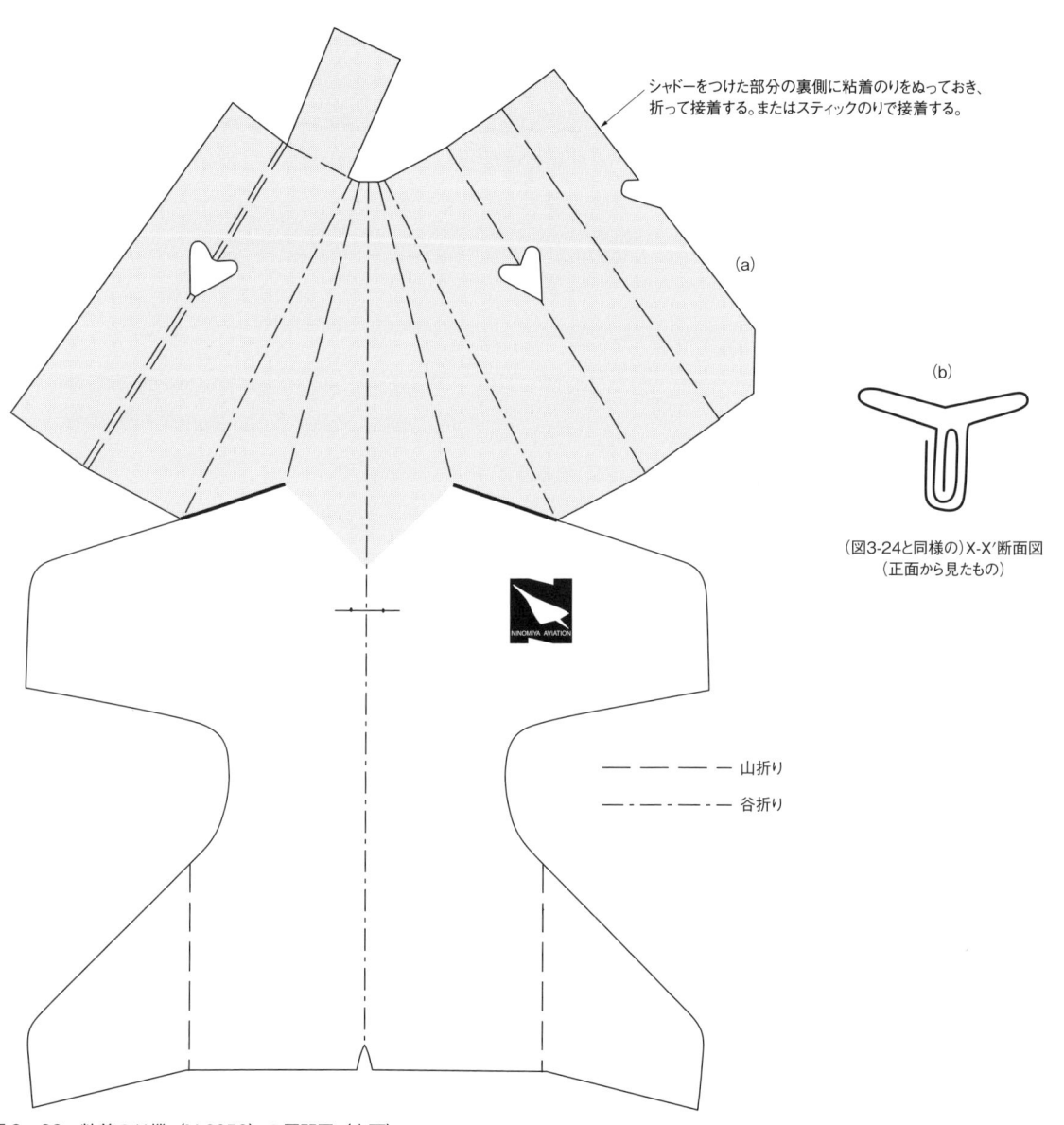

（図3-24と同様の）X-X′断面図
（正面から見たもの）

― ― ― 山折り
―・―・― 谷折り

図3-28　粘着のり機（N-2350）の展開図（上面）

3-5 おりがみプラス[17]

子供の頃によく作った長方形の紙を折って機首を頂点とする二等辺三角形の翼をもつおりがみ飛行機（図3-29）は、つぎのような特長と欠点をもっている。

特長
(1) 器用、不器用に関係なく、多少粗雑に折ってもある程度よく飛ぶ。
(2) ケント紙などの特殊な紙でなく、手近な広告用紙などで作ることができる。
(3) 接着剤などを使わないので、折ってすぐ飛ばすことができる。

欠点
翼幅が狭いので翼を曲げても、機体を横に傾けるための大きなロール・モーメントを発生させにくい。このため思ったように自由に旋回させにくい。

子供に紙飛行機の楽しさを教える紙飛行機教室では単に紙飛行機を作って飛ばすだけでなく、「飛行の原理」の初歩を教えたい。そのためには実物機のパイロットのように自分で機体を思うように操縦できるところまで教えることが望ましい。従って、旋回などの調整がやりにくい図3-29のおりがみ飛行機は楽しいけれども良い教材とは言えず、前掲の多くの特長があるにもかかわらず教材としてあまり使われなかった。

そこで、前述の欠点を除くために私は図3-29のおりがみ飛行機（これは図3-30（a）も同じ）に、翼幅が大きく、かつ縦横比が5程度以上の第二の翼wを装着した新たな形式の機体（図3-30（b））を試みた。この機体は第二の翼wを接着剤あるいはステープラーなど

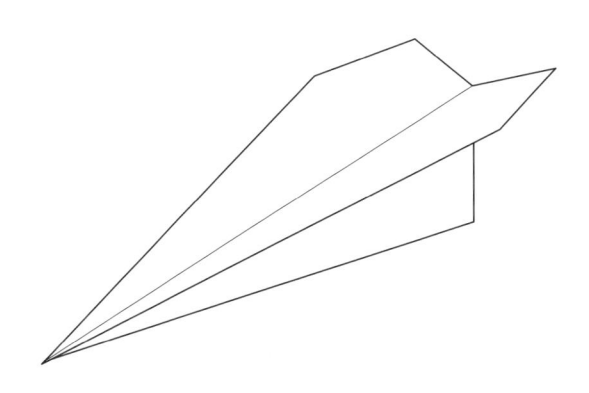

図3-29 おりがみ飛行機

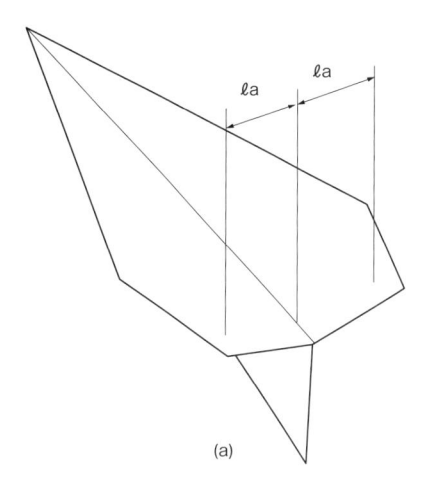

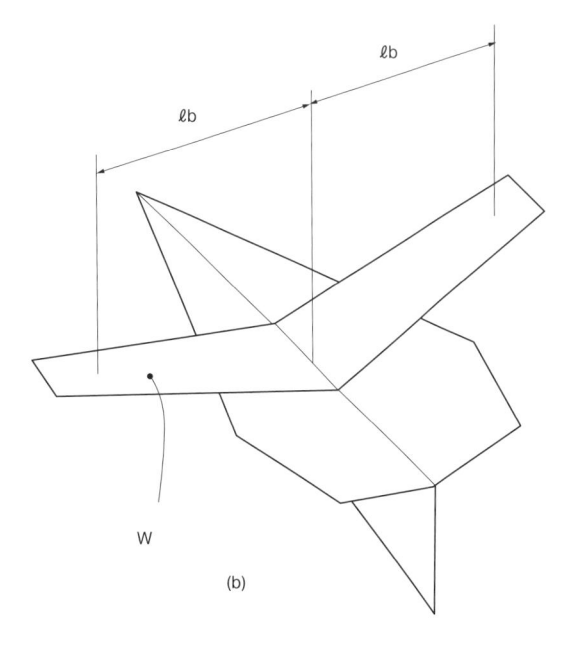

図3-30 ロール・モーメントアームの相違

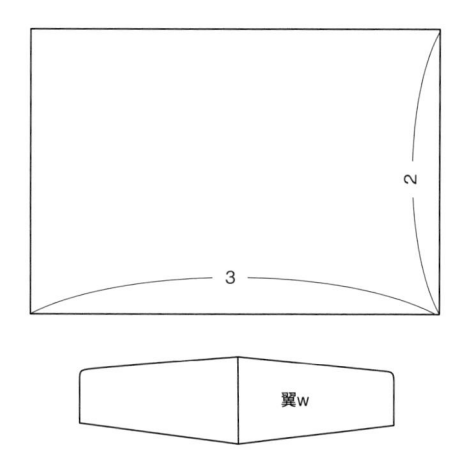

図3-31 おりがみ＋きりがみ機の材料

で接着するだけなので、図3-29の機体の特長をほぼそのまま保有している。旋回させるために図3-30（a）の左右の翼をねじってロール・モーメントを発生させる場合のモーメント・アームの長さをl_aとする。また同図（b）の翼wのそれをl_bとすると、l_bはl_aよりも数倍も大きくすることが可能で、機体の旋回の調整を容易にして、同図（a）の機体の欠点を除くことができる。

製作方法は機体の材料としては、図3-31のように縦横寸法比3：2程度で、通常のコピ

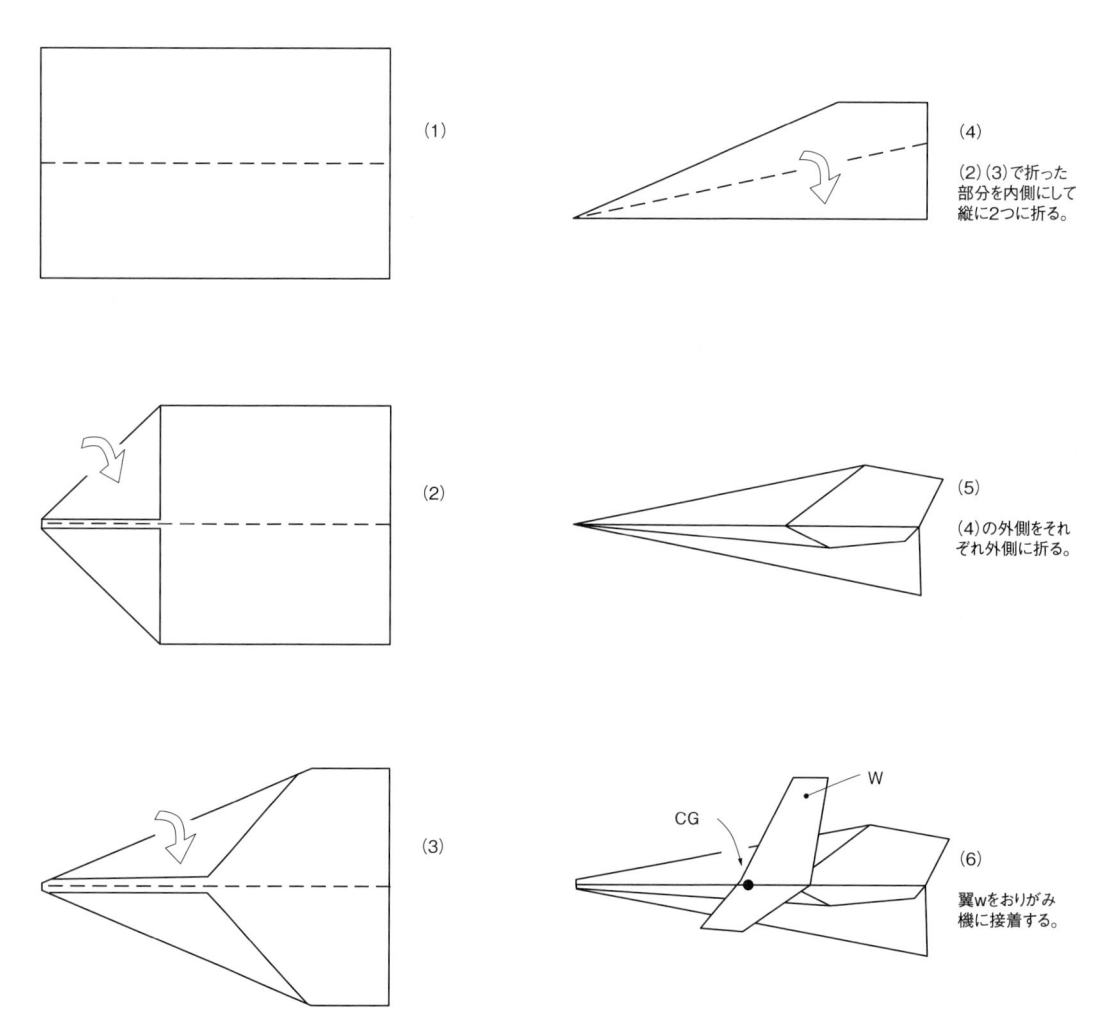

(1)

(2)

(3)

(4) (2)(3)で折った部分を内側にして縦に2つに折る。

(5) (4)の外側をそれぞれ外側に折る。

(6) 翼wをおりがみ機に接着する。

図3-32 製作順序

一用紙ほどの厚さの紙と、官製ハガキ程度の厚さをもつ紙を用いてスパンの長い翼wを用意する。前者の長方形の紙を**図3-32(1)～(5)**の順序で折って（必要ならば要所を粘着テープなどで押さえる）、二等辺三角形の翼を持つおりがみ飛行機を作る。つぎにこの上から**図3-32(6)**のようにスパンの長い翼wを装着する。この翼の取付位置は経験上この翼のMAC（空力平均翼弦）0%近くに重心が合うような場所に装着するのがよい。完成機（N-1810）を**写真3-7**に示す。この完成した機体はスパンの長い翼のねじりと垂直尾翼の曲げによって左または右に自由に旋回させることができる。

派生型としては前項まで作られたおりがみ飛行機を、二等辺三角形の翼を持つ紙飛行機として考えてきたが、これは指で持ちやすいし、若干まげ剛性も備えているので、単に「垂直尾翼を持った胴体」と考えることもできる。従って、これに所要の別の翼を装着すれば、**写真3-8**のように先尾翼機、無尾翼機なども構成することができる。

また原型の**写真3-7**の形状で、胴体の機首

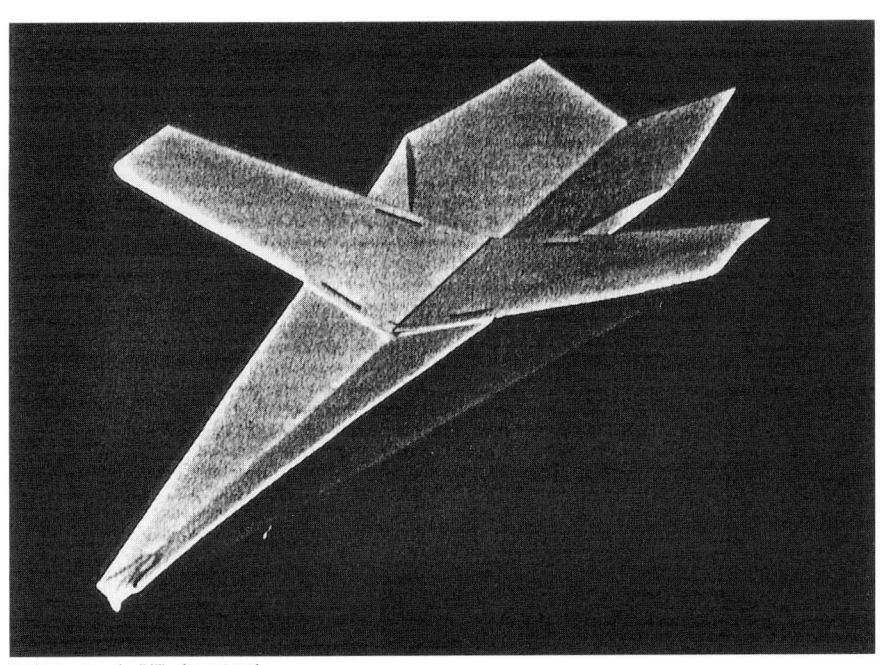

写真3-7　完成機（N-1810）

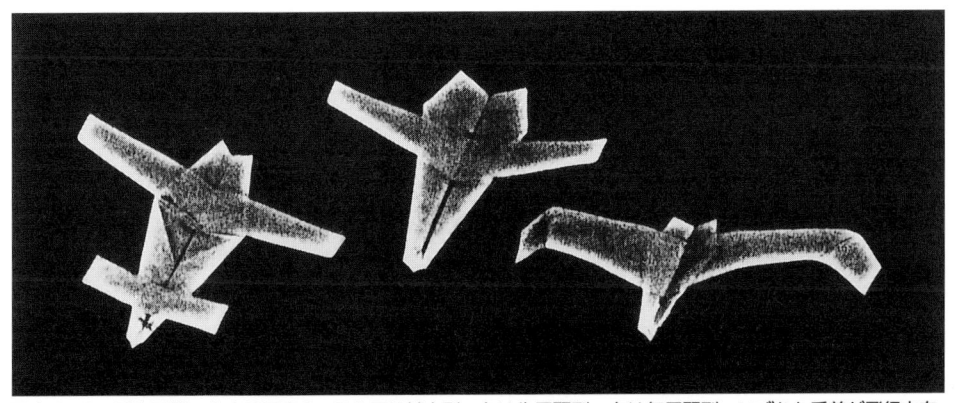

写真3-8　派生型機　中央は写真3-7と同じ基本型、左は先尾翼型、右は無尾翼型。いずれも手前が飛行方向

に錘として薄い鉛板を折りこんで、水平尾翼に相当する部分までのモーメント・アームを長くした機体を**写真3-9**（左）に示す。これは飛ばしやすく、ハンドランチで30秒の滞空記録が得られた。またもとの紙の形状を長方形ではなく適宜、形を変えることによって、**写真3-10**のように水平尾翼の面積をふやすこともできる。

私はこれら「おりがみ＋きりがみ」飛行機を「おりがみ＋」（おりがみプラス）と名づけることとした。

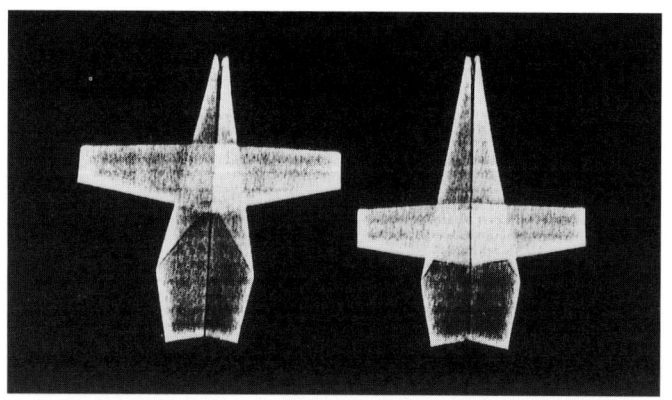

図3-9　（左）機種に錘を入れた機体。（右）基本型（写真3-7と同じ）

図3-10　水平尾翼面積をふやした機体

3-6 発泡ポリスチレン板を主材としたゴム射出グライダー[24]

　本書の「はじめに」にも述べたように、模型飛行機を飛ばして楽しむ場合、私の経験では遠くまで飛ぶ飛行距離よりも、長時間のフライトにより楽しみを感ずる。これは私ばかりではなく模型飛行機愛好家の共通の感覚ではなかろうかと思う。実際上の問題としても、前者は広大な場所を必要とするのに対し、後者は適切に旋回させれば必ずしも広大である必要はなく、また計測もストップウォッチだけですむ。従って模型飛行機の場合には滞空性能に重点を置いてよいであろう。

　航空機の性能を比較すると、実物の高性能グライダーの滑空比が50に達するのに対して、レイノルズ数の小さい模型では10程度、さらに模型でも小型の部に属するペーパーグライダーでは10以下となって、実物にくらべて大きく劣る。しかし一方、沈下率の点では実物グライダーが0.5m/s程度であるのにくらべて、ペーパーグライダーでは0.5〜1m/sくらいであり大差はない。このような模型飛行機の性能上の特質、すなわち揚抗比では実物と大差があるが、沈下率の点では実物に匹敵する性能をもたせることができる。これを利用して滞空時間の長いフライトを楽しむというのが模型飛行機好きの喜びである。

　従来、ゴムカタパルト射出の模型グライダーは我が国では紙を主材としたものが広く普及している。この紙飛行機の設計、飛行を通して発展してきた技術をベースとして、発泡ポリスチレン板（以下簡略に「発泡スチレン」あるいは「発泡スチレン板」と呼ぶことにする）を主材とした機体の開発を行なった。これらの機体には紙製の機体とは異なる特徴があるので、ペーパーグライダーに対して発泡スチレンのグライダーがどのような関係をもつかを、上記の観点も含めて考えてみよう。

　まず市販で入手容易な発泡スチレン板を使用した機体の特徴について私見を述べる。

［特徴1］発泡率にもよるが、市販の通常の発泡スチレンの比重は約0.1、また通常のケント紙の比重は0.8、この比は1／8である。しかし紙製機と発泡スチレン機の重量比がこの値に

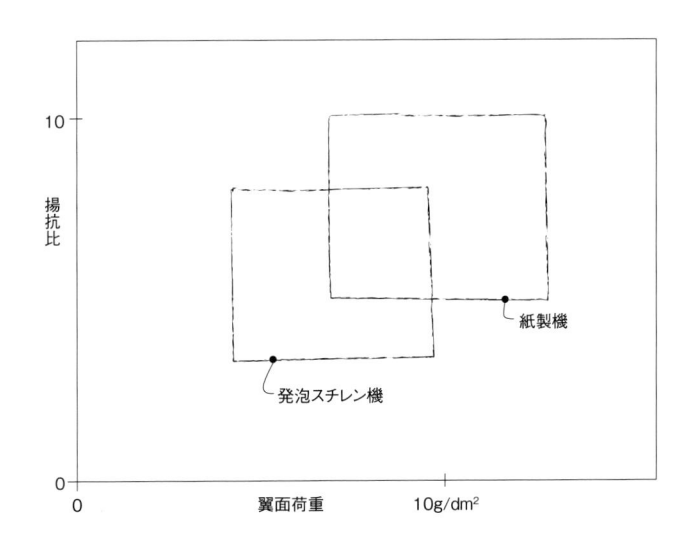

図3-33

なるわけではない。紙にくらべて、発泡スチレン板の曲げ、ねじれ強度が低いので、厚い材料を使用しなければならない。このため発泡スチレン機は紙製機にくらべて揚抗比は劣る。しかし厚い材料でも紙製機よりは低い翼面荷重とすることができるので、結果として沈下率の点で紙製機に優る値を得ることができる。図3-33は以上の考えの概念図である。

[特徴2] 機体を保存する場合に、周囲の環境すなわち温度、湿度の影響を受けて機体が変形する。紙製機に対して発泡スチレン機の経時変形の度合いは経験的に小さいものと認識されている。従って長時間放置しても、そのまますぐに正常に飛ばすことができる。

[特徴3] 紙製機の欠点の1つは雨や地面の草の露が多量にある場合には、ぬれて紙の強度が低下して飛行させることが困難となることである。発泡スチレン機にはこの欠点は無い。

[特徴4] 多くの紙製機は正面から見た断面積が小さい。このため積雪時の着陸の際に雪の中に突入埋没し、機体が発見しにくくなる問題がある。一方発泡スチレン機は強度を補うために厚い材料を使用するので正面面積が大である。また重量が軽いので慣性力が小さい。このため積雪時にも雪中に埋没することは少なく、雪の多い場合にも支障なく飛ばすことができる。

[特徴5] 翼面荷重が小さく滑空速度が遅いので、機体を見失うことが少なく高齢者向きでもある。

以上は利点であるが、以下のように注意すべき点もある。すなわち、

[特徴6] 機体全体の重量が軽く、かつ翼面荷重が小さいので、タービュランスの影響を受けやすい。従って、特に風の穏やかな天候を選んで飛ばすことが必要である。

[特徴7] 発泡スチレンは紙よりも耐水性が高く分解しにくい。このため野外で飛ばす場合など、機体が遠くへ飛んで行って見失ったり、壊れたりなどの理由で機体を放棄すると自然汚染につながるので、十分な注意が大切。屋根や高い木に登るなどの危険が伴わない限り、機体をできるだけ回収することが必要である。

以上の特徴を考慮して発泡スチレン板を主材としたゴムカタパルト射出グライダーの例をつぎに示す。なおこれらのグライダーは原則的にゴムカタパルトとして20番ゴム（1／20インチ角）、長さ1m、二重輪の射出に耐えることを条件としている（機体によってはゴムの長さ0.5m、輪1つを限度とする機体もある）。

■ 2mm厚発泡スチレン翼材機[24]

2mm厚発泡スチレン翼材では、主翼の25％翼弦長を結んだ線で見て直線翼、後退翼がねじれ変形の発散に耐えることができる。図3-34および写真3-11は機体例の1つ（共にN-2127）である。胴体は厚さ5mmの発泡スチレン板で中央部と尾部にスリットを設け翼をさしこむ。主翼用のスリットには3％のキャンバーをつけて翼中央部の曲げ強度を高め、また若干の性能向上をはかっている。また主翼、水平尾翼とも左右対称だけでなく、前後対称として、スリットにさしこむ際に前後を間違えても飛行に支障がないようにしてある。機首の錘は粘着ゴム板あるいは布粘着テープを使用する。機体重量は5.2g、翼面荷重は約$7g/dm^2$である。

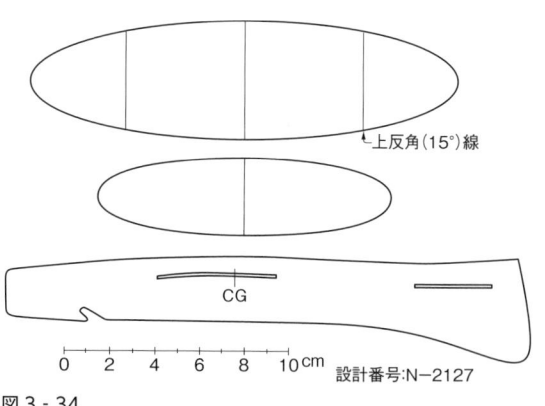

図3-34

表3-3にこの機体による競技会（2004年10月24日、東京都立武蔵野中央公園）の1〜10位までの結果を示す。射出用ゴムは断面3.2mm×約1mm強、長さ40cm、輪1つを使用（ただし機体のゴムフック部は補強したもの）。表中のコードは参加者の記号、各回の数値は滞空時間（秒）である。また競技は各人が10回飛ばして、滞空時間の多い5回分の合計で競う。得点はこの5回分の合計秒数（ただし滞空60秒を超すものは60秒として集計してある）。

写真3-12は上記機体と同様の考えで作製した作品例である。

写真3-11

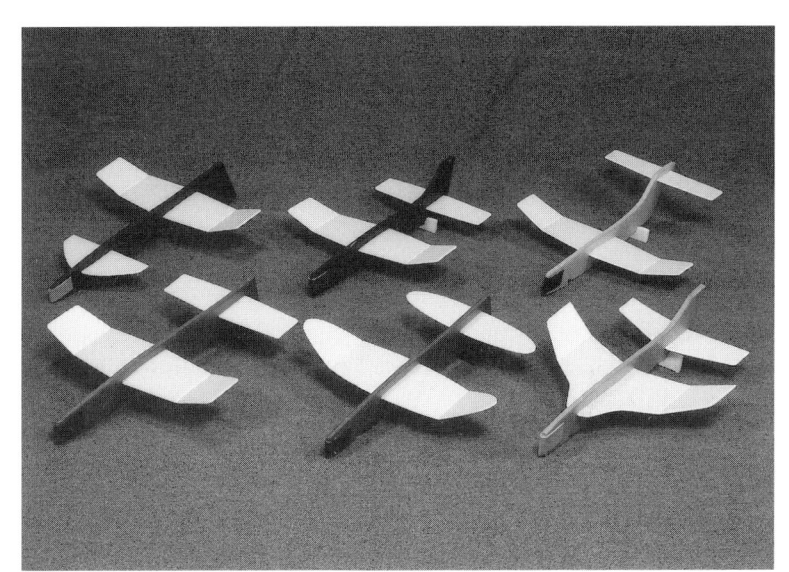

写真3-12　2mm厚発泡スチレン翼材機の例

表3-3　N-2127の競技結果　（●は滞空時間が長い上位5回の記録）

個人コード	順位	得点	1回	2回	3回	4回	5回	6回	7回	8回	9回	10回
81	1	229.1	10.9	●51.8	22.1	●36.8	18.5	20.1	9.8	●34.7	●45.8	●67.0
57	2	219.0	27.0	29.0	●36.4	●44.6	●34.4	28.9	●44.0	●59.6	8.0	18.7
76	3	187.2	17.5	●25.6	●46.0	22.2	24.5	23.3	●29.6	19.7	●72.0	●26.0
197	4	183.1	●42.1	24.2	22.7	8.0	20.3	●29.3	●30.5	●49.3	●31.9	23.6
166	5	177.7	●23.8	●30.8	●44.7	18.3	●46.2	●32.2	15.9	12.6	14.7	22.2
55	6	169.6	23.3	●32.6	●24.6	●28.9	●23.5	18.2	14.8	●60.0	20.2	11.6
109	7	165.9	2.8	●22.1	22.0	●45.0	19.5	●24.0	●24.5	18.0	18.0	●50.3
179	8	163.7	●29.5	●31.2	23.5	15.7	●36.4	20.0	●35.6	18.0	●31.0	16.6
145	9	157.0	●28.1	4.6	●29.0	19.3	●23.6	12.0	●16.3	11.2	●60.0	12.0
180	10	151.9	17.0	●29.5	20.0	15.0	26.9	22.0	●32.0	●32.1	●29.7	●28.6

■ 1mm厚発泡スチレン翼材機 [25]

1mm厚発泡スチレン板を翼材とした比較的高性能が期待できる機種である。1mm厚翼材のゴムカタパルト射出グライダーでは翼の平面形は前進翼、直線翼は不可で、翼のねじれ変形を発散させないために、後退翼あるいはデルタ翼とし、キャンバーはつけない方がよい。つぎに作品例を2つばかり紹介しよう。

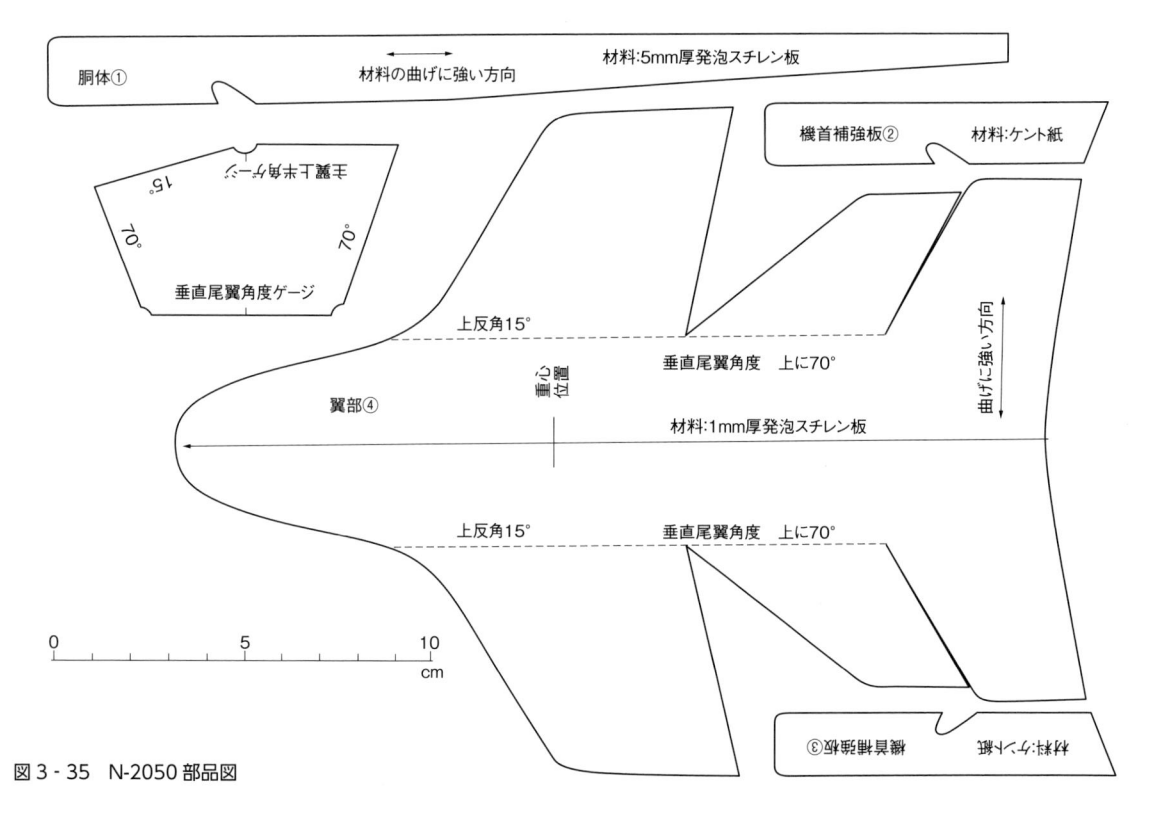

• ジェット機型（N-2050）

主翼、尾翼とも後退翼で、部品点数を少なくするために図3-35の部品図に示すようにこれら翼部を1枚の1mm厚発泡スチレン板を折り曲げて構成している。また胴体を5mm厚の発泡スチレン板で作り、機首の両側にケント紙で機首の補強と、錘を兼ねる補強板を貼りつけるという構造である。この機体は全長約25cm、全幅約17cm。機体重量5.1g、翼面荷重約5g/dm^{2}で、この値は紙製のおおよそ半分である。このような翼形状は滑空性能が悪そうに見えるけれども翼面荷重が小さいので、ゴムカタパルトで20m以上に上昇させれば20～30秒の滞空が得られ、紙製にくらべゆっくりしたスピードのフライトを楽しむことができる。

この完成機を写真3-13に、また滞空記録の一例を図3-36に示す。

• おりがみ機型（N-2075）

この機体の形状は（写真3-14）、最も一般的なおりがみ飛行機をモデルにしたものである。この機体の場合も上記と同様に、発泡スチレン板は湿度や温度の影響を受けにくく翼の平面が保たれやすいので紙の場合よりも飛ばしやすい。

• 1mm厚発泡スチレン翼材機製作の要点

発泡スチレン板の曲げに強い方向を、少し曲げてみるなどして調べておく。発泡スチレン板

図3-35　N-2050 部品図

第3部　変形機ほか　　3-6　発泡ポリスチレン板を主材としたゴム射出グライダー

写真3-13　ジェット機型（N-2050）

写真3-14　おりがみ機型（N-2075）

の曲げに強い方向は、紙の場合ほどには明確ではないが、曲げてみると、わずかではあるが差を見出すことができる。翼幅方向に曲げに強い方向をとる。材料の1mm厚発泡スチレン板が多少でもわん曲している場合には、その材料板の凹の方を翼の上面（表面）として使用すること。その理由は、凹の側を上面にした方が、機体完成後の調整の際に、尾翼の後縁を上に上げる量が少なくてすむからである。

接着剤はシンナー系の溶剤のものは発泡スチレンが溶けるおそれがあるので、アルコール系溶剤のものを使うこと（「カネスチック」など）。翼と胴体の接着、上反角など折り曲げ角度の固定用には、発泡スチレン用として売られているものよりは、カネスチックなどの粘性の高いものの方が使いやすい。

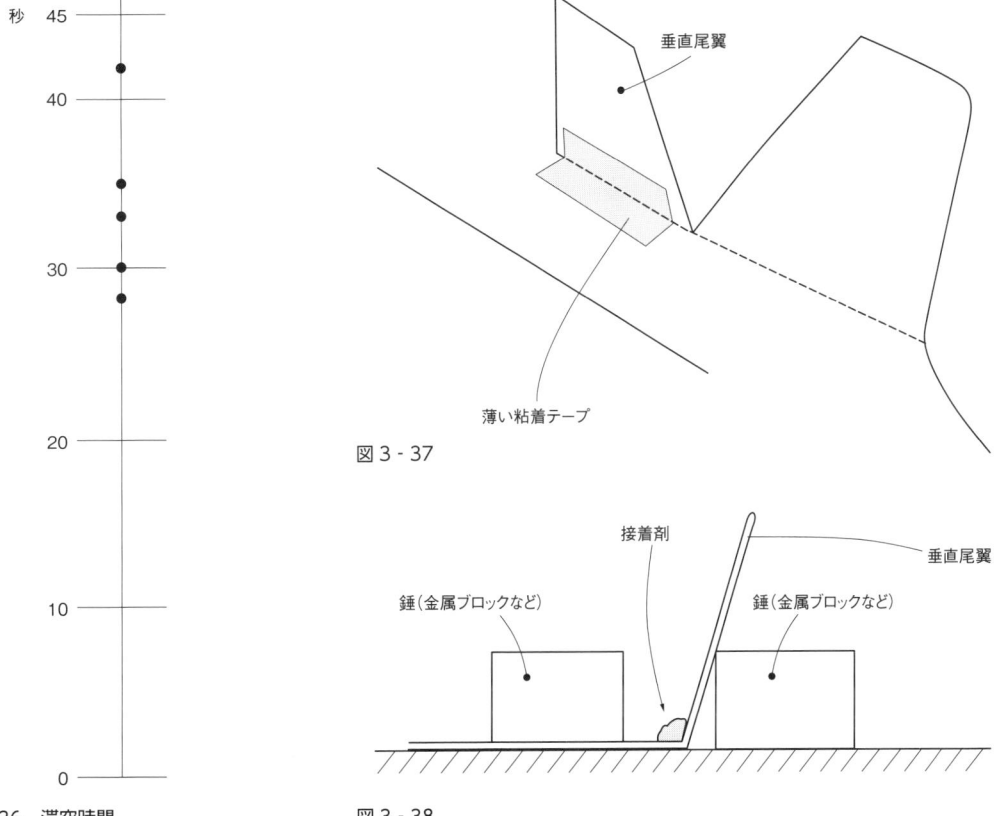

図3-36　滞空時間

図3-37

図3-38

145

上反角や、尾翼折り曲げの角度固定方法は下記に示すいくつかの方法がある。

① 折り曲げ部位を指定の角度に曲げた上で、この折り曲げ線をまたぐようにして、18mm幅程度の薄い粘着テープを貼りつけ、角度を固定する（図3-37）。

② 上記と同じく、折り曲げ部位を指定の角度に曲げた上で、折り曲げ線に沿って接着剤を流し込んで固定する。ただし、この方法では、接着剤が固まるまで、図3-38のように錘（金属ブロックやペーパーウエイトなど、なければ本、箱など）を置いて折り曲げ角度を保つようにする必要がある。

③ 折り曲げ線に沿って接着剤（カネスチックなど）を塗って、これが乾燥するまで一時的に図3-39(a)のような角度固定具（以下ギプスGipsと呼ぶ）をはめて角度を保つ。

④ アイロンを熱しておき、そのアイロンの角を翼材の折り曲げ線に当てて、一気に折り曲げる。この方法はアイロンを離せばすぐに固定できるが、温度設定のむずかしさや火傷などの危険があるので、子供などには薦められない。

　上記のうち、私は③のギプスを使う方法を常用している。

　薄い発泡スチレン板は紙よりもねじれに弱い。翼にキャンバーをつけると、ゴムカタパルトを強く引いて発進させた際に、翼がねじれて機体が頭下げとなり急降下（ノーズ・ダイブ）し、危険なので、主翼にはキャンバーはつけない。

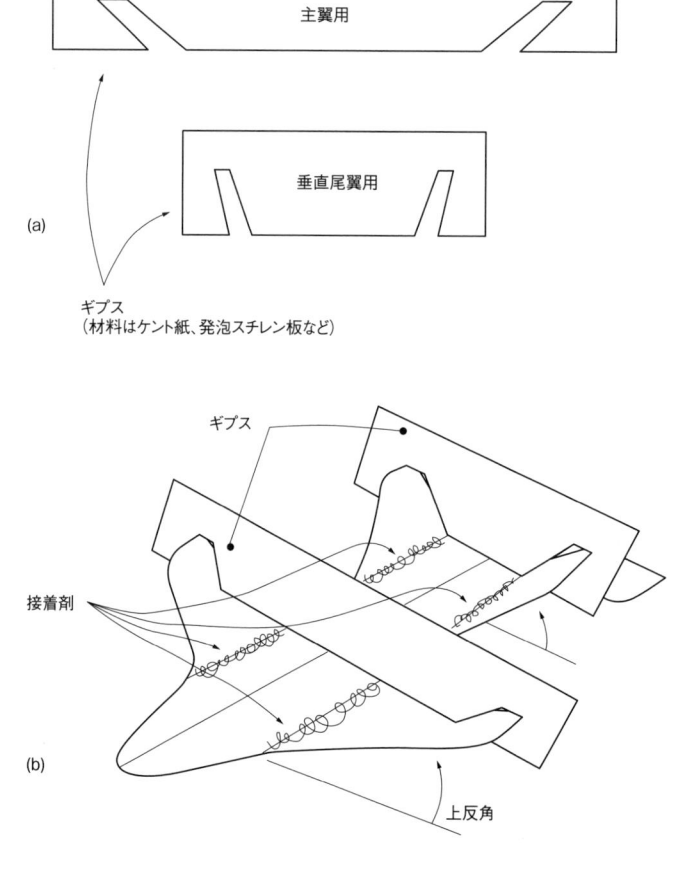

図3-39　主翼尾翼の折り曲げ固定

写真3-15

■ ゴム射出1mm厚発泡スチレン翼材機の2、3の実験[26]

ケント紙を貼り合わせた通常のペーパーグライダーの翼よりも、1mm厚発泡スチレン翼は軽量の利点の一方で、ねじれやすく曲がりやすいという欠点がある。これによる飛行時に起きる現象は、ゴムを強く引きすぎるとフラッターを発生しやすく、さらに主翼にキャンバーをつけた場合には機体の頭下げ降下が起きる。また上下対称の平板翼では背面飛行が続く場合がある。これらの問題への対処の仕方を探るべく実験を行なった。

[実験1] フラッターが起きるほど、ゴムカタパルトを強く引いた方が滞空に有利か？

まず、実験に使用した機体の原型を写真3-15（N-2050）に示す。機体の全長は約25cm、翼幅約17.5cm、重さ約5gである。翼の材料は主翼、尾翼とも1mm厚発泡スチレンですべて平板翼である。長い滞空時間を得るために、この機体をできるだけ高く上昇させようと、ゴムを強く引くと主翼にフラッターが発生する。この場合とフラッターを発生させないように、ゴムを少し弱く引いたときとで、滞空時間を比較した。使用したゴムは

写真3-16

1/20インチ角、長さ1mを輪2つにしたものである。ただし**写真3-15**の機体にフラッターを起こさせるべく、ゴムを強く引き高く上昇させると、必然的に機体が遠くまで飛んで回収に手間をとる。このためつぎのような改造を施した。すなわち、**写真3-16**に示すように、主翼の翼根部に切りこみを入れ、翼のねじり剛性を下げてゴムの引き方が若干弱くてもフラッターが起きやすくして、低い高度でも実験ができるようにした。実験はこの改造機を使用した。改造はこの実験の本質を損なうものではないと、私は考えている。

このようにしてフラッターを起こす場合と、ゴムの引き方を若干弱めてフラッターを起こさない場合の滞空時間を比較した。その結果、図3-40に示すようにフラッターを起こすほど強く引くことが必ずしも有利でないことが実験

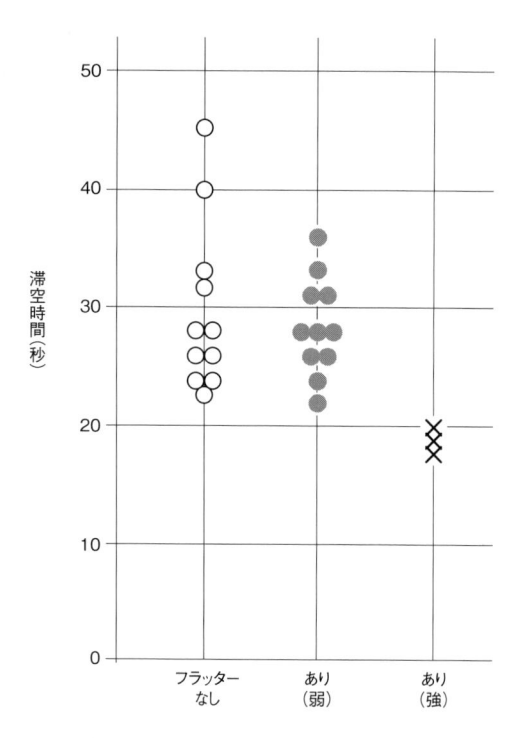

図3-40 滞空時間とフラッターの影響

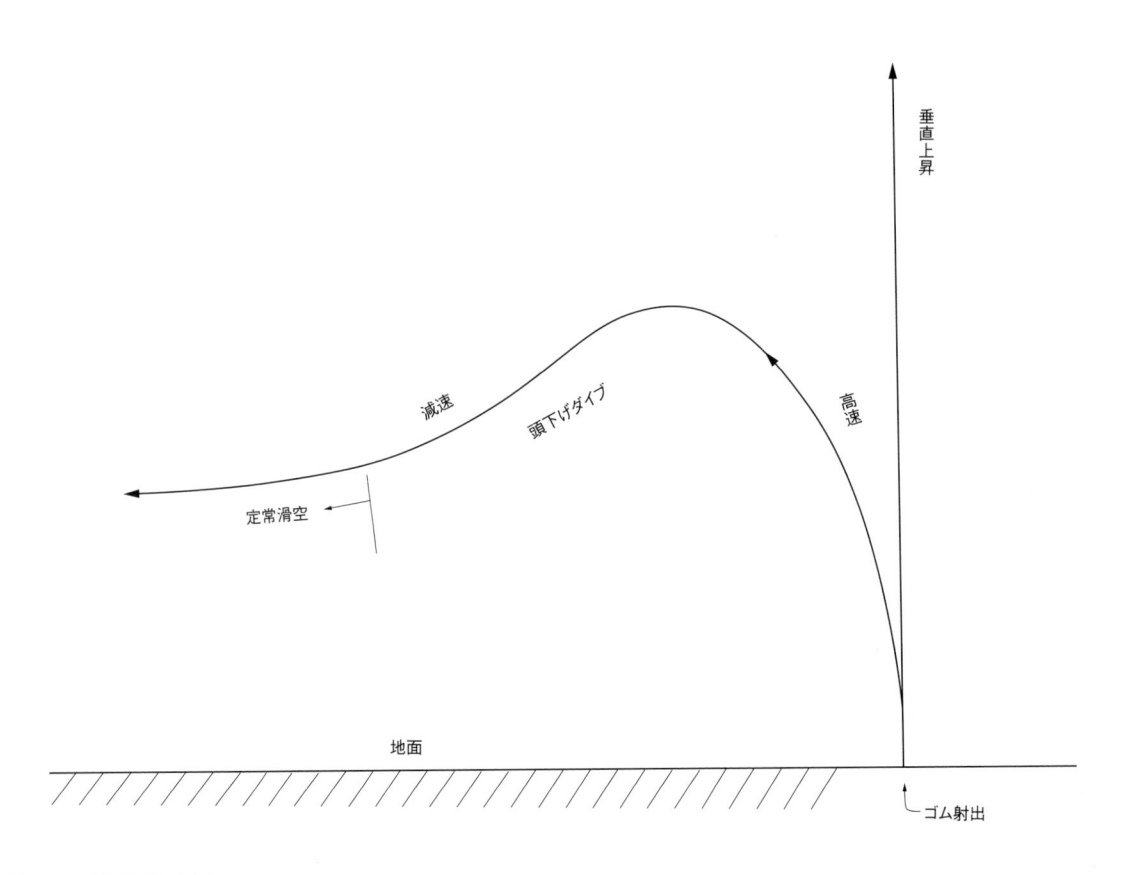

図3-41 飛行経路（垂直面）

により明らかとなった。これはフラッター中の翼の空気抵抗が大きく、上昇が損なわれる結果と考えられる。

[実験2] 主翼ねじれによる頭下げ降下（ノーズ・ダイブ）を防いで垂直上昇させる方法はあるか？

　平板翼の場合はゴムを比較的強く引いて垂直上昇させることが可能であるが、揚抗比の改善を意図して主翼にキャンバーをつけた場合には翼に頭下げモーメントが発生して機体を垂直に向けて発射しても、図3-41に示す曲線経路のように頭下げ降下が起き、地上にいる人などに高速で当たりそうになって危険なことがある。

　これを防ぐ方法の1つについて実験をした。この場合の実験機は、**写真3-15**の機体の主翼に3％程度のキャンバーをつけたものである。この機体のダイブを防ぐ方法として水平尾翼にもキャンバーをつけ、かつその付け根に切りこみを入れ（**写真3-17**）、水平尾翼も主翼と同時に頭下げねじれが発生するように試みた。この状態で機体を垂直にゴム射出したところ予想通りに垂直上昇し、頭下げ降下を防ぐこ

写真3-17

とができた。ただし期待した滞空時間の改善は得られていない。この件については今後、検討が必要である。

[実験3] 平板翼機の背面飛行を防ぐには？

写真3-18

平板翼の場合は上下対称なので、初期条件によって背面飛行が起きやすい。そのケースの例として、**写真3-18**（N-2075）の類似機で約50：50の割合で正常と、背面飛行が起きたことがある。この場合、翼断面の対称性を破るために**図3-42**のように翼の上面両端（前縁と後縁）を爪でつぶして丸みをもたせた。この結果ほぼ100％正常飛行をするように改善された。

　以上の実験結果が、発泡スチレン翼機を飛ばす際に少しでも御参考になればと思う。

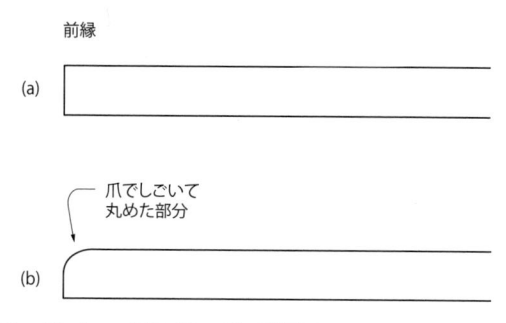

図3-42　1mm厚スチレン翼の翼断面

講談の記憶

　中学生の頃、ラジオの講談を聴いたり、雑誌の剣豪小説をよく読んだ。殆どは忘れてしまったが、1つだけ覚えている話がある。作者を失念して申し訳ないが、内容はつぎのようなことであった。ある剣の達人のもとに2人の弟子がいた。長年の研鑽の結果いよいよ師匠の前で免許試験を受けることになった。師匠の指示により道場に置かれた高い屏風を飛び越すという試験であった。2人のうち最初の弟子は、見事ぱっと一気に飛び越えることができた。さて2人目はどうしたかと言うと、うまく飛び上がったが、そのまま飛び越さずに一度屏風の上に立ってから、向う側にとび降りた。これを見ていた師匠は、2番目の弟子に免許を与えた。その理由は、最初の弟子は技はうまいけれども、屏風のかげに敵がいたら降りる途中で斬られてしまう。それにくらべて一度、屏風の上に立って、向こう側を確かめれば敵に対する態勢を整えることができるから、後者の方が用心の点ですぐれているというのである。

　これは危険いっぱいの現代に生きる我々にとっても大変役に立つ話である。一年のうち300日くらい紙飛行機テスト場の原っぱに車で通う私にとっても、往き帰りの途中にある見通しのきかないせまい曲がり角などでは、万一相手の車がとび出してきても、さけられるだけのスペースの余裕をとって曲がるようにしている。30年間で原っぱの往復に約40万kmくらい走ったが、おかげ様で大きな事故は無くてすんでいる。

　根拠のない予測をして行動してはいけないと思う。

第4部
私と紙飛行機との生い立ちなど

4-1　私と紙飛行機との生い立ち[1][10]

　ここで私事にわたって恐縮であるが、私流の紙飛行機の生まれ育ちは私自身の生い立ちに関係するので、このことを含めて述べることをお許しいただきたい。

　私は大正15（1926）年、仙台の大学病院で生まれた。父は医師で、私が4才の頃、北海道の帯広に住むようになった。小学校にあがる前（写真4-1）、石炭ストーブのそばでチョコレートの箱を材料に紙飛行機を作っていた遠い記憶がある。小学校に入ってから、3～4年生になるまでには2種類ほどの紙飛行機を工夫して作っていた。その1つは、縦、横4～5cmくらいの小さいもので、飛ばないけれども机の上に置くと飛行機らしく見えるものであった（復元機N-1710、写真4-2）。

　またもう1種類は、父の病院の薬局に、薬瓶のコルクの蓋があったので、らしゃ紙で胴体や翼を作り、機首にコルクを貼りつけて、それにわりばしをけずって作ったプロペラを虫ピンで留めた紙飛行機であった（図4-1）。これはたまに、まぐれで重心が所要の位置に合って滑空する機体もあったが、ほとんどは飛ばないものであった。

　当時、父は私に「空」「海と空」「子供の科学」など、その頃の最新技術であった飛行機の記事がのった雑誌や、東京の模型店「にしきや」に90式や91式戦闘機のスケールモデルを注文してくれた。このようにして子供心に芽生えた空や飛行機に対するあこがれが次第に強くなって、それが今でも続いている。

　その頃、街の駄菓子屋では経木（きょうぎ）（木材を紙

写真4-1　幼児期（4歳の頃）の筆者（渡邊眞也氏より提供）

写真4-2 小学3年生の頃に作った紙飛行機（復元機 N-1710）

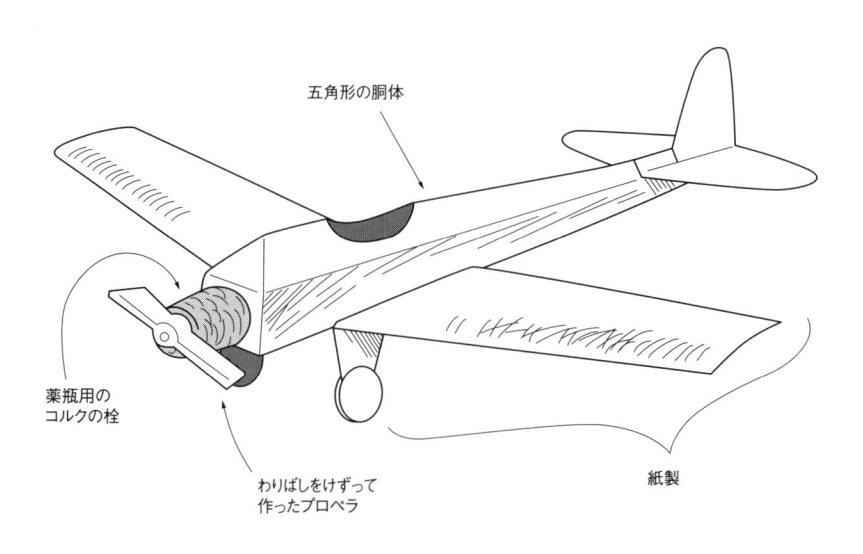

図4-1 小学生の頃に作った紙飛行機の1つ

（ラベル：五角形の胴体、薬瓶用のコルクの栓、わりばしをけずって作ったプロペラ、紙製）

のようにうすくけずったもの）に紙を貼った材料で機体を作り、機首に鉛の錘をつけた翼幅20cmほどのグライダーを売っていて、これをゴムパチンコで射出するとなかなか良く飛んだ。父の病院の前が三角形のちょっとした広場になっていて、そこで飛ばすと、近くの2階建の旅館の屋根近くまで上昇して飛んだことをおぼえている。もっとずっと広い場所が、家から自転車で10分ほどのところにあった。これは製麻会社が畑から刈りとった亜麻を並べて乾燥させるただの草地で、300〜400m四方くらいの広さがあった（現在この場所は帯広市役所の敷地の一部になっている）。亜麻の無い時期にはここに帯広の模型飛行機好きが集まって、当時はやっていたゴム動力のライトプレーンなどを楽しんでいた。NHK連続テレビ小説「雲のじゅうたん」に出ていたA型ライトプレーンも、ここで見たような気がする。

支那事変（日中戦争）が始まり、昭和13（1938）年に父が召集されて仙台の陸軍病院に勤務することになり、私も小学5年生から大学卒業まで同地で過ごすこととなった。仙台一中（旧制）に入ってから、私の飛行機好きは本格的になった。当時、学内のサークルで「一中航空研究会」（半澤朔一郎先生（1908〜1995）会長）というのがあって、私も会長の甥で同級生の半澤幹雄君（1926〜）らにさそわれて2年生の初めから入会した。ここでは放課後、本物のグライダーの訓練、あるいは紙飛行機を作ってテニスコートで飛ばしたり、教室で「飛行の原理」（1940年平凡社）を輪講するなど、私にとってはとても楽しい会であった。

グライダー訓練は、プライマリー・グライダーを使って、たいていは学校から歩いて30分ほどの宮城野原練兵場で行なわれ、もっぱらゴム索（ショック・コード）による訓

写真4-3　グライダー訓練の一中航空研究会のメンバー（昭和17年頃）。前列中央が2代目会長の島貫先生。後ろに翼の見えるのがプライマリー・グライダー。最後列向かって左の1人目が小田健二君、2人目が筆者。（仙台市宮城野原練兵場で）

練であった。若干蛇足であるが、説明を加えると、これは第二次大戦の終わり頃まで、よく行なわれた発進方法で、グライダーの機尾につけられたロープを杭に巻きつけて1人がこれを押さえる。また機首のフックに掛けられたワイヤーの先に、前方の左右二手に分かれたゴム索をそれぞれ5～6人で引っぱって、適度な張力が出たところで教官の“はなせ！”という号令で、機尾のロープをはなすと、機体が前方にすべり出して離陸するという仕組みである。15人ほどのチームでやるので、その人数の回数だけ引っぱって、やっと自分の搭乗が廻ってくる。**写真4-3**は当時のメンバーである。4年生の頃には、同級生の中で兄貴分の小田健二君（1925～2004、福島大学名誉教授）が教官役をつとめた。同君は大学定年後は地元の仙台で独自の紙飛行機を開発し、また小学生などを対象とした紙飛行機教室を通じて科学教育にも熱心であった。

私は4年生のときに3級滑空士の試験を受けることになったが、試験当日、地上でゴム索を引っぱっている際にワイヤーが切れ、怪我をして試験を受けることができず、2～3ヶ月後にテストを受けて合格することができた。

他方、檜、桐、竹ヒゴなどで（当時バルサ材は高価で中学生には買えなかった）、翼幅2mほどのドイツのレーン型に似た三角胴グライダーも自宅で作っていたので、500～600m四方の草地の宮城野原練兵場は小田君などの仲間と、タコ糸を引っぱって揚げる模型グライダーを楽しむ場所として大変好都合

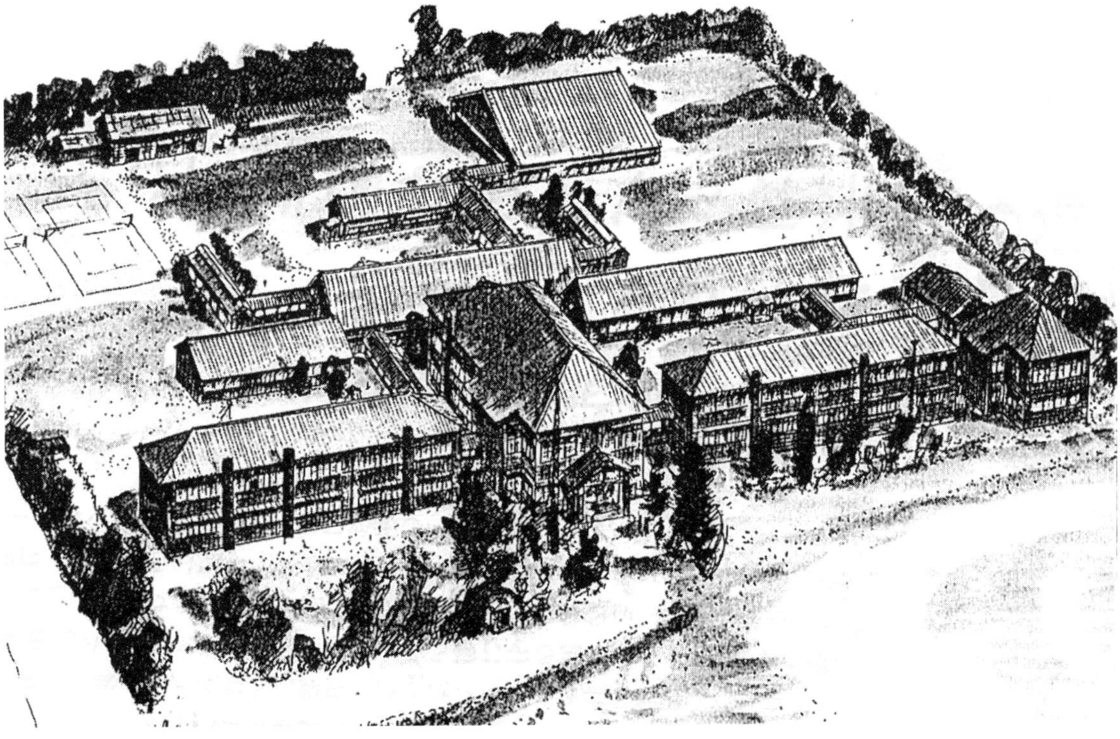

図4-2　旧制仙台一中施設配置図（清渭会会報・仙台一中卒業50周年記念、1994年より）

であった。

　当時は戦争がはげしくなっていて、学校では休日でも錬成を兼ねて農地開墾なども始まっていた。丁度、私が開墾に行かなければならない日に、宮城野原で模型飛行機の競技会が予定されていたので、前記の小田君にグライダー曳航の代理飛行を託した。翌日、結果を聞くと競技中の曳航（えいこう）で、機体が少し横に傾くと回復せずに高度がとれず、十分な結果が得られなかったとのことであった。その後、考えてみると当時、私の機体設計では形をよくするために、垂直尾翼面積を大きくする傾向があった。このためせん降下に入りやすく、高度がとれない欠点があることがわかってきた。つまり垂直尾翼面積過大もいけないということを知った次第である。

　紙飛行機の方は、96戦とかハリケーンなど、その当時の花形機のプロフィルモデルが中心であった。この頃に私の現在の紙飛行機の、胴体などをケント紙を幾枚も貼り合わせて作る基本構造が出来上がった。これ以前には航空雑誌などに別の構造の紙飛行機が幾つか掲載されていたが、残念ながら空力性能、機体強度ともに十分と言えるものではなかったと記憶している。

　紙飛行機を飛ばす場所は、たいてい学校敷地内のテニスコートが2面ほどある広場であった（図4-2は当時の仙台一中の施設配置図で、左上端に半分見えるテニスコートの場所）。余談であるが80才代の半ばを過ぎた現在でも、原っぱで紙飛行機を飛ばす際の気持ちは70年以上前の中学生の頃と変わりはない。

　昭和19（1944）年に第二高等学校（旧制）に合格し、明善寮の一寮（航空部）に入って、グライダー訓練を続けた。また他方、学校の図書館には無線関係の書籍があったので、それを読んだり、要点をノートしたりするうちに、無線技術にも興味が強まってきた。昭和20（1945）年になると、学徒動員で仙台造兵廠で航空用20mm機関砲弾の製造に従事することとなった。7月9日夜に仙台市はB29の空襲をうけて焼失した。その夜、防空壕の入口から見たB29の高性能を思わせる姿は敵、味方をはなれて大変美しかったのを今でもよくおぼえている。

　8月15日に敗戦となり、日本は一切の航空関係の業務が禁止されて、大学の航空学科に進みたいという私の希望も叶わなくなった。航空の代わりに無線技術の分野に関心が深まり、当時、弱電分野の研究に力を入れていた東北大学の通信工学科を選んだ。

　昭和26（1951）年に大学を卒業して電気通信省（現NTT）の電気通信研究所の入所の面接試験で無線関係の仕事を希望したところ、その理由を聞かれたので、「私は空が好きで、電波は空を飛ぶから」と答えた。そのためか希望通り無線課に配属された。

　昭和27（1952）年にサンフランシスコ講和条約が発効し、日本の航空が再開されて、その頃、東京の月島飛行場で航空ショーが催された。米国製の軽飛行機がまぢかに飛ぶのを見て、飛行機に対する強い興味がよみがえってきた。それから5～6年の間は、Uコンやフリー・フライトなどのエンジン機を10機ほど作り、さらにラジコン機へと進み、送信機、受信機も全部自作した。

　その頃は勤め先の研究所の実験室で、昼休

写真4-4 操縦訓練中、最初のソロに出発する筆者。(埼玉県・ホンダ飛行場で—1966年春)

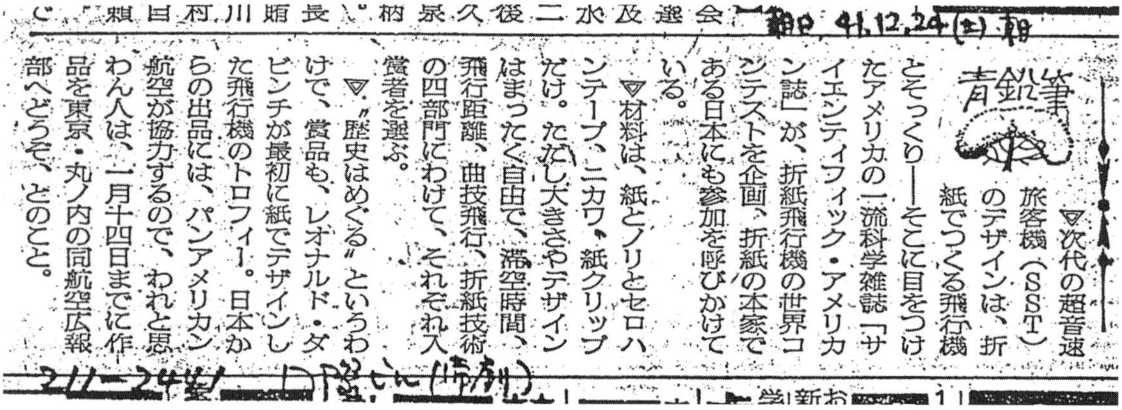
朝日 41.12.24（土）朝

青鉛筆

▽次代の超音速旅客機（SST）のデザインは、折紙でつくる飛行機とそっくり――そこに目をつけたアメリカの一流科学雑誌「サイエンティフィック・アメリカン誌」が、折紙飛行機の世界コンテストを企画、折紙の本家である日本にも参加を呼びかけている。

▽材料は、紙とノリとセロハンテープ、ニカワ、紙クリップだけ。ただし大きさやデザインはまったく自由で、滞空時間、飛行距離、曲技飛行、折紙技術の四部門にわけて、それぞれ入賞者を選ぶ。

▽"歴史はめぐる"というわけで、賞品も、レオナルド・ダビンチが最初に紙でデザインした飛行機のトロフィー。日本からの出品には、パンアメリカン航空が協力するので、われと思わん人は、一月十四日までに作品を東京・丸ノ内の同航空広報部へどうぞ、とのこと。

写真４‐５　朝日新聞の青鉛筆欄（1966年12月24日（土））

みになるとエンジン機のマフラーもない大音響のエンジンを廻していた。換気装置のない室内には紫がかった排気がただよっていた。

飛行機に熱が入るにつれて、実物飛行機の操縦がしたくなって、昭和39（1964）年の夏から東京の調布飛行場にある伊藤忠航空輸送（株）の訓練に入れてもらった。費用の関係で最初のうちは月1回くらいしか乗れなかったので、単独飛行は昭和41（1966）年春になったが（**写真４‐４**）、その年の8月には自家用操縦士のテストにパスすることができた。

軽飛行機を操縦しながら補助翼（エルロン）の舵面の動きを見ることができる。例えば30°バンク（傾き）で旋回する場合、エルロンのわずかな動きで機体が大きく傾く。このデリケートな感じは紙飛行機を飛ばす際の調整にも役立つ。すなわち紙飛行機でも翼のねじれ、曲がりは機体の運動に大きく効くので、慎重に調整しなければいけないことがよくわかる。

同じ年の昭和41（1966）年12月24日の朝日新聞の「青鉛筆」という小さい欄に、米国の「サイエンティフィック・アメリカン」誌などが、世界初の国際紙飛行機大会の開催を翌年に予定し、その参加者を募集しているという記事が載った（**写真４‐５**）。これは当時各国が競って開発を進めていた超音速輸送機のデルタ翼の形がおりがみ飛行機の形によく似ているところから企画されたとのこと。この記事を妻が見つけた。

〆切まで20日間ほどあったので、中学生の頃の紙飛行機を思い出して、同様の構造で競技用機を作りテストをしながら改良を重ねた。そうして翌昭和42（1967）年1月中旬にペーパーグライダー８機を段ボール箱にていねいに入れて、米国に送ってくれるパンアメリカン航空会社の、東京日比谷のお濠端にあった東京支店（伊佐克郎広報部長）に持ちこんだ（**写真４‐６は同型機**）。これが空輸されてサンフランシスコ大会に出場したのである。私自身は米国に行かなかったが、むこうの人が代理出場でうまく飛ばしてくれて滞空時間、飛行距離、曲技飛行、製作技術の4種目のうち、飛行機の性能を代表する滞空時間と飛行距離の2種目で1位となり、グランプリを受賞した（**写真４‐７**）。

これをきっかけに雑誌「子供の科学」（誠

第4部　私と紙飛行機の生い立ちなど　　4-1　私と紙飛行機との生い立ち

写真4-6　グランプリを受賞した紙飛行機（同型機）。(1967年)

写真4-7 右の大きいカップがグランプリ賞、まわりのモジャモジャは飛んだ距離を示すテープ。(1967年、NHK内幸町で)

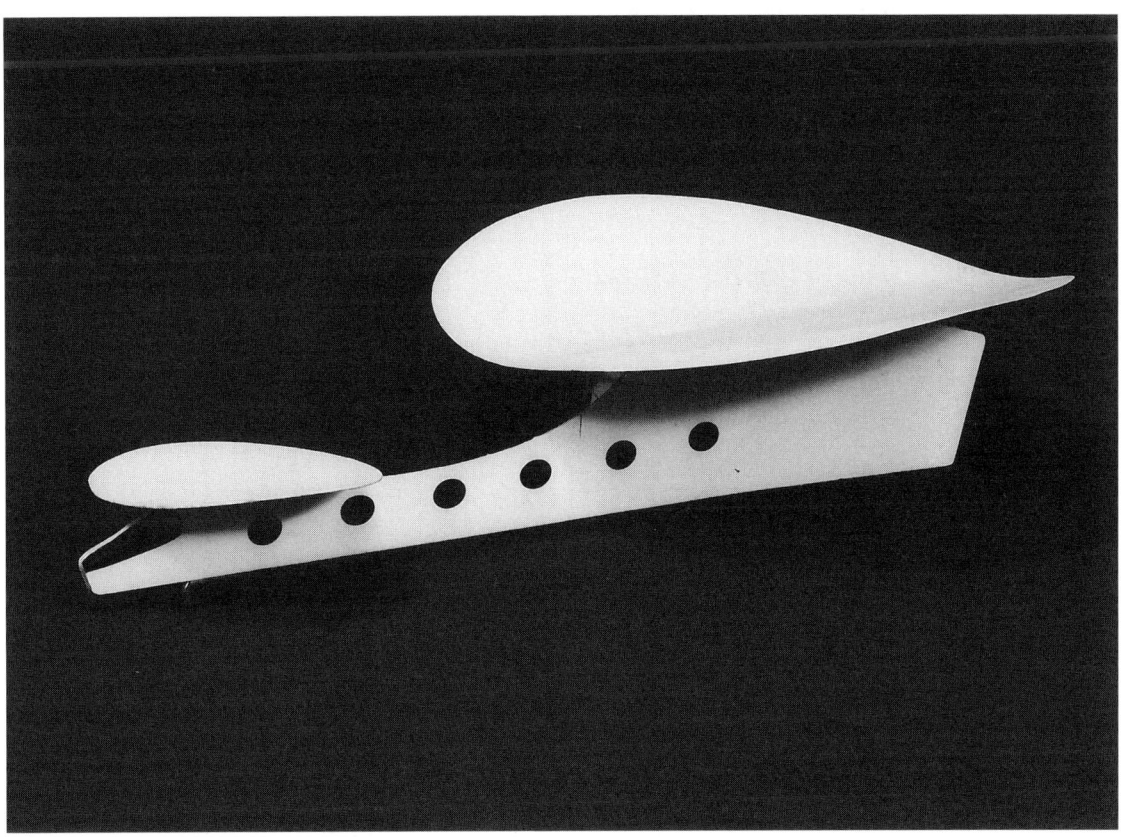

写真4-8　タンデム・ヘリコプター型紙飛行機。（1970年）

写真4-9　筆者の仕事場。(1997年、子供の科学編集部撮影)

文堂新光社）の編集部から依頼されて同じ年の9月号から紙飛行機を折り込み付録として連載することになった。最初は一年間も続けられるかなと思ったが、多くの愛好者の方々に支えられて平成24（2012）年9月号で掲載45周年を迎えることができ、その後も続いている。

この間、昭和45（1970）年に米国のコロンバスで催された国際紙飛行機大会にはタンデム・ヘリコプター（復元機N-1705、**写真4-8**）を送り、オリジナリティ賞を受けた。

上記の「子供の科学」誌に掲載した紙飛行機がまとめられて単行本「よく飛ぶ紙飛行機集」として昭和47（1972）年の第1集から昭和59（1984）年の第7集まで順次出版された。その後、現在では「新10機選　二宮康明の紙飛行機集」が市販されている。これらの単行本は最初のシリーズ以来全部合計すると300万部を超える数（出版社調べ）なので、紙飛行機の普及にある程度は役立っていると思われる。御参考までに**写真4-9**は私の仕事場である。

上記の出版と並行して、昭和55（1980）年から（株）エー・ジーから「ホワイトウイングス」の商標で紙飛行機キットなどが日曜大工店や模型店を通して市販された。この場合は書籍ではなく、箱入りや袋入り形式のキットなどで、ハサミを必要としない打ち抜き（プレカット）部品を主体に紙のほかに胴体材料としてバルサ材なども使用することが商品として可能である。これを利用して、紙飛行機教室などで30分とか1時間以内の限られた短い時間内に作る必要がある場合に対応することができる。特に貼り合わせと乾燥に時間を要する胴体に、軽量の木材であるバルサ材を使用した機体を開発して商品化したものである。この代表的なものは「スカイカブ」シリーズ（**写真4-10**）で、バルサ胴と少な

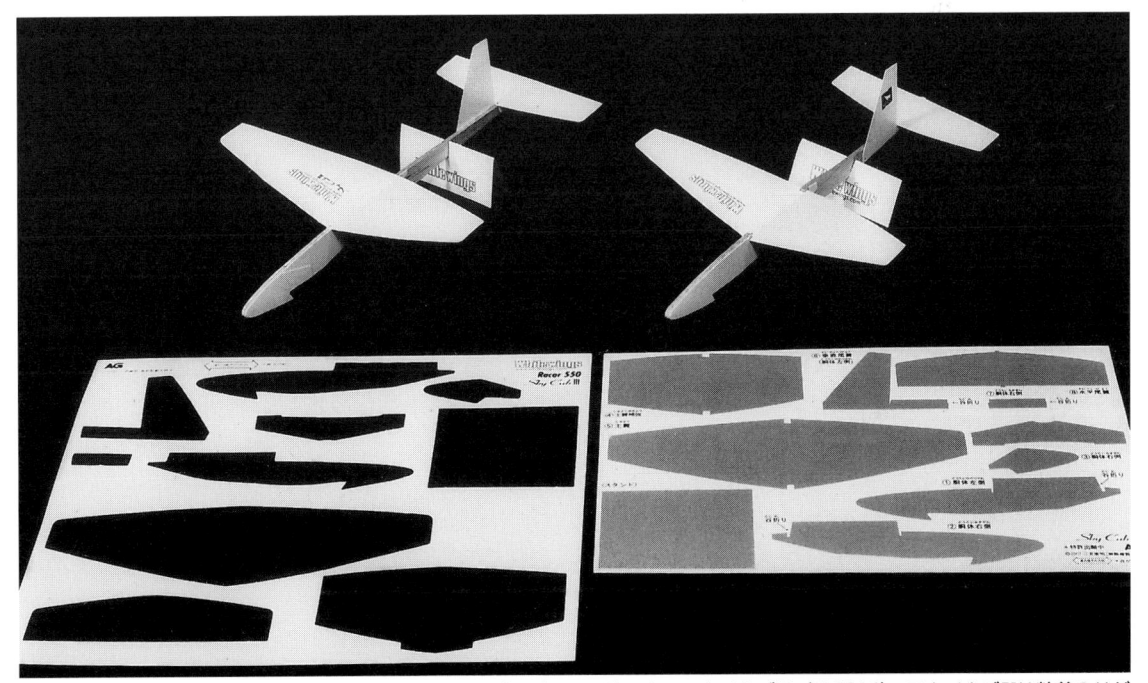

写真4-10　ハサミ不要のプレカット機　左・スカイカブⅢ（N-1600）、右・スカイカブⅣ（N-2016）、スカイカブⅣは粘着のりが塗布してあり接着剤も不要。

い紙部品点数により、ハサミなしに簡易に組立てられるので紙飛行機の普及に広く利用されている。

平成19（2007）年には、それまで培ってきた紙飛行機の設計、製作、飛行の技術を利用して新たな分野も開発している。それは発泡スチレン板を利用した機体であって、この材料は紙にくらべて単位面積当りの重量が小であるので、翼面荷重の小さい機体が実現できる。従って実際の飛行では沈下率が低く、また飛行速度が遅いので、紙飛行機技術の延長として新しい分野を開くもので、特にその飛行特性上、高齢の方々にも向くものと考えている。

ここで少しさかのぼるが、昭和60（1985）年に我が国初めての紙飛行機全国大会が開かれることになった。この際に主催組織の名前がないと困るというので、木村秀政先生（1904～1986）に名誉顧問になっていただき（写真4-11）、私が会長をつとめ「日本紙飛行機協会」（荒木敏彦事務局長）を設立した。ただし木村先生は名誉顧問を引き受けるにあたって条件をつけられた。会費を取らないこと、役員の数を最小限にすること。お金が絡むとややこしくなる。人数が増えると物事を決められなくなる。この木村先生の教えを守り続けたおかげで協会は今まで30年も続いてきたのだろう。[34]

このような経緯で日本航空（株）（JAL）と「第1回JALカップ紙飛行機大会」を共催し神戸市で行なった。この大会は晴天に恵まれて成功であったが、一週間後に起きた日航123便の大事故があって第2回が開かれることはなかった。

しかし続けて全国大会を要望する声が高まり、平成5（1993）年には日本紙飛行機協会が主催して第1回「全日本紙飛行機選手権大会」（通称「紙飛行機ジャパンカップ」）が大阪の万博公園で開催された。以後、原則として毎年開かれている。ただし平成23（2011）年には第17回「二宮康明杯・全日本紙飛行機選手権大会」と名称変更された。これは数年前から二宮の名前を冠してはどうかという意見をいただいていたが、私としてはまだその時期ではないとして、ずっとお断りしてきていた。しかしこの年に私も85才となり、そろそろこの名前をお受けしてもよいかなと考え、ありがたく承諾した結果である。

私が紙飛行機に熱中していると、なぜ紙飛行機にこだわるのかという質問をよく受ける。つぎのような幾つかの理由がある。その1つは、高い性能をもつペーパーグライダーは日本生まれなので、我々がさらに発展させなければという思いがある。ちなみに紙飛行機は、むかしは子供の玩具であったが今では大人の楽しみとなっている。また第2の理由は、私はすでに20年以上も前にNTTの研究所を退職したが、大きな組織をはなれての紙飛行機の研究・開発は1人でやるのに丁度よいテーマであると感じている。若い頃の仕事の分野とは異なるが、進め方のプロセスに変わりはないし、元来一番好きな対象であるから、引き続き仕事として楽しんでいるという訳である。

平成22（2010）年は、徳川、日野両大尉が東京の代々木練兵場で、我が国で初めて飛行してから100周年に当たる。これを記念し

て（財）日本航空協会では「日本の航空100年」を出版された。この内容は航空行政、民間航空、航空工業から始まって航空スポーツ・レジャーまで航空全般にわたる大変広範囲なものであるが、このスポーツ・レジャー編の中に「紙飛行機」の掲載が認められた。日本の航空の歴史の中に場所を得たと感じている。

日本で生まれ育った高性能ペーパーグライダーが普及、発展してきたのは、ここ30～40年間のことであるが、この間、愛好し、育ててくださった原っぱの多くの仲間と共に慶びたい。また「日本の航空100年」への掲載を提案してくださった東昭先生に厚く御礼申し上げる。

また平成25（2013）年には講談社が運営する文化事業の1つである「吉川英治文化賞」を受賞した。これは「子供の科学」誌付録の紙飛行機の執筆を45年以上にわたって継続したなどの実績と、現在でも意欲をもって紙飛行機の開発を継続している努力が認められたものと思っている。

写真4-11　木村秀政先生（東京都立武蔵野中央公園予定地で（1984年頃））

4-2 原っぱ公園の実現(29)

　テレビゲームやインターネットなど室内での趣味が増加する一方で、市民の心と体の健康のために、戸外で過ごすことが推奨されており、その手近な場所として都市内あるいは近郊の公園がある。しかしバラエティーに富んだレジャーに対応するためには現在の公園の形態では、まだ不十分な場合が少なくない。

　すなわち今までのような池や樹木を中心とした「眺めるための」公園（以下「眺望公園」と呼ぶことにする）や、スポーツ専用のいわゆる運動公園だけでは、とてもニーズを十分満たせるとは思われない。眺望公園の主体は池、樹木であり、この間の決められた小径を通り、また定められたベンチに腰かけて風景を眺めるという風に、すべてが、あらかじめ設計された通りにしか利用ができない。また運動公園もこの点では同様であって、市民が利用する場合の実情は、限られた種類のスポーツで、何等かの団体あるいは組織に入っていないと利用できない面が多い。例えば、野球のグランドはスパイクで走りまわるのに、野球以外の目的でスニーカーで入っても追い出される。テニスコートはもちろん、あれほど広いゴルフ場でも、遊びに入るわけにはいかない。結局、定形的なレジャー以外に銘々勝手な楽しみ方のできる場所が少なすぎるのである。

　むかしをふりかえって考えてみると、街の近くには、自由に凧揚げしたり、走りまわれる原っぱがあり、その一方で池や樹木のある眺望公園があった。市民は時に応じて、その両方をうまく使いわけることができたが、現在では原っぱは姿を消して、その自由度は失われてしまった。

　従来の眺望公園や運動公園を洋間にたとえることもできるような気がする。洋風建築では、ダイニングルーム、リビングルーム、ベッドルームなどと、用途がはっきり決まっている。しかも現在の日本の住宅事情では、狭いところをさらに仕切るものだから、小間切れになって、とにかく使いにくい。一方日本間では畳敷の場所を、使い方によって食堂、居間、寝室など自由に変化させることができる。現在の都市空間の市民生活の場に、この日本間の自由さに匹敵するスペースが欠けているのである。このスペースがすなわち「原っぱ」ではないかと思う。

　このように、今後の都市には利用方法が限定された従来の眺望公園や運動公園だけではなく、利用自由度の大きい「原っぱ公園」も必要なのである。勿論、現在の眺望公園の中にも原っぱの部分は存在する。しかし外国のように広大な公園敷地のとれない我が国では、1つの公園内にいろいろな施設を設けることは、箱庭のようにおのおのの規模が小さくなって、十分な機能をもたせるには無理が生ずる。電車、バス等で30分〜1時間の利用圏内に複数個の公園がある場合には、各公園に性格づけをして、それぞれに機能を分担させるのが適切ではなかろうか。

　都会に住む多くの市民は、時には戸外に出て太陽の下でのびのびと爽快な気分を味わいたいと希望している。大人と子供とでは地面から眼までの高さが違うので感じ方に差はあ

写真4-12　東京都立武蔵野中央公園（東京都武蔵野市）

るが、のびのびと感ずるには半径100～150m、すなわち300m四方ぐらいの広さが欲しいところである。例えば、凧を小さく見えるまで高く揚げたり、模型飛行機を"飛んだなあ"という、満足のゆくまで飛ばしたり、あるいは子供が自転車で自由に走りまわったり、お互いにぶつかることなく、安全に自由に活動できる最小限のスペースが大体上に述べた広さである。

土地が狭く、地価の高い日本の都市内でこれだけの面積を確保することは一般的には不可能に近く、都会の中の「原っぱ公園」など絵空ごとのように思われるかも知れないが、しかし方法がないわけではない。幸いにして最近は都市の中心部に近い場所でも、学校の廃止や工場の移転などで、広い空き地ができることも希ではない。今まではこのような空き地はすぐ何かの建物などの建設予定地にされてしまって、原っぱとしては利用できなかった。私は、このような空き地の利用法として、小中学生が放課後に利用できるくらい市街地に近いところに、是非「原っぱ公園」を実現させこれを都市の総合開発計画の中に組み入れた形で確保してほしいと願うものである。こうしたスペースは、単に市民のレジャーのためばかりでなく、非常災害時にはヘリコプターなどによる救難基地としても大いに利用が期待できる。

この具体的な例[7]として東京都武蔵野市にある都立武蔵野中央公園について御紹介しよう。同市には第二次大戦中に中島飛行機（株）の広大なエンジン工場の武蔵工場があった。ここは戦後、住宅団地や研究所などに順次開発されてきたが、その一部の約10万平方mに工場建物が残り、グリーンパーク米軍宿舎として使用されていた。ここがその後、返還され東京都が買い上げて都立公園予定地の原っぱとなった。これは前述の「原っぱ公園」に望ましい面積の約300m四方（約10万平方m）の敷地であった。公園建設が具体化するまでの間、ここを地元武蔵野市が都から借り受けて昭和53（1978）年から市民に開放したのである。私たちはこの広場が利用可能となった当初から毎月1回「紙飛行機を飛ばす会」を開いて来たが、参加者の中には家族連れも多く、武蔵野、三鷹、田無、保谷、小金井などの近隣地域および東京23区ばかりでなく、少数ではあるが神奈川、埼玉、千葉などから訪れる人もあって、一日中楽しんで、これら他県の人々は、この場所の広々とした状況をうらやましがって帰るという風であった。原っぱ願望は決して私だけの我田引水ではなく、首都圏など都会に住む市民の切なる願望であると感じた。

この暫定開放時代、利用者の間に原っぱの良さが理解され、ここを都立公園にする場合、何とかこのまま広い原っぱを中心とした公園にしてもらえないだろうかとの願いが広まり、子供を原っぱで遊ばせたい主婦の方々と共同で、有志をつのって東京都庁、武蔵野市役所に何回も要望、陳情に訪れた。東京都の公園担当部局では、都立公園を造る場合、地元の行政当局の意向を斟酌する慣わしがあると聞く。当時の武蔵野市長の土屋正忠氏（1942～）は原っぱの意義を理解され、かつ市民からの要望が多いと考えられて、都に対して原っぱ公園とすることを求められた。また市議会も満場一致で原っぱ公園を都に要求

することが議決された。この結果、都内でも珍しい原っぱ主体の公園が実現されることとなり、平成元（1989）年に「東京都立武蔵野中央公園」が誕生した（**写真4‐12**）。以後、都市内の貴重な空間として原っぱが利用されている。

　私どもはここで暫定開放以来30年以上にわたって紙飛行機のフライトを楽しんできたが、将来にわたって安定して継続するために、絶対に事故を起こさないこと。一般の公園利用の方々と共存し、トラブルのないように最大の注意をはらっている。

4-3 デモンストレーション―子供に見せる飛行の原理 (14)

　紙飛行機教室などで、受講者が作った機体の接着剤を乾かすために、少なくとも30分～1時間くらいは機体に触らずにそっとして置きたい。この空き時間を利用して簡単な飛行の原理などを説明すると興味をもって聞いてくれるものと思う。この項はそのような目的でまとめたものである。なお使用する道具類は風洞などの大型のものではなく、すべてをまとめてショルダーバッグに入れ、手軽に出張講演に持参することができる。

［実験1］　飛行機やグライダーは、なぜ空中に浮くことができるか？

　皆さんが旅行等で乗る旅客機の、胴体のまん中についている一番大きな翼を主翼と言う。これが機体を空中に浮かす役目をする。この翼の飛行方向に平行な断面（翼断面）は図4-3 (a) のようにまん中が上にふくらんだ形をしていて、飛行機が前に進むにつれて翼に風が当たると上にもち上げる力（揚力）が発生して、機体を空中に支える役目をする。平らな板の場合でも（同図 (b)）、性能は悪くなるが、同じように揚力が発生する。その実験をしよう。

　画用紙*を長さ40cm、幅5cmくらいに細長

---

*　画用紙よりも発泡スチレンペーパー（厚さ1mm）の方が狭い場所では実験がやりやすい。実験2も同じ。

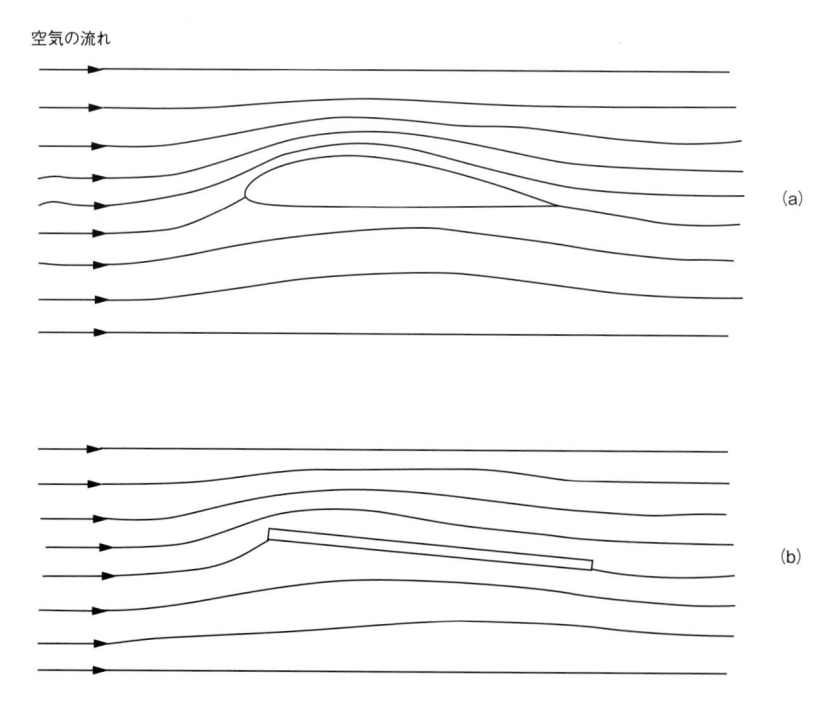

図4-3

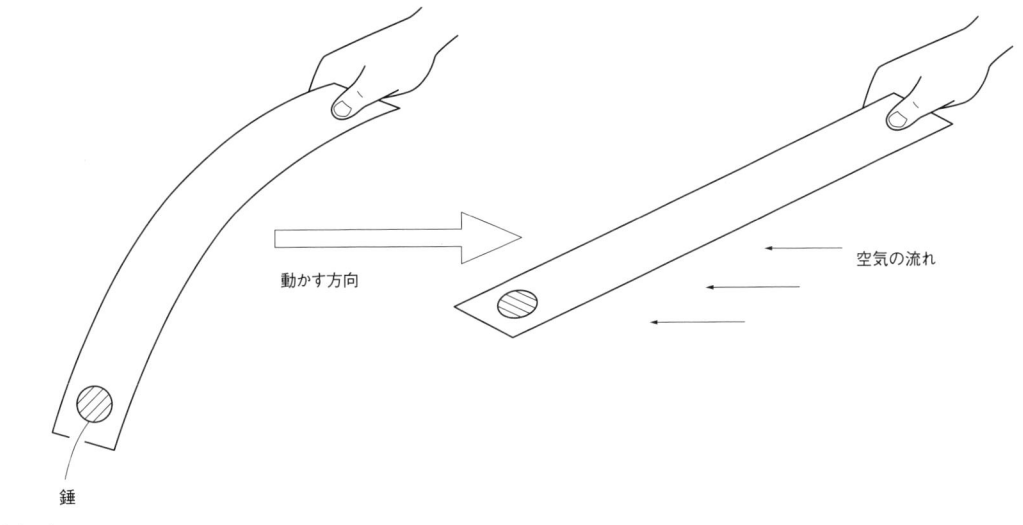

図4-4

く切って、その一端に図4-4のように錘として5円玉をセロハンテープで貼りつける。つぎにこの細長い紙（ストリップ）の他の一端を手で持って、ストリップに横から風が当たるようにして、また風に向かう側を少し上げるようにして走る。静止しているときは、ストリップの先はだらんと下がっているが、走る速さが大きくなるとストリップは次第に浮き上がって図4-4に示すように水平になる。これはストリップに空気の流れが当たって、浮かす力（揚力）が生ずるためで、飛行機の主翼のはたらきと原理的に同じである。

翼が空気中を進むと、なぜ揚力が発生するかと言うと、翼が空気中を進むとき空気の流れは前縁で上下に分かれて流れるが、上面を流れる空気の速度が、下面を流れる速度より速いので、上面の圧力が下がり、翼が上に吸い上げられるためである。普通、翼が空気中を進むと下から押し上げられて揚力が生ずると思われがちであるが、この力は小さくて、上面の圧力が下がって上に吸い上げられる力の方が大きい。このことは実験3で理解でき

よう。

[実験2]　翼が縦方向にくるくる回転するのを、どのように止めて飛行機を飛ばすか？

図4-4の実験のように翼に揚力が発生す

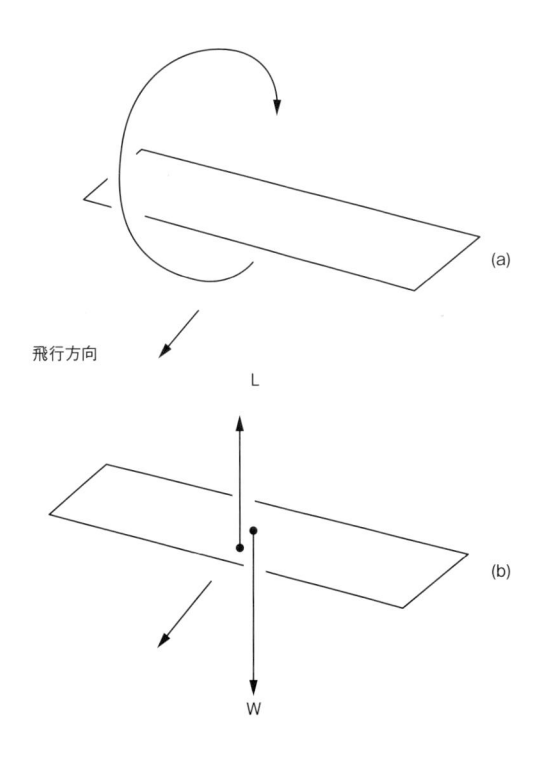

図4-5

る。それでストリップを空中に押し出すように手をはなすとそのまま飛ぶかと言うと、そうではない。実際には図4‐5のように前上がりにくるくると回転してしまう。画用紙または発泡スチレンペーパーで長さ20cm、幅4cmの細長いストリップを作り、これを翼とみなして空中を前に進める。このとき実験1と同じように揚力が生ずるが、手をはなすと飛行できずに図4‐5（a）のようにくるくる縦方向に回転して落ちてしまう。この原因は図4‐5（b）のように揚力Lのはたらく点がストリップの前縁寄りに生ずる一方、ストリップの重力Wはまん中にはたらき、両方の力の方向が逆むきで、はたらく点がずれているのでストリップを回転させる力（モーメント）が生じて回転してしまうからである。すなわち特別な工夫をしない限り翼だけではつり合いがとれず、飛行を続けることができない。

つぎにこのストリップを主翼として、図4‐6（a）および（b）のようにわりばしなどを胴体にし、その後端に水平尾翼をつけ、さ

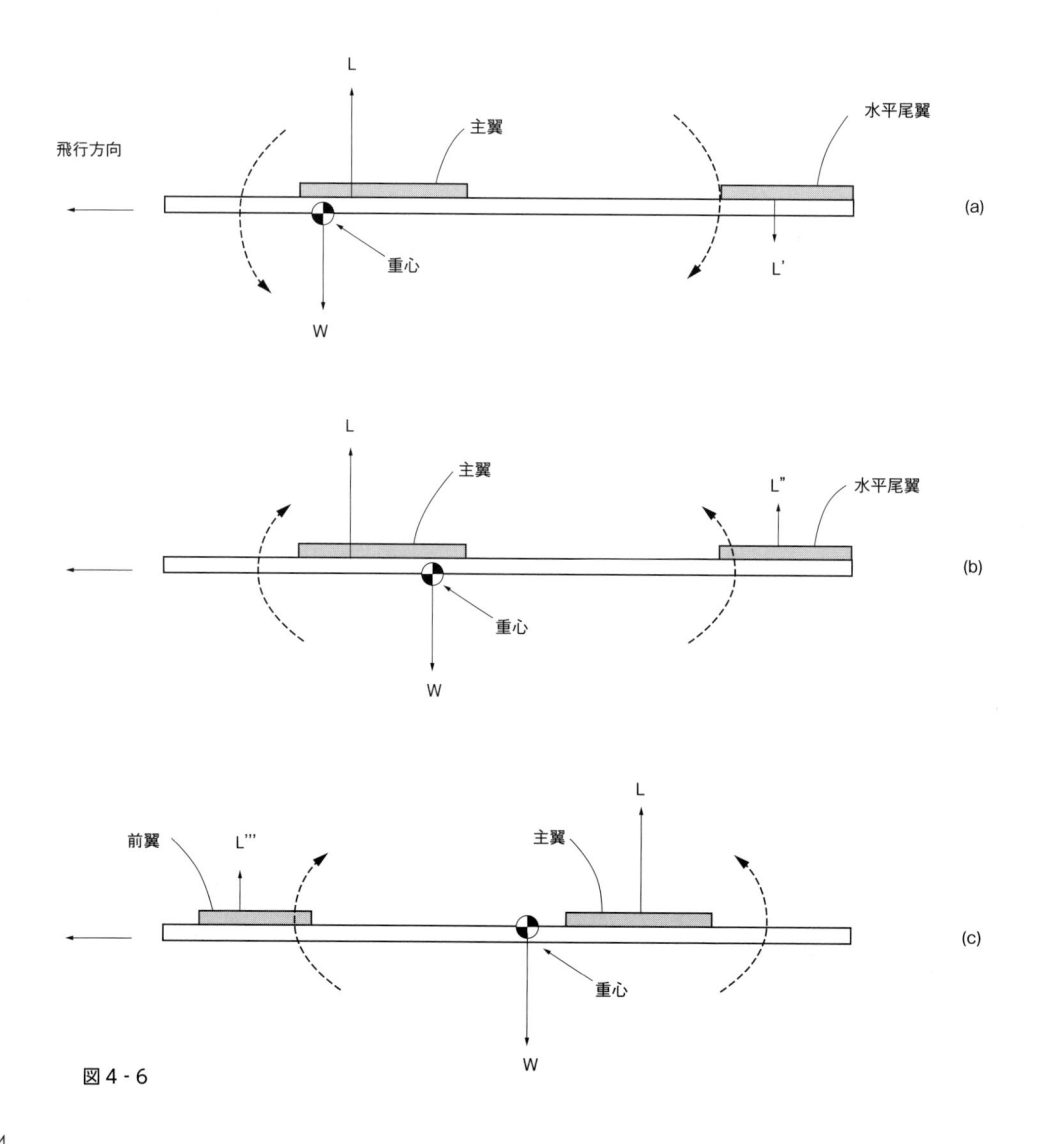

図4‐6

らに機首に錘をつけて、グライダーの重心（●印）に対して主翼と水平尾翼とに生ずる揚力（LとL'あるいはL"）により回転力（モーメント）を図4-6（a）あるいは（b）の点線の矢印のように互いに逆方向にして回転力をうち消してやる。このようにすればグライダーをほぼ水平に保って飛ばすことができる。また同図（c）のように、主翼を後ろに置き、機首に前翼をつけてそれぞれの揚力をL、L'''とすれば、同じように重心点で回転力をうち消してつり合いをとり、飛行させることができる（先尾翼機）。

[実験3] 揚力をおもに発生するのは翼の上面の流れか、下面の流れか？

　画用紙あるいは発泡スチレンペーパーとわりばしなどを材料として翼幅20cmほどの安定に飛ぶグライダーを用意する。また別に画用紙を小さく切って、図4-7のように2つに折った小片を2個用意する。この小片（翼表面の空気の流れを乱して揚力を小さくする役目をするので、以下スポイラーと呼ぶ）の折り曲げた片側に両面テープをつけて、図4-8のように翼の前縁寄りの位置に飛行方向

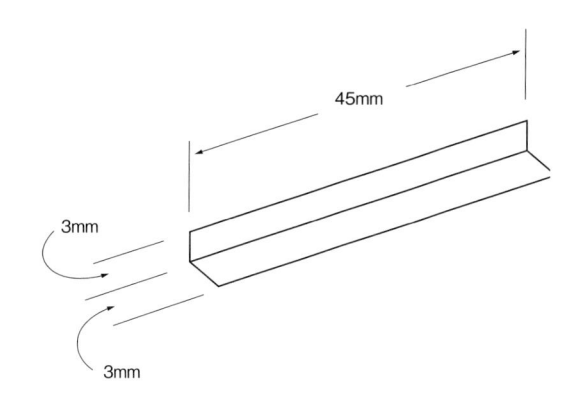

図4-7

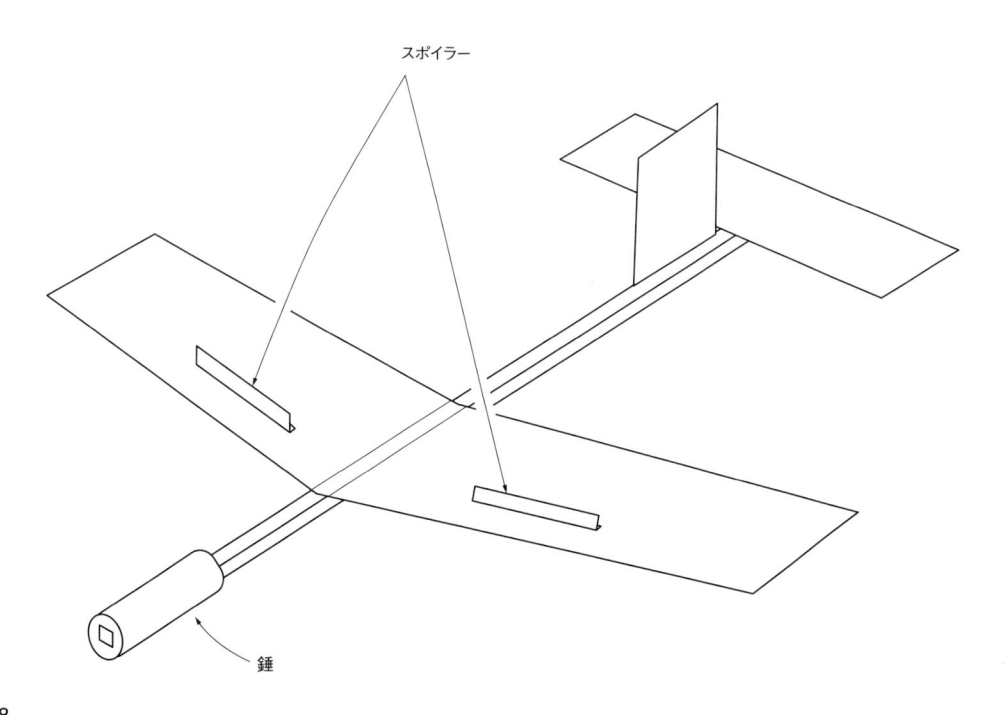

図4-8

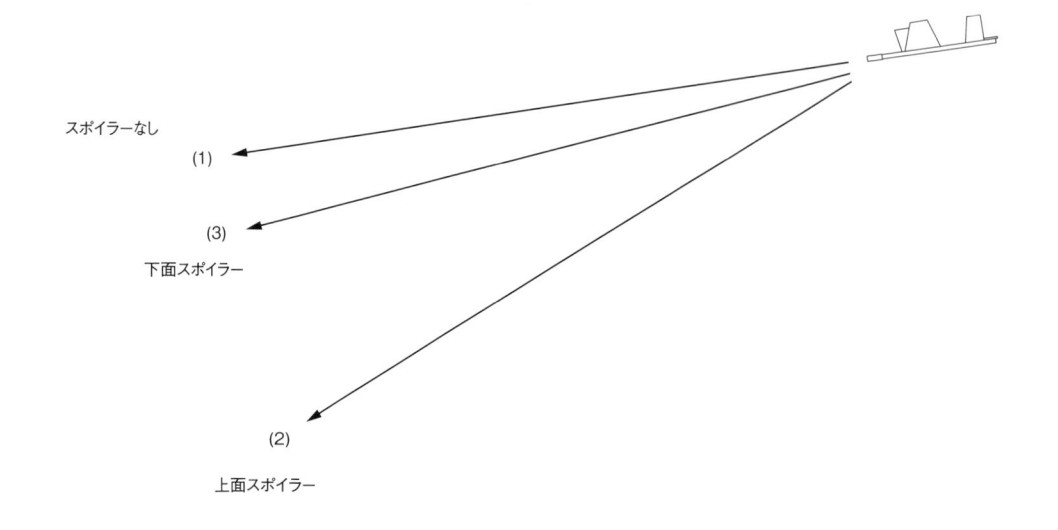

スポイラーなし
(1)
(3)
下面スポイラー
(2)
上面スポイラー

図4-9

に直角に、また胴体に対して左右対称の場所にそれぞれ貼りつける。実験は
(1) スポイラーをつけずにまっすぐに滑空させる。
(2) スポイラーを翼上面につけて滑空させる。
(3) スポイラーを翼下面につけて滑空させる。

　上記3つの滑空比を比較したとき図4-9のように、(1)のクリーンな場合に対して、(3)のスポイラーを下面につけたケースは影響が小さいのにくらべて、(2)の上面につけたケースでは滑空比がはっきりと小さくなる。これは後者の場合、揚力が大幅に減少するためと考えられるので、上面の気流による吸い上げ効果が揚力の大部分を占めているという実験的な証明になる。

[実験4]　失速

　翼が空気中を飛行するとき、前から当たる空気流と、翼断面の基準線の作る角度を迎え角と言う。この角度が小さい方から10°くらいまでは、揚力は迎え角に比例して大きくなるが、迎え角がもっと大きくなると上面を流れる気流が乱れ揚力は急激に減少する。この揚力が急に減る現象を失速と言い、飛行機は空中に浮かんでいることができなくなる。これは図4-10のように翼の上面の空気が乱れてしまうために起きるもので、前項のスポイラーを翼の上面につけてなめらかな空気流を故意に乱した実験の結果から理解できる。

　実験としては、実験3で使ったグライダーの尾部に錘をつけて飛ばせば、飛行中に機首が上がって失速するのを観察することができる。

[実験5]　横安定と方向安定　——　上反角と垂直尾翼の役目

　主翼上反角は横安定の役目、垂直尾翼は方向安定の役目であることを説明する。つぎに

迎え角が大きすぎると
上面の気流が乱れて
揚力が減る。

空気の流れ

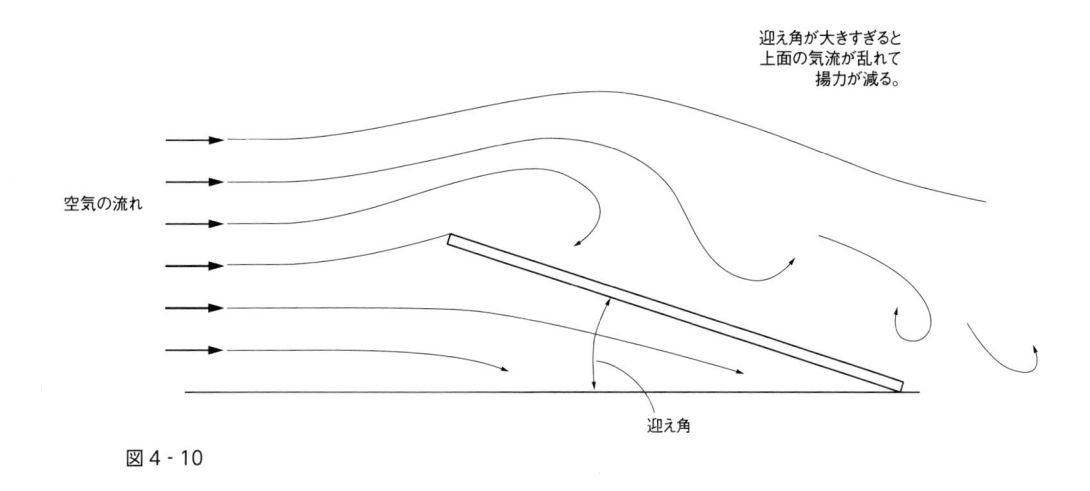

迎え角

図4-10

紙飛行機を手に持って、横に45°くらい傾けて（ロールさせて）飛ばして、それが水平にもどることを見せる。また同じく紙飛行機をまっすぐ正面から、30°ほど横をむけて（ヨーさせて）飛ばして、それが正面のまっすぐの向きにもどることを見せる。

[実験6] グライダーの操縦

グライダー（飛行機も）には昇降舵（エレベータ）、補助翼（エルロン）、方向舵（ラダ

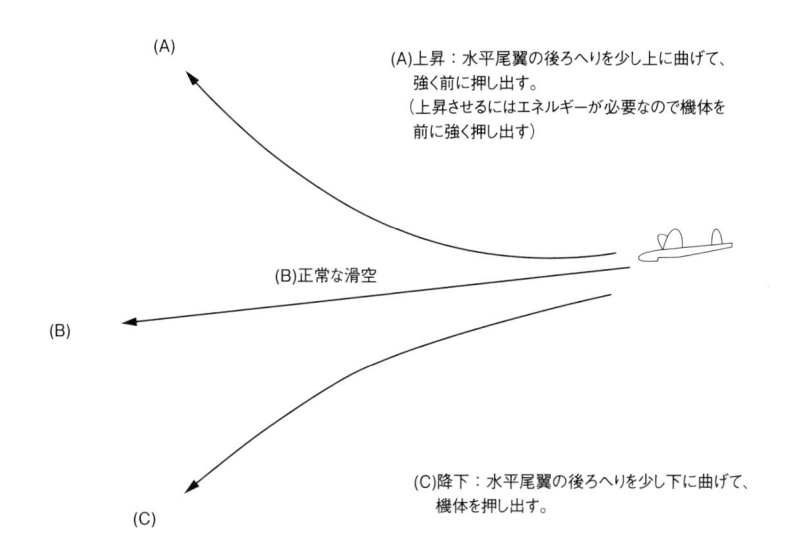

(A)上昇：水平尾翼の後ろへりを少し上に曲げて、強く前に押し出す。
（上昇させるにはエネルギーが必要なので機体を前に強く押し出す）

(B)正常な滑空

(C)降下：水平尾翼の後ろへりを少し下に曲げて、機体を押し出す。

図4-11　上昇、降下

ー）の3種類のおもな舵がある。これらを操舵することによって、それぞれ機首の上下（ピッチ）、横の傾き（ロール）、機首の左右への偏ゆれ（ヨー）を起こすことができることを説明する。つぎにこれらの舵を、コックピット内の操縦桿を前後に、左右に動かすことにより、またペダルを左右に踏むことによって動かすことができることを説明する。

つぎに紙飛行機の3舵に相当する部分を曲げることによって、実物同様に、機首の上下（図4‐11）と左右の旋回（図4‐12）をさせることができることを実験して見せる。

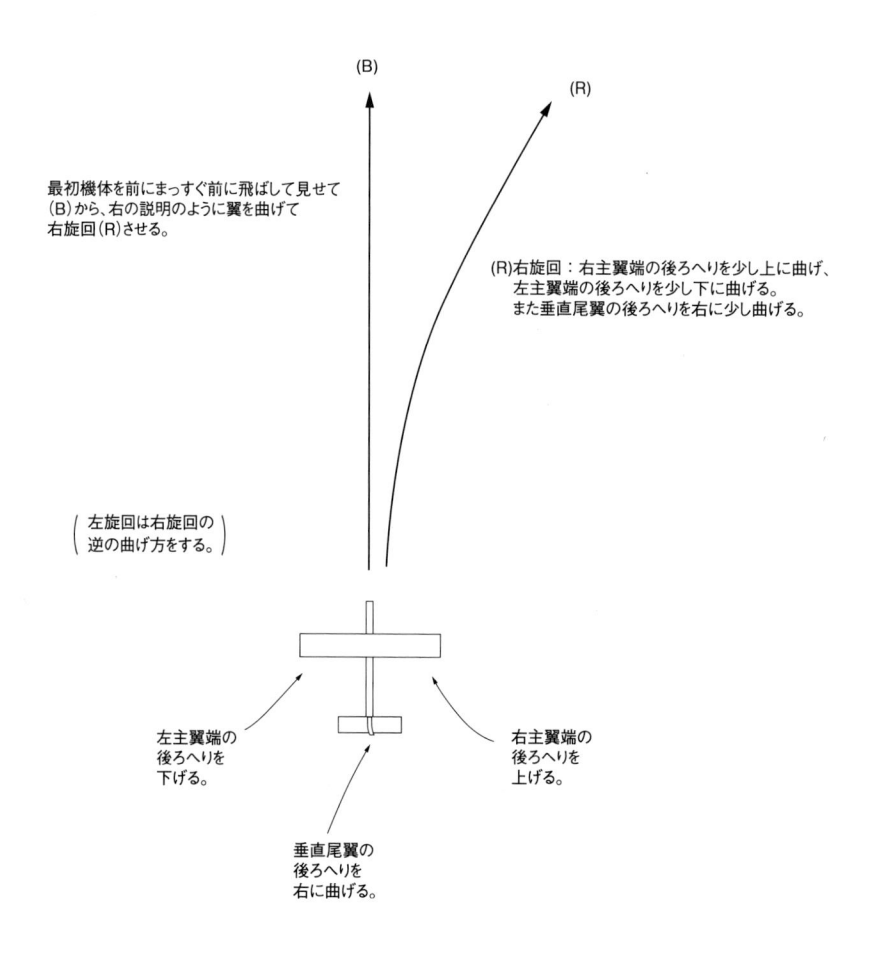

(B)

(R)

最初機体を前にまっすぐ前に飛ばして見せて(B)から、右の説明のように翼を曲げて右旋回(R)させる。

(R)右旋回：右主翼端の後ろへりを少し上に曲げ、左主翼端の後ろへりを少し下に曲げる。また垂直尾翼の後ろへりを右に少し曲げる。

(左旋回は右旋回の逆の曲げ方をする。)

左主翼端の後ろへりを下げる。

右主翼端の後ろへりを上げる。

垂直尾翼の後ろへりを右に曲げる。

図4‐12　左右の旋回

4-4　紙飛行機の飛行写真撮影のキーポイント[30][31][32][33]

　紙飛行機を自分の思い通りに飛ばせるようになると、その青空に映える勇姿を、あるいは花の上を優雅に過ぎる機体を写真に残したいと思う方も少なくないであろう。私が最初に撮り始めた目的は、当時あまり知られていなかったペーパーグライダーが空高く飛ぶ性能の良さを映像に残して、そのすばらしさを皆様に理解してもらうためであった。これは口で説明するよりも効果がある。以下に述べる内容は、写真のアマチュアである筆者が経験にもとづいて述べるものであって、それ以上のものではないことをお含みいただきたい。

　一般の写真にくらべて紙飛行機を撮影する際に注意すべき点は以下の通りである。

●カメラ：飛行中の小さい紙飛行機を確実にとらえるためには、明るい光学ファインダーの一眼レフが最適と思う。液晶は、小さくて速い動きの被写体をとらえにくいし、明るい戸外では見えにくいのであまりすすめられない。空を高く飛ぶ機体を撮る場合、機体と雲の関係位置がよく見える所までカメラを持って走ることがしばしば起きる。このため大型で重いカメラは適当ではないと思う。私はもう生産中止になっている中級一眼レフのフイルムカメラを使用してきた。これはファインダーが大変明るい。デジタルカメラの初、中級機は軽いからその点では良いが、ファインダーが少し暗い。モータードライブは、毎秒5コマ程度のスピードでは機体を追うにはあまり役立たない。最近のカメラのように毎秒10コマ以上ならば、あるいは有効かも知れないが私は使ったことはない。

　紙飛行機撮影の場合には、画面に太陽を入れたいことが少なくない。この場合はフォーカルプレーン・シャッターの布膜の横走り形式のものでは、シャッター膜の端部が太いので、その反射光が画面内に入り、不適当である。端部が細い金属膜の縦走りシャッターの方が良い。

●レンズの形式：レンズを太陽に向ける場合も少なくないので、内面反射の少ないものを選ぶ必要がある。このため構成レンズ枚数の少ない単焦点か、ズーム比の小さいレンズを選ぶ。最近のようなズーム比10～20倍というような比率の大きいものは、構成レンズ枚数が多いので内面反射が大きいおそれがあり、私は避けている。内面反射の多寡は、個々のレンズについてカタログや写真雑誌にも詳しくは書かれていない。購入または使用前に自分自身で確かめなければいけない。私の最近の経験では、同一設計と見られるレンズで、手ぶれ防止機能の有るものと、無いものを太陽に向けて比較したところ、前者の内面反射が大きかった。やはり余分な機能の無い、シンプルの方が良いと感じた。レンズの明るさは、せいぜいF3.5～4以下のもので十分であって、高価な明るいものは必要ない。

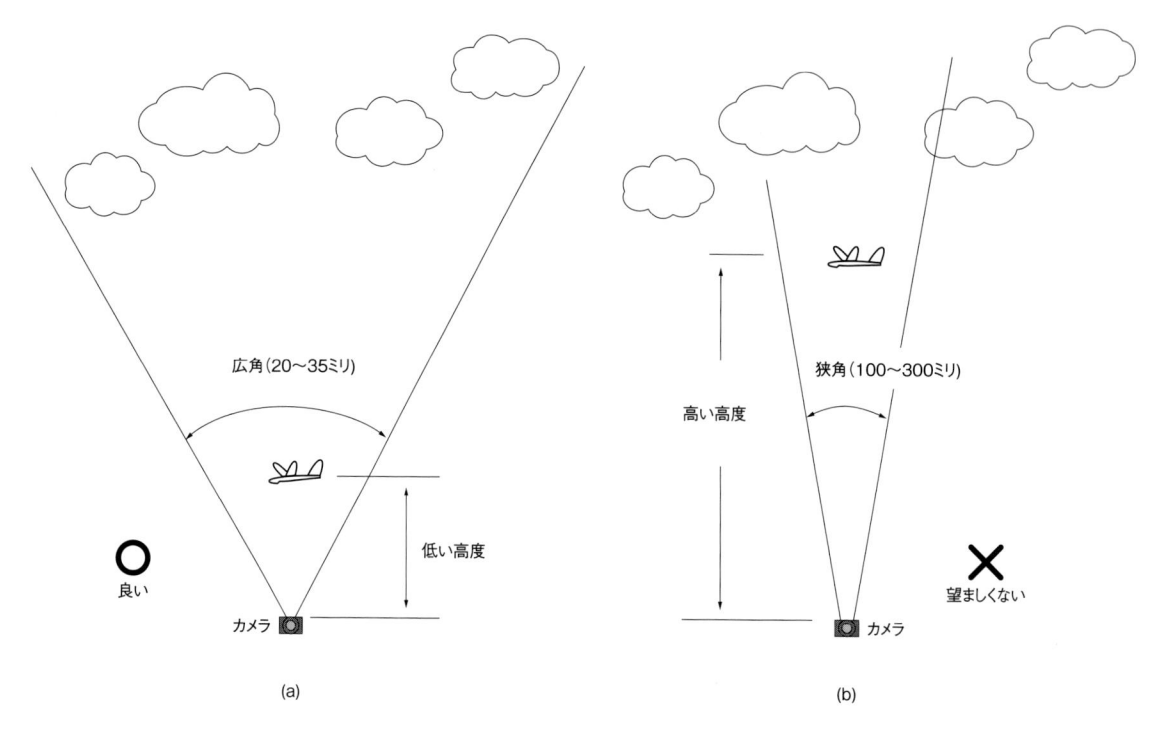

図4-13　上空を飛ぶ飛行機を撮る場合

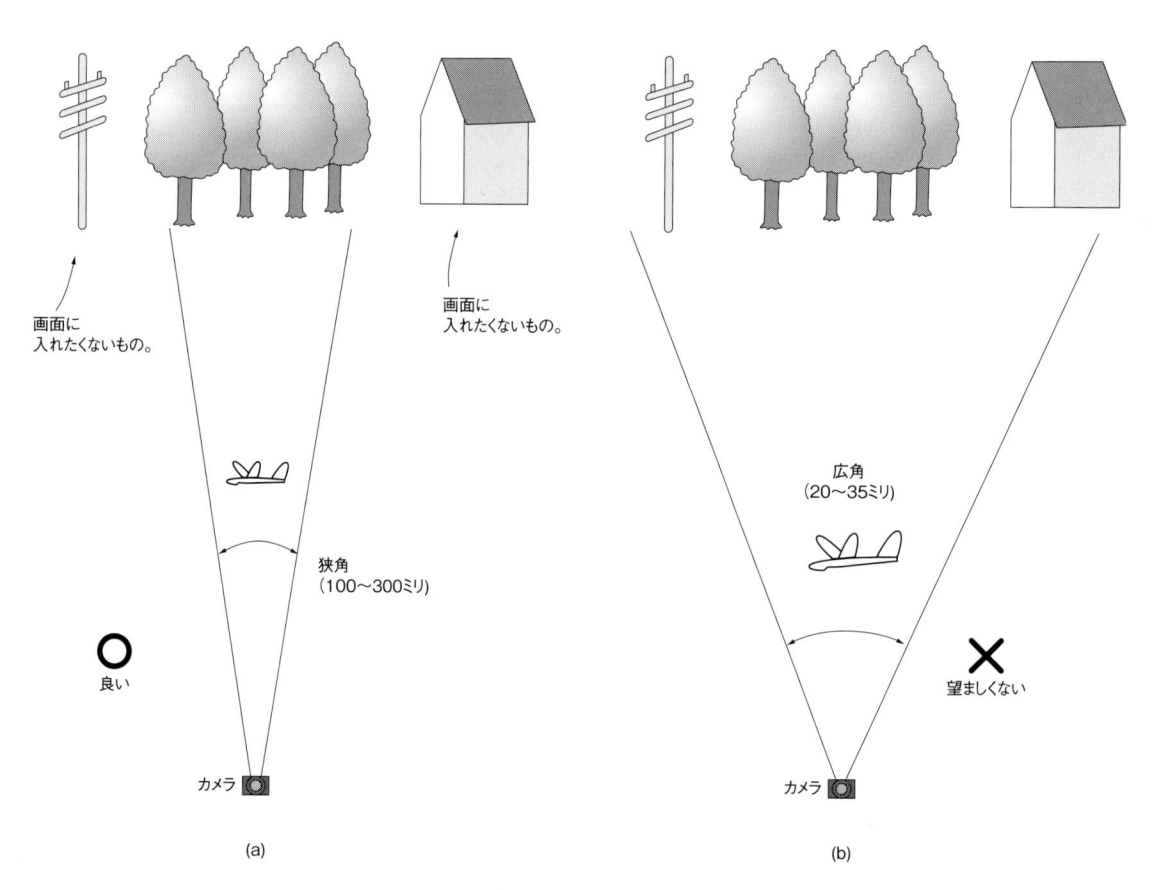

図4-14　地上付近を飛ぶ飛行機を撮る場合

●レンズの焦点距離：上空を高く飛ぶ飛行機を撮る場合は飛行機の背景になる空の雲など、単に青空だけではなく、いろいろな形の雲など変化に富んだものを広く画面にとり入れた方が良い写真になるように思う。この場合、画面中の飛行機の大きさを一定になるようにして、図4-13（b）に示すように高い高度を飛ぶ飛行機を望遠レンズ（狭角）で撮るよりは、同図（a）のように少し低い高度の機体を広角レンズで写す方が、画面に広い範囲の空をとり入れることができる。写真4-13と写真4-14はその例である。このような場合、私の常用は広角の20～35ミリの単焦点レンズである。

地上附近を飛ぶ飛行機を撮る場合、都市公園や市街の空き地で撮る際には、飛行機の背景に電柱、電線、建物など画面に入れたくないものが少なくない。この場合は背景にとり入れたい部分だけを画面に入れるために望遠（狭角）レンズを使用する。図4-14はその説明図で、写真4-15と写真4-16が例である。この背景は繁った林であるが、そのすぐ左右両側には建物などがある。

●撮影に当たって：レンズに対して横（直角）方向に飛行する場合。被写体の動く角速度が大きく、古いオートフォーカスでは合焦はあまり期待できないと思われたので、機体が通過する距離を予測して、いわゆる「置ピン」で、三脚は使わず手持ちで追う。フイルム感度はISO400以上で、シャッタースピードは1／500秒として、余った感度はレンズをできるだけ絞る方向に使用してきた。

カメラに対して前後方向に飛行する場合、機体が被写界深度内を飛行する間にシャッターを切らねばならず、そのタイミングを把握するのはむずかしいが練習すれば不可能ではない。特に機体の背景に朝日や夕陽を入れる場合には、レンズを十分に絞ることができるので、シャッタータイミングのむずかしさは若干軽減される。この場合もシャッタースピードは1／500秒として、できるだけレンズを絞る。

画面の構成上、紙飛行機を中央からはずれた画面の端に置きたい場合がある。この場合はオートフォーカスに頼ることはできないので、上記のように置ピンなどの対策が必要と考えられる。

●フイルム：私は今までISO400以上の感度のネガカラーフイルムを常用してきた。高く飛ぶ紙飛行機を撮影する場合には、青空を暗くおとすために偏光フィルタを使用するが、シャッタースピードを1／500秒に固定して、空を自由に飛ぶ機体を追いかけていると、偏光の変化、太陽や雲などの空の部分的変化によって明るさが変わるので、常に適正露出というわけに行かず、露出マージン（ラチチュード）の大きいフイルムを使う必要がある。露出マージンの小さいポジフイルムは使いにくい。マージンの大きいネガフイルムが適していると私は考えている。ただし私はデジタルの経験はあまり無いが、最新のものではネガフイルムに近づきつつあるようである。

●プリント：プリントを外部に依頼する場合には仕様を明確にする。紙焼きの場合、私はネガフイルムがポジフイルムやデジタルにくらべて、画面全体の濃淡（明暗）の制御が容易であると、厳密な比較ではないが感じている。手焼きプリントをいわゆるプロショップ

写真4‐13 広角レンズ（20ミリ）での撮影例

写真 4 - 14　広角レンズ（24 ミリ）での撮影例

写真 4 - 15　狭角レンズ（200 ミリ）での撮影例

写真 4 - 16　狭角レンズ（200 ミリ）での撮影例

に依頼する場合、あらかじめプリントの仕様（自分の希望）を明確にする必要がある。これによってプリントのやり直しを防ぎ、お店とのトラブルをなくすことができる。私の場合、仕様書に添附する見本のプリントは、あらかじめ街の知り合いのカメラ店で、サービスサイズの明るさ、色調などを少しずつ変えてプリントしてもらい、その中から気に入ったものを選んで仕様の見本として添える。図4-15は仕様書の具体例である。

●私の使用機材を参考までに御紹介しよう。

カメラ：ニコンFE2

　最近では中古のフイルム中級カメラは極めて安価である。

レンズ：前述したように、紙飛行機の撮影には画面の中に太陽を入れたいこともあるので、構成レンズ枚数が少なく、内面反射の小さい、おもに単焦点のものを使用する。私が常用するものではニコン製品で焦点距離20〜200ミリのMFであるが、時には16〜400ミリの単焦点レンズを使用する。

フイルム：フジ・ネガカラー ISO400

　私はここ30年間、今から見れば古い機材を使って紙飛行機の写真だけを撮ってきた。上記の説明が少しでも参考になればと思う。しかし最近のデジタルカメラは感度をISO数千にも設定でき、また速いAF機能や、撮影速度も毎秒10コマ以上のものもあるようなので、もっと良い撮り方があるかも知れない。なお文中、レンズの焦点距離の数値はすべて35ミリ判換算値である。

フィルム・コマNo.

・紙焼きサイズ：六つ切　●枚
・プリントの際のピント：
　（手焼きの場合）
　紙ヒコーキで見ること
・色調：
　ヒコーキの周辺の青空の色を見本通りに
・明るさ：
　ヒコーキの周辺の雲の明るさを見本通りに
・トリミング：図示の枠の通り
・画面内のゴミをよくとって！

見本のサービスサイズ・プリント

トリミング枠を描き込む

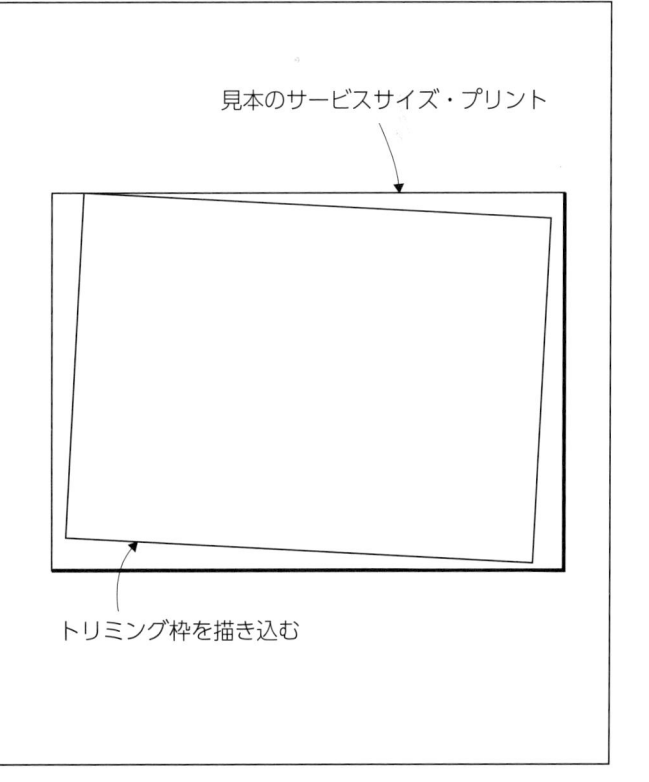

図4-15　プリントを外部に依頼する場合の仕様書例

むすび

　本書では我が国生まれの高性能ペーパーグライダーの生い立ち、その後の発展および関連する事項について述べてきた。むかし紙飛行機というと子供のおもちゃに過ぎなかったが、次第に性能が改善されると、おとなの方々が関心を持って下され、多くの愛好者を生み、おかげで日本全国に拡がってきた。平成23（2011）年の紙飛行機ジャパンカップに際して、紙飛行機をテーマにした川柳を募集したところ、2、3日の間に数百点の作品が集まって、拝見したところ皆さん紙飛行機を大いに楽しんでおられる様子が目に見えるようであった。

　なお、この本の記述の一部は、私が何年かにわたり発表してきた書籍やテキスト、日本航空宇宙学会主催で毎年12月に開かれる「スカイスポーツシンポジウム」の発表論文などをまとめたものであり、相互に重複している部分が少なくなかった。これらを一本にまとめることも考えたが、かえって読みにくい所も発生するので、あえてあまり整理せずに重複させて記述してある点を御容赦いただきたい。

　本文の中でも述べたが、平成22（2010）年は徳川、日野両大尉が東京の代々木練兵場で我が国初めての動力飛行をしてから100周年を迎えて、（財）日本航空協会では「日本の航空100年」を出版され、その中に「紙飛行機」もとり上げて下され、日本の航空史の中に、ささやかであるが記録にとどめることができた。この掲載を提案下さった東昭先生に厚く御礼申し上げる。また、平成25（2013）年には「吉川英治文化賞」を戴いた。歴史の次に文化の賞で、大変嬉しく思っている。

　本書の編集に関連して、岡田章子さんはWhitewings商品の初期の頃から、私の手書きの原稿を判読されて日本語版、英語版のテキストのほとんどすべてを作成された。この本の第1部、第2部の記述の多くの部分はこれをベースにしたものである。

　なお本書のために貴重な資料を提供して下さった方々、並びに参考文献の項に掲げたシンポジウム論文の共同執筆者およびいろいろと協力して下さった原っぱの仲間たちにも心から御礼申し上げる。

　また直接この本の作製、編集に当たられた誠文堂新光社「子供の科学」編集部の土舘建太郎さんは、私の読みにくい鉛筆手書きの原稿から出発して、本として完成して下さったことに深く御礼申し上げる。また全般的なバックアップをして頂いた同社編集局局長柏木文吾さんおよび「子供の科学」編集長柳千絵さんに感謝申し上げる。さらに数回におよぶ校正の終わりまで手伝って下さった長岡信幸氏に深く御礼致すものである。

　妻昭子は私の紙飛行機が世間に出る発端となった朝日新聞の記事を見つけて第1回の国際紙飛行機大会への参加をうながしてくれた。この時から40数年にわたり一貫してサポートしてくれていることに感謝する。

2013年夏　著者

資料

■ 参考文献

(1) 二宮康明 "日本で生まれ育った紙飛行機" 日本の航空100年 日本航空協会編 2010年
(2) 東昭 "生物の飛行" 講談社ブルーバックスB378 昭和54（1979）年
(3) 岡本正人 "模型飛行機のための翼型特性" 日本航空宇宙学会 第1回スカイスポーツシンポジウム2B6 1995年 および直接追加資料提供による
(4) 金田弥奈 加藤寛一郎 "模型滑空機の長時間滞空" 日本航空宇宙学会誌No.453 1991年10月号
(5) 高嵜浩一 "模型滑空機の垂直上昇について" 日本航空宇宙学会 第2回スカイスポーツシンポジウム 1A2 1996年
(6) 木村秀政 "模型航空機の基礎" 東京日日新聞社 昭和16（1941）年
(7) 土屋正忠 "武蔵野から都市の未来を考える" 東洋経済新報社 1996年
(8) Y.Ninomiya Whitewings 1500 Series Text Vol.1(1985年)〜Vol.7(1995年) AG Industries Inc.
(9) Smithsonian Institution "AIRCRAFT of the NATIONAL AIR AND SPACE MUSIUM" Fifth Edition 1998年
(10) 二宮康明 "日本で生まれ育った高性能紙飛行機―スカイスポーツの原点" 日本航空宇宙学会 第2回スカイスポーツシンポジウム 1996年
(11) 二宮康明 "実験用機材としての紙飛行機―その実例「非対称機」" 日本航空宇宙学会 第2回スカイスポーツシンポジウム 1996年
(12) 稲見彰久・二宮康明 "紙飛行機の滞空記録について" 日本航空宇宙学会 第3回スカイスポーツシンポジウム 1997年
(13) 二宮康明 "紙飛行機のパイロン競技" 日本航空宇宙学会 第4回スカイスポーツシンポジウム 1998年
(14) 二宮康明 "デモンストレーション：子供に見せる飛行の原理" 日本航空宇宙学会 第5回スカイスポーツシンポジウム 1999年
(15) 二宮康明 "境界層隔離板つき無尾翼ペーパーグライダー" 日本航空宇宙学会 第6回スカイスポーツシンポジウム 2000年
(16) 二宮康明 "紙飛行機インストラクター競技" 日本航空宇宙学会 第7回スカイスポーツシンポジウム 2001年
(17) 二宮康明 "おりがみ＋きりがみ紙飛行機の一案" 日本航空宇宙学会 第7回スカイスポーツシンポジウム 2001年
(18) 二宮康明 "無尾翼ペーパーグライダー翼の平面形について" 日本航空宇宙学会 第8回スカイスポーツシンポジウム 2002年
(19) 二宮康明、荒木敏彦、小松秀二 "模型／紙飛行機などを楽しめる原っぱ公園について" 日本航空宇宙学会 第8回スカイスポーツシンポジウム 2002年
(20) 二宮康明 "航空マイルストーン機のペーパーフライングモデル 日本航空宇宙学会 第9回スカイスポーツシンポジウム 2003年
(21) 小田健二、二宮康明、山本和夫、小松秀二 "屋内外のペーパーグライダー競技会の滞空記録の比較" 日本航空宇宙学会 第9回スカイスポーツシンポジウム 2003年
(22) 二宮康明・小松秀二 "ペーパープレーンにおけるプレカットの打抜き"めくれ"の影響" 日本航空宇宙学会 第10回スカイスポーツシンポジウム 2004年

(23)　二宮康明　"ステープラー使用の紙飛行機構造の一案"　日本航空宇宙学会　第10回スカイスポーツシンポジウム　2004年

(24)　二宮康明　"発泡プラスチック板を主材としたゴム射出グライダー"　日本航空宇宙学会　第11回スカイスポーツシンポジウム　2005年

(25)　二宮康明　"1mm厚発泡スチレン板を翼材としたゴム射出グライダー"　日本航空宇宙学会　第12回スカイスポーツシンポジウム　2006年

(26)　二宮康明　"ゴム射出1mm厚発泡スチレン翼機についての2、3の実験"　日本航空宇宙学会　第13回スカイスポーツシンポジウム　2007年

(27)　二宮康明　"ゴム射出用紙飛行機の重心位置簡易算出法"　日本航空宇宙学会　第14回スカイスポーツシンポジウム　2008年

(28)　二宮康明　"紙飛行機の最適重心位置に関する実験"　日本航空宇宙学会　第15回スカイスポーツシンポジウム　2009年

(29)　二宮康明　"原っぱ公園の提案"　グリーンエイジ　(財)日本緑化センター　昭和59年5月

(30)　二宮康明　紙飛行機写真集"光・風そして雲"　誠文堂新光社　1981年

(31)　二宮康明　紙飛行機写真集"大空に舞う白い翼"　誠文堂新光社　1993年

(32)　二宮康明　紙飛行機写真集"翼と風の詩"　(株)エー・ジー(現在の(株)あおぞら扱い)　2004年

(33)　二宮康明　紙飛行機写真集"翼と風の詩Ⅱ"　(株)あおぞら　2013年

(34)　二宮康明　紙飛行機に夢乗せ空高く　日本経済新聞「文化」欄　2014年

■ 著者の主な作品・出版物

会社名	題名	初版年	
日貿出版社	JET-AGE JAMBOREE	1968	⎫ 販売終了
日貿出版社	AIRBORNE ALL-STARS	1969	⎭
誠文堂新光社	子供の科学別冊　よく飛ぶ紙飛行機集 Vol.1	1972	⎫
	〜	〜	⎬ 販売終了
	子供の科学別冊　よく飛ぶ紙飛行機集 Vol.7	1984	⎭
誠文堂新光社	二宮康明の競技用機10機選　　　　（よく飛ぶ紙飛行機集）(1)	1987	⎫
	〜	〜	⎬ 販売終了
	二宮康明のやさしい紙飛行機10機選　（よく飛ぶ紙飛行機集）(5)	1992	⎭
誠文堂新光社	よく飛ぶ紙飛行機集 (1)	1995	
	〜		
	よく飛ぶ紙飛行機集 (5)		
誠文堂新光社	新選　二宮康明の紙飛行機集 (1)	2005	
	〜	〜	
	新選　二宮康明の紙飛行機集 (5)	2006	
誠文堂新光社	新10機選 (1) 二宮康明の紙飛行機集（よく飛ぶ競技用機）	2010	
	新10機選 (2) 二宮康明の紙飛行機集（戦闘機・飛行艇）	2010	
	新10機選 (3) 二宮康明の紙飛行機集（ホチキス機・棒胴機）	2010	
	新10機選 (4) 二宮康明の紙飛行機集（よく飛ぶ競技用機Ⅱ）	2013	
	新10機選 (5) 二宮康明の紙飛行機集（狭くても楽しめる旋回用機）	2014	
	新10機選 (6) 二宮康明の紙飛行機集（小型機・変型機）	2015	
	新10機選 (7) 二宮康明の紙飛行機集（よく飛ぶ競技用機Ⅲ）	2016	
(株)エー・ジー	Whitewings 15機セット1500	1985	⎫
	〜	〜	⎪
	Whitewings 15機セット1507	1995	⎪
(株)エー・ジー	Whitewings Milestones Vol.1	2003	⎪
	Whitewings Milestones Vol.2	2003	⎪
(株)エー・ジー	Whitewings バルサ胴キット　No.1	1982	⎬ 販売終了
	〜	〜	⎪
	Whitewings バルサ胴キット　No.3	1991	⎪
(株)エー・ジー	Whitewings Pre Cut Vol.1	1990	⎪
	〜	〜	⎪
	Whitewings Pre Cut Vol.4	1996	⎪
(株)エー・ジー	発泡スチレン機型紙集	2006	⎭
(株)あおぞら	Whitewings Sky Cub Ⅲ	2010	
	Whitewings Sky Cub Ⅳ	2010	
	Whitewings Sky Cub T	2013	
(株)あおぞら	Whitewings 554	2010	
	Whitewings 530s	2010	
(株)あおぞら	Whitewings 590	2011	
(株)あおぞら	Wings Plane	2012	
(株)あおぞら	Whitewings 三菱零戦52型	2013	
(株)あおぞら	Whitewings 三菱零戦21型	2013	
誠文堂新光社	紙飛行機写真集 "光・風そして雲"	1981	⎫ 販売終了
誠文堂新光社	紙飛行機写真集 "大空に舞う白い翼"	1993	⎭
(株)あおぞら	紙飛行機写真集 "翼と風の詩"	2004	
(株)あおぞら	紙飛行機写真集 "翼と風の詩Ⅱ"	2013	
誠文堂新光社	日本で生まれ育った高性能紙飛行機	2013	

■ 二宮康明（にのみややすあき）　略歴

1926年：仙台生まれ
1944年：旧制宮城県立仙台第一中学校卒
1947年：旧制第二高等学校卒
1951年：東北大学工学部　通信工学科卒
　　　　同年から1984年まで：電電公社（現：NTT）電気通信研究所勤務
1967年：第1回国際紙飛行機大会　サンフランシスコ大会でグランプリ受賞
1970年：オハイオ州　コロンバス国際紙飛行機大会でオリジナリティ賞受賞
1979年：銀座松屋デザインギャラリーで「白い翼」紙飛行機展
1981年：紙飛行機写真集「光・風そして雲」出版
1984年：Gマーク商品審査員
　　　　日本紙飛行機協会を設立　会長就任
1985年：第2回国際紙飛行機大会（シアトルで開催）で審査員
1992年：新宿オリンパスホールで「大空に舞う白い翼」紙飛行機写真展
1993年：紙飛行機写真集「大空に舞う白い翼」出版
　〃　　：第1回「全日本紙飛行機選手権大会」が大阪万博公園で始まる
1999年：銀座伊東屋ギャラリーで「二宮康明のペーパーグライダー」展
2001年：国際航空連盟（FAI）から「ポール ティサンディエ ディプロマ」受賞
2004年：サントリー文化財団から「武蔵野中央公園 紙飛行機を飛ばす会」の運営について地域文化賞受賞
　〃　　：紙飛行機写真集「翼と風の詩」出版
2006年：80才を記念して、有楽町の東京交通会館で二宮康明（紙飛行機）、妻昭子（絵画）の
　　　　「80＋80　二人展」開催
2010年：日本航空協会編集の「日本の航空100年」誌に「日本で生まれ育った紙飛行機」が掲載される
2011年：「全日本紙飛行機選手権大会」がこの年から「二宮康明杯」を冠して第17回大会として開始される
2012年：「子供の科学」誌の紙飛行機付録の掲載は1967年に始まり、2012年で45周年を迎える
2013年：講談社が運営する文化事業「吉川英治文化賞」を受賞
現在　：日本紙飛行機協会　会長
　　　　日本インダストリアルデザイナー協会会員　工学博士
　　　　自家用飛行機操縦士

日本で生まれ育った
高性能紙飛行機
その設計・製作・飛行技術のすべて　NDC750

2013年10月19日　発　行
2023年 4月10日　第3刷

著　者　二宮康明
発行者　小川雄一
発行所　株式会社 誠文堂新光社
　　　　〒113-0033 東京都文京区本郷3-3-11
　　　　電話03-5800-5780
　　　　https://www.seibundo-shinkosha.net/
印刷所　星野精版印刷 株式会社
製本所　和光堂製本 株式会社

© 2013,Yasuaki Ninomiya.　　　　　　　　　　　　　　　Printed in Japan
検印省略

本書記載の記事の無断転用を禁じます。
万一落丁・乱丁の場合はお取り替えいたします。

本書のコピー、スキャン、デジタル化等の無断複製は、著作権法上での例外を除き、禁じられています。
本書を代行業者等の第三者に依頼してスキャンやデジタル化することは、たとえ個人や家庭内での利用であっても著作権法上認められません。

JCOPY　〈(一社)出版者著作権管理機構 委託出版物〉
本書を無断で複製複写（コピー）することは、著作権法上での例外を除き、禁じられています。
本書をコピーされる場合は、そのつど事前に、(一社) 出版者著作権管理機構（電話 03-5244-5088／FAX 03-5244-5089／e-mail info@jcopy.or.jp）の許諾を得てください。

ISBN978-4-416-31307-7